William Smith

A First Greek Reading Book

Containing Short Tales, Anecdotes, Fables, Mythology, and Grecian History. Third Edition

William Smith

A First Greek Reading Book
Containing Short Tales, Anecdotes, Fables, Mythology, and Grecian History. Third Edition

ISBN/EAN: 9783337281083

Printed in Europe, USA, Canada, Australia, Japan

Cover: Foto ©Thomas Meinert / pixelio.de

More available books at **www.hansebooks.com**

INITIA GRÆCA.—Part II.

A

FIRST GREEK READING BOOK.

CONTAINING

SHORT TALES, | FABLES,
ANECDOTES, | MYTHOLOGY,

AND

GRECIAN HISTORY;

WITH A SHORT INTRODUCTION TO GRECIAN ANTIQUITIES;
CHRONOLOGICAL AND OTHER TABLES;

AND A LEXICON.

By WILLIAM SMITH, D.C.L., LL.D.,

For the Use of the Lower Forms in Public and Private Schools.

THIRD EDITION.

LONDON:
JOHN MURRAY, ALBEMARLE STREET.
1872.

PREFACE.

This Reading Book is intended to be used with the First Part of the Initia Græca. Its use should begin as soon as the learner has acquired a fair knowledge of the Regular Verbs.

The first requisite having been secured, that of fixing the ordinary forms of Nouns and Verbs securely in the learner's memory, he cannot be too soon introduced to passages written by the Greek authors themselves, and containing a complete sense. His mind must be interested in the subject matter, while he learns the meaning of the forms already committed to memory by seeing them in their proper connections. No learner, of the youngest age at which Greek is usually begun, can be insensible to the new power he begins to gain by reading the elements which lie at the basis of all polite learning in the words of those writers who have given the pattern of all literature.

The reasons (already stated in the Preface to Part. II. of the Principia Latina) for using Extracts at this state, rather than any complete work, are still more cogent in reference to Greek. It is in this language that we have Moral Fables and Mythological Stories, Anecdotes of great men and accounts of the chief events of history, which form the staple of daily allusions and the ground-work of much even of our elementary English reading. Surely it will be far more interesting, as it is certainly more necessary, for the beginner to read these rather than the number of stages made each day by an expedition, on which he is started without any knowledge of its relation either to Greek or Persian history. In plain truth Cyrus is on a par with 'Balbus' in the schoolboy's mind.

The following selection has been made from the most valuable parts of two works commonly used for the same purpose in Germany,—the well known Greek Reader of Jacobs, and the more recent 'Griechisches Lesebuch' of A. F. Gottschick. It ranges from the most elementary short sentences to some of the most famous passages of the Greek prose writers.

The Vocabulary, upon which great pains have been bestowed, has been so drawn up as to dispense with the necessity of Notes, which learners seldom look at. But in order to enable them to understand the allusions they meet with in the text, and prepare them for the study of the Greek writers, a short account has been given of the political and military Antiquities of the principal Grecian states.

In this edition many corrections and improvements have been made in the Vocabulary, for which I am indebted to one of our most distinguished scholars, Dr. Veitch of Edinburgh. W. S.

CONTENTS.

	PAGE
TALES AND ANECDOTES introducing	
I. Pure Verbs	1
II. Mute Verbs	4
III. Liquid Verbs	8
IV. Contracted Verbs	11
V. Verbs in μι	15
VI Irregular Verbs	26

FABLES.

1. The Lioness and the Fox	40
2. The Dog and the Hare	40
3. The Viper and the Fox	40
4. The Camel	40
5. The Fox and the Panther	41
6. The Pomegranate, the Apple-tree, and the Bramble	41
7. The Sheep being shorn	41
8. The two Wallets	41
9. The trodden Snake	42
10. The Bear and the Fox	42
11. The Peacock and the Jackdaw	42
12. The Horse and the Groom	42
13. The Flies	43
14. The Wolf and the Lamb	43
15. The Woman and the Hen	43
16. The Old Man and Death	44
17. The Ape and the Camel	44
18. The Fox and the Lion	44
19. The Ass wearing the Lion's skin	45
20. The Murderer	45
21. The Woman and the Female Servants	45
22. The Husbandman and his Children	46
23. The Horse and the Ass	46
24. The Ant and the Dove	47
25. The Nightingale and the Hawk	47

MYTHOLOGY.

- I. General Account of the Gods
- II. Apollo and Artemis (Diana)
- III. Dionysus (Bacchus)
- IV. Hermes (Mercury)
- V. Athena (Minerva)
- VI. Heracles (Hercules)
- VII. The Argonautic Expedition
- VIII. Orpheus
- IX. Phaëthon
- X. Prometheus
- XI. Deucalion and Pyrrha
- XII. Salmoneus
- XIII. The Daughters of Danaüs
- XIV. Minos
- XV. The Sphinx
- XVI. Helen
- XVII. Thetis
- XVIII. Aeacus
- XIX. Theseus

GRECIAN HISTORY.

- I. Codrus
- II. The Battle of Marathon
- III. The Three Hundred Spartans
- IV. Building of the Walls of Athens
- V. Treachery and death of Pausanias
- VI. The Fate of Themistocles
- VII. Destruction of Thebes by Alexander the Great

THE CHIEF DATES IN GRECIAN HISTORY.

A SHORT INTRODUCTION TO THE POLITICAL AND MILITARY ANTIQUITIES OF GREECE

- Chapter I. The Hellenic States
- " II. Their Political Constitution
- " III. Constitution of the several States
- " IV. The Spartan Constitution
- " V. The Athenian Constitution
- " VI. The Greek Armies

GREEK CALENDAR

LEXICON

A
GREEK READING-BOOK.

I. Pure Verbs.

1. Short Anecdotes and Tales.

1. Ξέρξης, οὔπω βασιλεύσας τῶν Περσῶν, Ἀριμένην τὸν ἀδελφὸν χρήμασιν ἐθεράπευσεν· ὅτε δὲ βασιλεὺς ἀνηγόρευτο, πάντων παρ' αὐτῷ πρῶτος ἦν. — 2. Πόλτυς, ὁ Θρᾳκῶν βασιλεύς, ἐν τῷ Τρωϊκῷ πολέμῳ πρεσβευσαμένων πρὸς αὐτὸν ἅμα τῶν Τρώων καὶ τῶν Ἀχαιῶν, ἐκέλευσε τὸν Ἀλέξανδρον τὴν τῆς Ἑλένης καταγωγὴν μὴ κωλῦσαι, δύο δὲ καλὰς Θρῄσσας ἀντὶ μιᾶς Ἑλένης νυμφεύεσθαι. — 3. Γέλων ὁ τύραννος, ὅτε Καρχηδονίους πρὸς Ἱμέραν μάχῃ κατεπάλαισε, ταῖς τῆς εἰρήνης ὁμολογίαις ἐκέλευσεν, ὅτι καὶ τὰ τέκνα παύσονται τῷ Κρόνῳ καταθύοντες. — 4. Ἀγαθοκλῆς υἱὸς μὲν ἦν ἀνδρὸς κεραμεύοντος· ἀνδρείᾳ δὲ καὶ φρονήματι κύριος Σικελίας καὶ βασιλεὺς ἀνηγορεύθη. Παρὰ δὲ τὰ δεῖπνα τοῖς νέοις ἐπεδείκνυε κεράμεα ποτήρια καὶ ἐμνημόνευεν αὐτὸς τὴν προτέραν διατριβήν.

2. The false Smerdis.

Μετὰ Καμβύσου θάνατον Μάγος τις, ὄνομα Σπενδαδάτης, ἐβασίλευεν ἀντὶ Σμέρδιος τοῦ Κύρου, ὅν,

Καμβύσου ἀδελφοῦ κελεύσαντος, Πρηξάσπης, Πέρσης ἀνὴρ εὐγενής, κρύφα ἐπεφονεύκει. Μετὰ δ᾽ ἐνίους μῆνας κατάδηλος ἦν τῷδε τῷ τρόπῳ· Ὀτάνης ἦν, Φαρνάσπου παῖς, ἀρετῇ καὶ χρήμασιν ὁμοῖος τῷ πρώτῳ Περσῶν. Οὗτος ὁ Ὀτάνης πρῶτος ὑπώπτευσε τὸν Μάγον, ὡς οὐκ εἴη ὁ Κύρου Σμέρδις, ἀλλ᾽ ὅςπερ ἦν. Ἦν δὲ αὐτοῦ θυγάτηρ ἐν ταῖς τοῦ βασιλεύοντος γυναιξί· ταύτην οὖν ἐκέλευσεν Ὀτάνης μηνύειν αὐτῷ, εἰ τῷ βασιλεύοντι ὦτα εἴη· ὁ γὰρ Μάγος τὰ ὦτα ὑπὸ τοῦ Καμβύσου κεκολοιμένος (κεκολουσμένος) αὐτῷ φανερὸς ἦν. Ἐπεὶ οὖν θυγατὴρ αὐτῷ τοῦτο ἐμήνυσε, σὺν ἄλλοις τισὶ Πέρσαις γνωρίμοις ἐβουλεύσατο, πῶς ἐπιβουλεύσοιεν τῷ Μάγῳ. Βουλευσάμενοι δὲ εἰς τὰ βασίλεια ἐπορεύθησαν καὶ τὸν Μάγον ἐφόνευσαν. Περὶ δὲ τῆς βασιλείας ἐμαντεύσαντο τὸν ἥλιον, ὃν μάλιστα ἐθεράπευον οἱ Πέρσαι· τούτου δὲ μηνύσαντος Δαρεῖος ὁ Ὑστάσπου ἐβασίλευσε τῶν Περσῶν.

3. The power of the god Apollo.

Ὁ μὲν δράκων, ὁ τοῦ τῆς Γῆς ἐν Δελφοῖς μαντείου φύλαξ, ἐφονεύθη ὑπ᾽ Ἀπόλλωνος· ὁ δὲ μετὰ ταῦτα τοῦ μαντείου ἐβασίλευσε· μεγάλη δ᾽ ἦν ἡ παλαιὰ δόξα τῆς ἐκεῖ θειότητος, οἱ δ᾽ Ἕλληνες μαντευσόμενοι εἰς τὸ ἱερὸν ἐπορεύοντο. Πολλῶν δ᾽ ὄντων ἐκεῖ χρημάτων, τὸ ἱερὸν πολλάκις ὑπ᾽ ἀνθρώπων κακῶν ἐπεβουλεύετο. — Οἷον ἡ παῖς Κριοῦ, δυναστεύοντος περὶ Εὔβοιαν, ὑβριστὴς ὤν, ἐπεστράτευσεν εἰς Δελφοὺς καὶ ἐσύλησε τό τε ἱερὸν καὶ οἴκους ἀνδρῶν εὐδαιμόνων. Ὡς δὲ ἐπεστράτευσε καὶ δεύτερον, ἐνταῦθα οἱ Δελφοὶ τὸν Ἀπόλλωνα ἱκέτευσαν, ἀποκρούειν τὸν ὑβριστήν. Ἡ δὲ Πυθία ἐβούλευσεν αὐτοῖς, τῇ τοῦ θεοῦ ἐξουσίᾳ πιστεῦσαι· τὸν γὰρ θεὸν τὸν ἐχθρὸν καὶ ὑβριστὴν κατατοξεύσειν ἰῷ δεινῷ. Καὶ οὕτως ὁ θεὸς τό τε ἱερὸν καὶ τὸ πόλισμα ἀπελύσατο τῆς τοῦ ἀνθρώπου ὕβρεως.

4. Comparison of Alexander the Great with other rulers.

Μεγάλην ἐξουσίαν καλῶς πολιτεύειν, ἀνδρός ἐστι κεκτημένου ἀρετὴν καὶ φρένας καὶ φρόνημα, ὧν Ἀλέξανδρος ἐκυρίευσεν. Πολλοὶ μὲν αὐτοῦ τὴν μέθην καὶ οἴνωσιν μνημονεύουσιν, ἀλλ' ἐκεῖνος ἦν μέγας, ἐν τοῖς πράγμασι νηφάλιος καὶ σώφρων καὶ οὐ βακχευθεὶς ὑπ' ἐξουσίας, ἧς μικρὸν ἀπογευσάμενοι ἕτεροι ἑαυτῶν οὐ δεδυναστεύκασιν. Οἷον Κλεῖτός τις ἐν Ἀμοργῷ πλοῖά τινα Ἑλληνικὰ καταδύσας Ποσειδῶν ἀνηγορεύθη καὶ τρίαιναν ἔσεισεν. Δημήτριος δέ, μορίου τινὸς μικροῦ τῆς τοῦ Ἀλεξάνδρου ἀρχῆς βασιλεύων, ἐπήκουσε Καταιβάτης ἀναγορεύεσθαι· οὐδὲ πρεσβεῖαι πρὸς αὐτόν, ἀλλὰ θεωροὶ ἐπορεύοντο, καὶ τὰ ἀποφθέγματα χρησμοὶ προςηγορεύοντο. Κλέαρχος δέ, Ἡρακλείας τυραννεύσας, τῶν υἱῶν ἕνα Κεραυνὸν προςηγόρευσεν. Διονύσιος δέ, ὃς τῶν μὲν πολιτῶν μυρίους ἐφόνευσε, τῷ δὲ ἀδελφῷ ἐπεβεβουλεύκει καὶ τὴν μητέρα, γραῦν οὖσαν, τοῦ βίου ἐπεπαύκει, τῶν θυγατέρων τὴν μὲν Ἀρέτην, τὴν δὲ Σωφροσύνην, τὴν δὲ Δικαιοσύνην ἀνηγόρευσεν. Οἱ δὲ Εὐεργέτας, οἱ δὲ Καλλινίκους, οἱ δὲ Σωτῆρας, οἱ δὲ Μεγάλους ἀνηγόρευσαν ἑαυτούς. Καὶ τίνα κακὰ μνημονεύεται τούτων τῶν ἀνδρῶν. + Ἀλέξανδρος δ' ἦν ἐγκρατὴς καὶ σώφρων· ἤσθιε δίς, τὸ μὲν πρῶτον, ὅτε ὁ ἥλιος ἀναδεδύκοι, ἔπειτα δὲ πρὸς ἑσπέραν, ἔπινε δὲ θύσας τοῖς θεοῖς, καὶ ἐπαιδεύετο τοξεύειν καὶ ἐμβατεύειν τοῦ ἅρματος. Καὶ ἠρίστευσε τῶν μὲν Περσίδων τοσοῦτον σωφροσύνῃ, ὅσον ἀνδρείᾳ τῶν Περσῶν. — Καὶ τὰ τοῦ

Δαρείου τέκνα καὶ τὴν βασίλειαν θεραπεύεσθαι καλῶς ἐκέλευσε καὶ τῷ θανάτῳ αὐτῆς συμπαθῶς ἐπεδάκρυσεν. Τοὺς δὲ τὸν Δαρεῖον δεσμεύσαντας καὶ φονεύσαντας ἀνεμάστευσεν, ὅτι τάχιστα πορευόμενος σὺν τῷ ἱππικῷ· ἀγρευθέντας δὲ φονεύεσθαι ἐκέλευσε καὶ τὸν τοῦ Δαρείου νεκρὸν θεραπεύεσθαι βασιλικῶς. Ταῦτά ἐστι τῆς ἀρετῆς.

II. Verbs of which the Stems end in Mutes.

1. Short Anecdotes and Tales.

1. Κῦρος ὁ πρεσβύτερος ἔλεγεν, ἑτέροις ἀναγκάζεσθαι τἀγαθὰ πορίζειν τοὺς αὑτοῖς μὴ θέλοντας· ἄρχειν δὲ μηδενὶ προςήκειν, ὃς οὐ κρείττων ἐστὶ τῶν ἀρχομένων. — 2. Δαρεῖος ὁ Ξέρξου πατὴρ ἑαυτὸν ἐγκωμιάζων ἔλεγεν, ἐν ταῖς μάχαις καὶ παρὰ τὰ δεινὰ γίγνεσθαι φρονιμώτερος. Τοὺς δὲ φόρους τοῖς ὑπηκόοις τάξας, μετεπέμψατο τοὺς πρώτους τῶν ἐπαρχῶν καὶ περὶ τῶν φόρων ἠρώτησε, μὴ βαρεῖς εἰσι· φασκόντων δὲ μετρίως ἔχειν, ἐκέλευσεν ἐπιτάξαι τοὺς ἡμίσεις ἕκαστον. — 3. Ἀλέξανδρος ἔτι παῖς ὤν, πολλὰ τοῦ Φιλίππου καταπράξαντος, οὐκ ἔχαιρεν, ἀλλὰ πρὸς τοὺς συντρεφομένους ἔλεγε παῖδας, Ἐμοὶ δὲ ὁ πατὴρ οὐδὲν ἀπολείψει. Τῶν δὲ παίδων λεγόντων ὅτι, Σοὶ ταῦτα διαπέπρακται, ἔλεξεν, ὅτι Τί δὲ ὄφελος, ἐὰν ἔχω μὲν πολλά, πράξω δὲ μηδέν; — 4. Ἰφικράτης ὁ Ἀθηναῖος, υἱὸς εἶναι σκυτοτόμου νομιζόμενος, πρὸς Ἁρμόδιον, τὸν τοῦ παλαιοῦ Ἁρμοδίου ἀπόγονον, δυςγένειαν αὐτῷ ὀνειδίσαντα, ἔλεξε, Τὸ μὲν ἐμὸν ἀπ' ἐμοῦ γένος ἄρχε-

ται, τὸ δὲ σὸν ἐν σοὶ παύεται. — 5. Ὀργιζομένων τοῖς Βυζαντίοις τῶν Ἀθηναίων, ὅτι οὐκ ἐδέξαντο τῇ πόλει Χάρητα πεμφθέντα μετὰ δυνάμεως βοηθὸν αὐτοῖς πρὸς Φίλιππον, ἐκέλευσεν ὁ Φωκίων μὴ ὀργίζεσθαι τοῖς ξυμμάχοις στρατηγὸν ἄπιστον ὄντα οὐ δεξαμένοις, ἀλλὰ τῷ στρατηγῷ οὐ πιστευομένῳ. Διὸ οἱ Ἀθηναῖοι αὐτὸν ἀποδείξαντες στρατηγὸν ἔπεμψαν εἰς Βυζάντιον· τῶν δὲ Βυζαντίων δεξαμένων, ὁ Φωκίων ἠνάγκασε τὸν Φίλιππον ἄπρακτον ὑποστρέψαι. — 6. Μενεκράτους τοῦ ἰατροῦ, Διὸς προςαγορευομένου, γράψαντος ἐπιστολὴν πρὸς Ἀγησίλαον, Μενεκράτης Ζεὺς βασιλεῖ Ἀγησιλάῳ χαίρειν, ἀντέγραψε, Βασιλεὺς Ἀγησίλαος Μενεκράτει ὑγιαίνειν. — 7. Ἀθηναίου τινὸς πρὸς Ἀνταλκίδαν λέξαντος, Ἀλλὰ μὴν ἡμεῖς ἀπὸ τοῦ Κηφισσοῦ πολλάκις ὑμᾶς ἐδιώξαμεν, ἐκεῖνος ἔλεξεν, ὅτι Ἡμεῖς οὐδέποτε ὑμᾶς ἀπὸ τοῦ Εὐρώτα. — 8. Σοφιστοῦ δὲ μέλλοντος ἀναγιγνώσκειν ἐγκώμιον Ἡρακλέους, ἔλεξε, Τίς γὰρ αὐτὸν ψέγει; — 9. Ἀγησίλαος μεταπεμφθεὶς ὑπὸ τῶν ἐφόρων ἐπορεύθη διὰ τῆς Θρᾴκης εἰς Μακεδονίαν, καὶ πέμψας πρὸς τὸν τῶν Μακεδόνων βασιλέα ἐπυνθάνετο, πότερον ὡς φιλίαν ἢ ὡς πολεμίαν διαπορεύηται τὴν χώραν. Φάσκοντος δ' ἐκείνου βουλεύεσθαι, ὁ Ἀγησίλαος ἔλεξε, Βουλευέσθω τοίνυν, ἡμεῖς δὲ πορευσόμεθα. Θαυμάσας οὖν τὴν τόλμαν καὶ δείσας ὡς φίλον ἐδέξατο. — 10. Λάκαινά τις ἀκούσασα περὶ τοῦ υἱοῦ, ὡς κακῶς ἐπὶ τῆς ξένης ἀναστρέφοιτο, ἔγραψε· Κακὴν δόξαν ἔχεις· ταύτην ἀφάνισον ἢ κατάληξον τοῦ βίου. — 11. Ζωγράφος ἄθλιος Ἀπελλῇ ἔδειξεν εἰκόνα λέγων, Ταύτην νῦν γέγραφα. Ὁ δ' ἔλεξε, Καὶ ἢν μὴ λέγῃς, γιγνώσκω, ὅτι ταχὺ γέγραπται· θαυμάζω δέ, πῶς οὐχὶ τοιαύτας πλείους γέγραφας. 12. Πλάτων ὀργισθείς ποτέ τινι τῶν δούλων, χάριν ἔχειν τοῖς θεοῖς ἐκέλευσεν αὐτόν, ὅτι ὀργίζεται· κολασθῆναι γὰρ ἂν πάντως, εἰ μὴ ὠργίζετο. — 13. Λυκούργῳ τῷ Λυκόφρονος, τῷ ῥήτορι, ἐπορίσθη τάλαντα ἐς τὸ δημόσιον τῶν Ἀθηναίων πεντακοσίοις πλείονα καὶ ἑξακιςχιλίοις, ἢ ὅσα Περικλῆς ὁ Ξανθίππου συνέλεξεν. — 14. Ἐν Ψωφίδι, πόλει Ἀρκαδίας, τέθαπται Ἀλκμαίων ὁ Ἀμφιαράου, καὶ περὶ τὸ μνῆμα κυπάρισσοι πεφύκασιν ἐς τοσοῦτον ὕψος ἀνήκουσαι, ὥστε καὶ τὸ ὄρος, τὸ πρὸς τῇ Ψωφίδι, κατεσκιάζετο ὑπ' αὐτῶν. — 15. Δένδρα τινά ἐστι μεγάλα τῆς Ἰνδικῆς, ὧν τοὺς κλάδους πεφυκότας ἐπὶ πήχεις δώδεκα ἔπειτα κατακάμπτεσθαι λέγουσιν, ἕως ἂν ἅψωνται τῆς γῆς· τὸ δὲ μέγεθος ἄλλων τοσοῦτον, ὥσθ' ὑφ' ἑνὶ δένδρῳ μεσημβρίζειν σκιαζομένους ἱππέας τετρακοσίους. — 16. Ἀλεξάνδρῳ οὐ παντελῶς ἤρεσκεν ἡ ἑαυτοῦ εἰκὼν ἡ ὑπὸ Ἀπελλοῦ γραφεῖσα. Εἰσαχθέντος δὲ τοῦ ἵππου καὶ χρεμετίσαντος πρὸς τὸν ἵππον τὸν ἐν τῇ εἰκόνι, ὡς πρὸς ἀληθινὸν καὶ ἐκεῖνον, ἔλεξεν ὁ Ἀπελλῆς, Ὦ βασιλεῦ, ἀλλ' ὅ γε ἵππος κινδυνεύει σου γραφικώτερος εἶναι κατὰ πολύ. — 17. Κρῆτες τοὺς ἐλευθέρους μανθάνειν τοὺς νόμους ἐκέλευον μετά τινος μελῳδίας, ἵνα τῇ μουσικῇ τέρπωνται καὶ εὐκολώτερον αὐτοὺς τῇ μνήμῃ παραλαμβάνωσι, καὶ ἵνα μή, τῶν κεκωλυμένων τι πράξαντες, ἀγνοίᾳ πεπραχέναι ἀπολογίαν ἔχωσιν. Δεύτερον δὲ μάθημα ἔταξαν, τοὺς τῶν θεῶν ὕμνους μανθάνειν· τρίτον τὰ τῶν ἀγαθῶν ἀνδρῶν ἐγκώμια.

2. Telesilla, the deliverer of her native city Argos.

Ἔνδοξόν ἐστι τῶν κοινῇ διαπεπραγμένων γυναιξὶν ἔργων ὁ πρὸς Κλεομένη περὶ Ἄργους ἀγών, ὃν ἠγωνίσαντο, Τελεσίλλης τῆς ποιητρίας προτρεψαμένης. Ταύτην δὲ λέγουσιν οἰκίας οὖσαν ἐνδόξου, τῷ δὲ σώματι νοσηματικήν, εἰς θεοὺς πέμψαι περὶ ὑγιείας καὶ κελευσθῆναι Μούσας θεραπεύειν· πειθομένην δὲ τῇ θεῷ καὶ σπουδάσασαν περὶ ᾠδὴν καὶ ἁρμονίαν, τοῦ τε πάθους ἀπαλλαγῆναι ταχὺ καὶ θαυμάζεσθαι διὰ ποιητικὴν ὑπὸ τῶν γυναικῶν. Ἐπεὶ δὲ Κλεομένης ὁ βασιλεὺς τῶν Σπαρτιατῶν μετὰ τὴν τῶν Ἀργείων ἧτταν ἐβάδιζε πρὸς τὴν πόλιν, ὁρμὴ καὶ τόλμα δαιμόνιος λαμβάνει τὰς ἀκμαζούσας τῶν γυναικῶν, ἀμύνεσθαι τοὺς πολεμίους ὑπὲρ τῆς πατρίδος. Ἀρχούσης δὲ τῆς Τελεσίλλης ὅπλα λαμβάνουσι καὶ κύκλῳ τὰ τείχη περιέστεψαν, ὥστε θαυμάζειν τοὺς πολεμίους. Καὶ οὕτως τόν τε Κλεομένην ἀπεκρούσαντο καὶ τὴν πατρίδα ἀπελύσαντο.

3. Filial Love.

Ἐμφανέστατοί εἰσι καὶ πᾶσι διὰ στόματος Κλέοβις καὶ Βίτων, οἱ Ἀργεῖοι νεανίσκοι. Λέγουσι γάρ, μητρὸς αὐτῶν ἱερείας οὔσης τῆς Ἥρας, ἐπειδὴ τῆς εἰς τὸν νεὼν ἀναβάσεως ἧκεν ὁ καιρός, τῶν ἑλκόντων τὴν ἀπήνην ἡμιόνων χρονισάντων, καὶ τῆς ὥρας ἐπειγούσης, τούτους τὴν μητέρα ἐν τῇ ἀπήνῃ εἰς τὸ ἱερὸν ἀγαγεῖν· τὴν δὲ μητέρα ὑπεργησθεῖσαν τῇ τῶν υἱῶν εὐσεβείᾳ κατεύξασθαι τὸ κράτιστον αὐτοῖς παρὰ τῆς θεοῦ πορίζεσθαι τῶν ἐν ἀνθρώποις· τοὺς δὲ κατακοιμισθέντας οὐκέτι ἐγρηγορέναι, τῆς θεοῦ τὸν θάνατον αὐτοῖς τῆς εὐσεβείας ἀμοιβὴν πορισάσης.

4. The dominion of Cyrus.

Τὴν ἀρχὴν ὥριζε τῷ Κύρῳ πρὸς ἕω μὲν ἡ ἐρυθρὰ θάλαττα, πρὸς ἄρκτον δὲ ὁ Εὔξεινος πόντος, πρὸς ἑσπέραν δὲ Κύπρῳς καὶ Αἴγυπτος, πρὸς μεσημβρίαν δὲ Αἰθιοπία. Αὐτὸς δὲ ἐν μέσῳ τούτων τὸν μὲν ἀμφὶ τὸν χειμῶνα χρόνον διῆγεν ἐν Βαβυλῶνι ἑπτὰ μῆνας· αὕτη γὰρ ἀλεεινὴ ἡ χώρα· τὸν δὲ ἀμφὶ τὸ ἔαρ τρεῖς μῆνας ἐν Σούσοις· τὴν δὲ ἀκμὴν τοῦ θέρους δύο μῆνας ἐν Ἐκβατάνοις· οὕτως αὐτὸν λέγουσιν ἐν ἐαρινῷ θάλπει καὶ ψύχει διάγειν ἀεί.

III. Liquid Verbs.

1. The courage and clemency of Darius.

Ἡμερώτατον Δαρείου τόδε τὸ ἔργον ἀκούω τοῦ παιδὸς τοῦ Ὑστάσπου. Ἀρίβαζος ὁ Ὑρκανὸς ἐπεβούλευσεν αὐτῷ μετὰ καὶ ἄλλων ἀνδρῶν οὐκ ἀφανῶν τῶν ἐν Πέρσαις. Ἦν δὲ ἡ ἐπιβουλὴ ἐν κυνηγεσίῳ. Τούτου δὲ προαγγελθέντος, ὁ Δαρεῖος οὐκ ἔπτηξεν, ἀλλὰ προςτάξας αὐτοῖς ἅπτεσθαι τῶν ὅπλων καὶ τῶν ἵππων, παρήγγειλεν αὐτοῖς διατείνασθαι τὰ παλτά, καὶ δριμὺ βλέψας πρὸς αὐτοὺς ἐκέλευσε διαπεραίνειν τὸ παρεσκευασμένον. Οἱ δὲ ἐκπλαγέντες ἄτρεπτον ἀνδρὸς βλέμμα, ἀνεστάλησαν τὴν ὁρμήν. Τὸ δὲ δέος αὐτοὺς κατεῖχεν οὕτως, ὥστε καὶ ἐκβαλεῖν τὰς αἰχμὰς καὶ ἁπαλέσθαι τῶν ἵππων καὶ προςπίπτειν ἱκέτας Δαρείῳ καὶ κελεύειν ὅ τι καὶ βούλοιτο πράττειν. — Ὁ δὲ διέστειλεν ἄλλους ἄλλῃ, καὶ τοὺς μὲν ἐπὶ τὰ τῆς Ἰνδικῆς ὅρια ἀπέπεμψε, τοὺς δὲ ἐπὶ τὰ Σκυθικά. Καὶ ἐκεῖνοι ἔμειναν αὐτῷ πιστοί, διὰ μνήμης ἔχοντες τὴν εὐεργεσίαν. —

2. The disinterestedness and fearlessness of Epaminondas.

Τοῦ Περσῶν βασιλέως τρισμυρίους δαρεικοὺς ἀποστείλαντος τῷ Ἐπαμεινώνδᾳ, οὗτος καθήψατο πικρῶς Διομέδοντος, εἰ τοσοῦτον πλοῦν ἤνυκε διαφθερῶν Ἐπαμεινώνδαν· καὶ τῷ βασιλεῖ ἀγγεῖλαι ἐκέλευσεν, ὅτι τὰ συμφέροντα Θηβαίοις πράττων ἕξει προῖκα φίλον Ἐπαμεινώνδαν, τὰ δὲ μὴ συμφέροντα πολέμιον. — Ἀπαγγείλαντος δέ τινος, ὡς Ἀθηναῖοι στράτευμα καινοῖς παρεσκευασμένον ὅπλοις εἰς Πελοπόννησον ἀπεστάλκασιν, ἔλεξε, Τί οὖν Ἀντιγενίδας στένει καινοῖς Τέλληνος αὐλοὺς ἔχοντος; ἦν δὲ αὐλητὴς ὁ μὲν Τέλλην κάκιστος, ὁ δὲ Ἀντιγενίδας κάλλιστος.

3. Adrastus and Croesus.

Ἐφάνη ποτὲ Κροίσῳ, τῷ Λυδῶν βασιλεῖ, καθεύδοντι ὄνειρος, ὃς αὐτῷ τὴν ἀλήθειαν ἔφαινε τῶν μελλόντων γίγνεσθαι κακῶν κατὰ τὸν παῖδα. Ἦσαν δὲ τῷ Κροίσῳ δύο παῖδες, ὧν ὁ μὲν ἕτερος διέφθαρτο· ἦν γὰρ δὴ κωφός· ὁ δὲ ἕτερος τῶν ἡλίκων μακρῷ τὰ πάντα πρῶτος· ὄνομα δὲ αὐτῷ ἦν Ἄτυς· τοῦτον οὖν τὸν Ἄτυν ἐσήμηνε τῷ Κροίσῳ ὁ ὄνειρος, ὡς διαφθαρήσεται αἰχμῇ σιδηρᾷ. Ὁ δ' ἐπεὶ ἐξηγέρθη, καταπλαγεὶς τῷ ὀνείρῳ, οὐδαμῇ ἔτι ἐπὶ τὸν πόλεμον τὸν παῖδα ἐξέπεμπεν· ἀκόντια δὲ καὶ δόρατα καὶ τὰ τοιαῦτα πάντα ἐκ τῶν ἀνδρώνων ἐξεκομίσατο. — Κατὰ τοῦτον τὸν χρόνον ἧκεν ἐς Σάρδεις ἀνήρ, συμφορᾷ ἐχόμενος, καὶ οὐ καθαρὸς ὢν χεῖρας, Φρὺξ μὲν γενεᾷ, γένους δὲ τοῦ βασιλείου. Τοῦτον οὖν κατὰ τοὺς νόμους τοὺς ἐπιχωρίους ἐκάθηρε Κροῖσος· καθήρας δὲ ἐπυνθάνετο, πόθεν τε καὶ τίς εἴη. Ὁ δ᾽ ἀπεκρίνατο· Ὦ βασιλεῦ, Γορδίου μέν εἰμι παῖς, ὀνομάζομαι δ᾽ Ἄδραστος· ἀποκτείνας δὲ ἀδελφὸν τὸν ἐμαυτοῦ ἄκων, πεφευγὼς ὑπὸ τοῦ πατρὸς πάρειμι. Κροῖσος δ᾽ ἀπεκρίνατο τοῖςδε· Ἀνδρῶν φίλων ἔκγονος ὢν ἥκεις· μένε παρ᾽ ἡμῖν· τὴν δὲ συμφορὰν ταύτην ὅτι κουφότατα φέρων κερδανεῖς πλεῖστον. — Ὁ μὲν οὖν τὴν δίαιταν εἶχεν ἐν Κροίσου. — Ἐν δὲ τῷ αὐτῷ χρόνῳ τούτῳ ἐν τῷ Μυσίῳ Ὀλύμπῳ συὸς χρῆμα γίγνεται μέγα, ὃς τὰ τῶν Μυσῶν ἔργα διέφθειρεν. Οἱ δὲ Μυσοὶ ἀγγέλους παρὰ τὸν Κροῖσον ἀπέστειλαν, λέγοντες τάδε· „Ὦ βασιλεῦ, συὸς χρῆμα μέγιστον ἀνεφάνη ἡμῖν ἐν τῇ χώρᾳ, ὃς τὰ ἡμέτερα ἔργα τὰ μὲν ἤδη διέφθορε, τὰ δὲ διαφθερεῖ· ἡμεῖς δὲ μόνοι αὐτὸν ἀποκτεῖναι οὐ δυνατοί ἐσμεν, σύμπεμψον ἡμῖν τὸν παῖδα καὶ εὐζώνους νεανίας καὶ κύνας, ὡς αὐτὸν ἀποκτείνωμεν ἢ ἐκβάλωμεν ἐκ τῆς χώρας." Κροῖσος δὲ μνημονεύων τὰ τοῦ ὀνείρου τοὺς μὲν ἄλλους ἔλεγε πέμψειν, τὸν δὲ παῖδα οὐκ ἀποστελεῖν, μὴ διαφθαρῇ. Ὁ δὲ παῖς ἀκούσας τὰ γιγνόμενα μάλιστα ἱμέρθη τὴν ἀνδρείαν ἀποφῆναι. Ὁ δὲ πατὴρ αὐτῷ ἀποφηνάμενος γνώμην περὶ τοῦ ὀνείρου ἔλεγε· Διὰ τοῦτο φυλακὴν ἔχω σου, ὅτι μοι μόνος τυγχάνεις ὤν· τὸν γὰρ δὴ ἕτερον, διεφθαρμένον τὴν ἀκοήν, οὐκ εἶναί μοι λογίζομαι. — Ταῦτ᾽ ἀκούσας ὁ Ἄτυς ἔλεγεν· Ὦ πάτερ, ποῖαι μέν εἰσι συὸς χεῖρες; ποία δὲ αἰχμὴ σιδηρᾶ, ἥ σοι φόβον ἐγείρει; οὐ γὰρ πρὸς ἄνδρας γίγνεται ἡμῖν ἡ μάχη. — Ταύτην τὴν γνώμην περὶ τοῦ ἐνυπνίου ἀποφήνας ἀνέπεισε τὸν πατέρα, αὐτὸν συμπέμψαι. Ὁ δὲ μετεπέμψατο τὸν Φρύγα, ὃν ἐκάθηρε, καὶ ἐνετείλατο αὐτῷ φυλακὴν ἔχειν τοῦ παιδός. — Ὡς δὲ ἥκοντες εἰς τὸν Ὄλυμπον συνεβάλοντο τῷ θηρίῳ καὶ εἰςηκόντιζον. Ἔνθα δὴ ὁ ξένος, ὁ καθαρθεὶς τὸν φόνον, ἀκοντίζων τὸν σῦν, τοῦ μὲν ἁμαρτάνει, τυγχάνει δὲ τοῦ Ἄτυος καὶ ἀποκτείνει τῇ αἰχμῇ. — Εὐθὺς δέ τις ἀγγελῶν τὸν φόνον τῷ Κροίσῳ ἀποστέλλεται· ἥκων δὲ εἰς τὰς Σάρδεις τήν τε μάχην καὶ τὸν τοῦ παιδὸς μόρον ἐσήμηνεν αὐτῷ. Ὁ δὲ Κροῖσος, τῷ θανάτῳ τοῦ παιδὸς συντεταραγμένος, μᾶλλόν τι ὠδύρετο, ὅτι αὐτὸν ἀπέκτεινεν, ὃν αὐτὸς φόνου ἐκάθηρεν. Ἔπειτα δὲ κατοικτείρει αὐτὸς τὸν ξένον, οὐκ ἐκεῖνον, ἀλλὰ τῶν θεῶν τινα τοῦ θανάτου αἴτιον νομίζων.

IV. Contracted Verbs.

1. Short Tales and Anecdotes.

1. Βουλομένους τοὺς Πέρσας ἀντὶ τῆς ἑαυτῶν οὔσης ὀρεινῆς καὶ τραχείας πεδιάδα καὶ μαλακὴν χώραν αἱρεῖσθαι, οὐκ εἴασεν ὁ Κῦρος, λέγων, ὅτι καὶ τῶν φυτῶν τὰ σπέρματα καὶ τῶν ἀνθρώπων οἱ βίοι ταῖς χώραις συνεξομοιοῦνται. — 2. Φίλιππος, ὁ Ἀλεξάνδρου πατήρ, ἔλεγε, χάριν ἔχειν, ὅτι λοιδοροῦντες αὐτὸν βελτίονα ποιοῦσι καὶ τῷ λόγῳ καὶ τῷ ἤθει· Πειρῶμαι γὰρ αὐτοὺς ἅμα καὶ τοῖς λόγοις καὶ τοῖς ἔργοις ψευδομένους ἐλέγχειν. — 3. Ἀλέξανδρος, μέλλων τὴν ἐπὶ Γρανίκῳ μάχην μάχεσθαι, παρεκάλει τοὺς Μακεδόνας ἀφθόνως δειπνεῖν καὶ πάντα φέρειν εἰς μέσον, ὡς αὔριον δειπνήσοντας ἐκ τῶν πολεμίων. — 4. Ἀλέξανδρος, ἐν τῇ Μιλήτῳ πολλοὺς ἀνδριάντας ἀθλητῶν θεασάμενος Ὀλύμπια καὶ Πύθια νενικηκότων, ἠρώτησε, Καὶ ποῦ τὰ τηλικαῦτα ἦν σώματα, ὅτε οἱ βάρβαροι ὑμῶν τὴν πόλιν ἐπολιόρκουν; — 5. Τῶν δὲ πρώτων φίλων καὶ κρατί-

στων τιμᾶν μὲν ἐδόκει Κρατερὸν μάλιστα πάντων, φιλεῖν δὲ Ἡφαιστίωνα. Ἔλεγε γάρ, ὅτι Κρατερὸς μὲν φιλοβασιλεύς ἐστιν, Ἡφαιστίων δὲ φιλαλέξανδρος. — 6. Πτολεμαῖος ὁ Λάγου τὰ πολλὰ παρὰ τοῖς φίλοις ἐδείπνει καὶ ἐκάθευδεν· εἰ δέ ποτε δειπνίζοι, τοῖς ἐκείνων ἐχρῆτο, μεταπεμπόμενος ἐκπώματα καὶ στρώματα καὶ τραπέζας· αὐτὸς δὲ οὐκ ἐκέκτητο πλείω τῶν ἀναγκαίων, ἀλλὰ τοῦ πλοιτεῖν ἔλεγε τὸ πλουτίζειν εἶναι βασιλικώτερον. — 7. Λέγεται ὁ Θεμιστοκλῆς οὕτω παράφορος πρὸς δόξαν εἶναι καὶ πράξεων μεγάλων ὑπὸ φιλοτιμίας ἐραστής, ὥστε νέος ὢν ἐκ τῆς ἐν Μαραθῶνι μάχης πρὸς τοὺς βαρβάρους γενομένης καὶ τῆς Μιλτιάδου στρατηγίας διαβοηθείσης, σύννους ὁρᾶσθαι τὰ πολλὰ πρὸς ἑαυτῷ καὶ τὰς νύκτας ἀγρυπνεῖν, καὶ τοὺς πότους παραιτεῖσθαι τοὺς συνήθεις, καὶ λέγειν πρὸς τοὺς ἐρωτῶντας καὶ θαυμάζοντας τὴν περὶ τὸν βίον μεταβολήν, ὡς καθεύδειν αὐτὸν οὐκ ἐῴη τὸ τοῦ Μιλτιάδου τρόπαιον. Οἱ μὲν γὰρ ἄλλοι πέρας ᾤοντο τοῦ πολέμου τὴν ἐν Μαραθῶνι τῶν βαρβάρων ἧτταν εἶναι, Θεμιστοκλῆς δὲ ἀρχὴν μειζόνων ἀγώνων, ἐφ᾽ οὓς ἑαυτὸν ὑπὲρ τῆς ὅλης Ἑλλάδος ἤλειφεν ἀεὶ καὶ τὴν πόλιν ἤσκει πόρρωθεν ἤδη προςδοκῶν τὸ μέλλον. — 8. Ἀδειμάντου ναυμαχεῖν μὴ τολμῶντος, λέγοντος δὲ πρὸς τὸν Θεμιστοκλέα τοὺς Ἕλληνας παρακαλοῦντα καὶ προτρέποντα, Ὦ Θεμιστόκλεις, τοὺς ἐν τοῖς ἀγῶσι προεξορμῶντας μαστιγοῦσιν, ἔλεξε, Ναί, ὦ Ἀδείμαντε· τοὺς δὲ λειπομένους οὐ στεφανοῦσιν. — 9. Τιμόθεος εὐτυχὴς ἐνομίζετο στρατηγὸς εἶναι· καὶ φθονοῦντές αὐτῷ τινες ἐζωγράφουν τὰς πόλεις εἰς κύρτον αὐτομάτως ἐκείνου καθεύδοντος ἐνδυομένας· ἔλεγεν οὖν ὁ Τιμόθεος, Εἰ τηλικαύτας πόλεις λαμβάνω καθεύδων, τί με οἴεσθε ποιήσειν ἐγρηγορότα; — 10. Ἀλεξάνδρου τοῦ βασιλέως ἑκατὸν τάλαντα δωρεὰν τῷ Φωκίωνι πέμψαντος, ἠρώτησε τοὺς κομίζοντας, τί δή ποτε, πολλῶν ὄντων Ἀθηναίων, αὐτῷ μόνῳ ταῦτα πέμπει Ἀλέξανδρος· λεγόντων δὲ ἐκείνων, ὡς μόνον αὐτὸν ἡγεῖται καλὸν κἀγαθὸν εἶναι, ἔλεξεν, Οὐκοῦν ἐασάτω με καὶ δοκεῖν καὶ εἶναι τοιοῦτον. — 11. Ἀγησίλαος, βουλόμενος τὴν πρὸς τὸν Πέρσην ποιήσασθαι στρατείαν, ὡς ἐλευθερώσων τοὺς ἐν τῇ Ἀσίᾳ Ἕλληνας, τῷ κατὰ Δωδώνην Διὸς ἐχρήσατο μαντείῳ· κελεύσαντος δ᾿ ἐκείνου, ὡς δοκεῖ, στρατεύεσθαι, τὸ χρησθὲν ἀνήγγειλε τοῖς ἐφόροις. Οἱ δ᾿ ἐκέλευσαν αὐτὸν καὶ ἐν Δελφοῖς περὶ τῶν αὐτῶν ἐρωτᾶν. Πορευθεὶς οὖν εἰς τὸ μαντεῖον, ἐπηρώτησεν οὕτως, Ἄπολλον, ἦ δοκεῖ σοί, ὃ καὶ τῷ πατρί; Συναινέσαντος δὲ αἱρεθεὶς οὕτως ἐστρατεύσατο. — 12. Ἀριστοτέλης ἐνοχλούμενος ὑπὸ ἀδολέσχου καὶ κοπτόμενος ἀτόποις τοῖς διηγήμασι πολλάκις αὐτοῦ λέγοντος, Οὐ θαυμαστόν, Ἀριστότελες; — Οὐ τοῦτο, ἔλεγε, θαυμαστόν· ἀλλ᾿ εἴ τις πόδας ἔχων σὲ ὑπομένει. — 13. Πρὸς τὸν ἐπιθαυμάζοντα τὴν μετριότητα τῆς ἐσθῆτος καὶ τῆς τροφῆς Ἀγησιλάου καὶ τῶν ἄλλων Λακεδαιμονίων ἐκεῖνος ἔλεγεν· Ἀντὶ ταύτης τῆς διαίτης, ὦ ξένε, τὴν ἐλευθερίαν ἀμώμεθα. — 14. Χιόνος ποτὲ πιπτούσης, ἠρώτησεν ὁ βασιλεὺς τῶν Σκυθῶν τινα, εἰ ῥιγῴη, γυμνὸν διακαρτεροῦντα· ὁ δὲ αὐτὸν ἀντηρώτησεν, εἰ τὸ μέτωπον ῥιγῴη· τοῦ δέ, Οὔ, λέξαντος, ἀπεκρίνατο, Οὐκοῦν, οὐδὲ ἐγώ, πᾶς γὰρ μέτωπόν εἰμι. — 15. Λέγουσί τινες, ὅτι κοσμήσας ἑαυτὸν Κροῖσος ὁ Λυδὸς παντοδαπῶς καὶ καθίσας εἰς τὸν θρόνον ἠρώτησε τὸν Σόλωνα, εἴ τι θέαμα κάλλιον τεθέαται· ὁ δὲ ἀπεκρίνατο, Ἀλεκτρυόνας καὶ φασιανοὺς καὶ ταώς· φυσικῷ γὰρ ἄνθει κεκόσμηνται καὶ μυρίῳ καλλίονι.

2. Punishment for breach of faith.

Μετὰ τὸν τοῦ Λυσάνδρου θάνατον ὁ τὴν θυγατέρα αὐτοῦ ἔτι ζῶντος ἐγγυησάμενος, ἐπεὶ καὶ ἡ παῖς ἐρήμη πατρὸς ἀπελείπετο, καὶ ὁ Λύσανδρος μετὰ τὴν τοῦ βίου καταστροφὴν ἀνεφάνη πένης ὤν, οὗτος ἀνεδύετο ὁ ἐγγυησάμενος καὶ οὐδὲ ἔφασκεν ἄξεσθαι γυναῖκα. Ἐπὶ τούτοις οἱ ἔφοροι τὸν ἄνδρα ἐζημίωσαν. Οὔτε γὰρ Λακωνικὰ ἐφρόνει, οὔτε ἄλλως Ἑλληνικά, φίλου τε μάχῃ ἀποθανόντος ἀμνημονῶν καὶ τῶν συνθηκῶν τὸν πλοῦτον προτιμῶν.

3. The arrogance and punishment of Tantalus.

Τάνταλος ὁ Διὸς πλούτῳ καὶ δόξῃ διαφέρων κατῴκει τῆς Ἀσίας περὶ τὴν νῦν ὀνομαζομένην Παφλαγονίαν. Διὰ δὲ τὴν εὐγένειαν ἠξιώθη, ἄνθρωπος ὤν, γίγνεσθαι τοῖς θεοῖς ὁμοτράπεζος, καὶ ἀκούων τὰ λαλούμενα παρ' αὐτῶν, κατερχόμενος ἔλεγε τοῖς ἀνθρώποις. Καὶ διὰ τοῦτο οἱ θεοὶ ὀργισθέντες κολάζουσιν αὐτὸν ἐν τῷ Ἅιδου· θεωρῶν γὰρ δένδρα πεπληρωμένα καρπῶν καὶ ποταμοὺς παραῤῥέοντας οὐδὲν αὐτῶν δυνατός ἐστι γεύσασθαι· αὐτοῦ γὰρ ἐπιχειροῦντος λαμβάνειν, φεύγει.

4. The wantonness of Alcibiades.

Ἐθαύμαζον τὸν Ἀλκιβιάδην ἅπαντες οἱ Ἀθηναῖοι, ὁρῶντες αὐτὸν Σωκράτει μὲν συνδειπνοῦντα καὶ συμπαλαίοντα καὶ συσκηνοῦντα, τοῖς δ' ἄλλοις ἐρασταῖς χαλεπὸν ὄντα καὶ δυσχείρωτον, ἐνίοις δὲ καὶ παντάπασι σοβαρῶς προσφερόμενον, ὥσπερ Ἀνύτῳ τῷ Ἀνθεμίωνος.

Ἦν μὲν γὰρ ἐρῶν τοῦ Ἀλκιβιάδου· ξένους δέ τινας ἑστιῶν, ἐκάλει κἀκεῖνον ἐπὶ τὸ δεῖπνον. Ὁ δὲ τὴν μὲν κλῆσιν ἀπηγόρευσεν, ἑστιασάμενος δ᾽ οἴκοι μετὰ τῶν ἑταίρων, ἐκώμασε πρὸς τὸν Ἄνυτον καὶ ἐκ τῶν θυρῶν τοῦ ἀνδρῶνος θεασάμενος ἀργυρῶν ἐκπωμάτων καὶ χρυσῶν πλήρεις τὰς τραπέζας, ἐκέλευσε τοὺς παῖδας τὰ ἡμίση οἴκαδε κομίζειν πρὸς αὐτόν. Συνδειπνεῖν δ᾽ οὐκ ἠξίωσεν, ἀλλὰ ταῦτα πράξας ἀπεχώρησεν. Τῶν οὖν ξένων δυσχεραινόντων καὶ λεγόντων, ὡς ὑβριστικῶς καὶ ὑπερηφάνως εἴη τῷ Ἀνύτῳ κεχρημένος ὁ Ἀλκιβιάδης· Ἐπιεικῶς μὲν οὖν, ἀπεκρίνατο ὁ Ἄνυτος, καὶ φιλανθρώπως· ἃ γὰρ ἐξῆν αὐτῷ ἀποκομίζειν ἅπαντα, τούτων ἡμῖν τὰ ἡμίση καταλέλοιπεν. Οὕτως ἢ ὁμοίως πως καὶ τοῖς ἄλλοις ἐρασταῖς ἐχρῆτο.

V. Verbs in μι.

1. Short Tales and Anecdotes.

1. Ὀρόντης, ὁ βασιλέως Ἀρταξέρξου γαμβρός, ἀτιμίᾳ περιπεσὼν δι᾽ ὀργὴν καὶ καταγνωσθείς, Καθάπερ, ἔφη, οἱ τῶν ἀριθμητικῶν δάκτυλοι νῦν μὲν μυριάδας, νῦν δὲ μονάδα τιθέναι δύνανται, οὕτω καὶ οἱ τῶν βασιλέων φίλοι νῦν μὲν τὸ πᾶν δύνανται, νῦν δὲ τοὐλάχιστον. — 2. Ἀγαθοκλῆς υἱὸς ἦν κεραμέως· γενόμενος δὲ κύριος Σικελίας καὶ βασιλεὺς ἀναγορευθείς, εἰώθει κεράμεα ποτήρια τιθέναι παρὰ χρυσᾶ καὶ τοῖς νέοις ἐπιδεικνύμενος λέγειν, ὅτι τοιαῦτα ποιῶν πρότερον, νῦν ταῦτα ποιεῖ διὰ τὴν ἐπιμέλειαν καὶ τὴν ἀνδρείαν. — 3. Δίωνι ἔγραψε Σπεύσιππος, μὴ μέγα φρονεῖν, ἀλλ᾽

ἐρᾶν, ὅπως ὁσιότητι καὶ δικαιοσύνῃ καὶ νόμοις ἀρίστοις κοσμήσας Σικελίαν εὐκλεᾶ θήσει τὴν Ἀκαδημίαν. — 4. Κλεομένης, ἐρωτῶντός τινος αὐτόν, διὰ τί Σπαρτιᾶται τοῖς θεοῖς οὐκ ἀνατιθέασι τὰ ἀπὸ τῶν πολεμίων σκῦλα, Ὅτι, ἔφη, ἀπὸ δειλῶν ἐστι· τὰ γοῦν ἀπὸ τῶν κεκτημένων διὰ δειλίαν ληφθέντα οὔτε τοῖς νέοις ὁρᾶν καλόν, οὔτε τοῖς θεοῖς ἀνατιθέναι. — 5. Ξενοφῶντι θύοντι ἧκέ τις ἐκ Μαντινείας ἄγγελος, λέγων, τὸν υἱὸν αὐτῷ Γρύλλον τεθνάναι. Κἀκεῖνος ἀπέθετο τὸν στέφανον, διετέλει δὲ θύων. Ἐπεὶ δ' ὁ ἄγγελος προςέθηκε καὶ ἐκεῖνο, ὅτι νικῶν τέθνηκε, πάλιν ὁ Ξενοφῶν ἐπέθετο τὸν στέφανον. Ταῦτα μὲν οὖν δημώδη καὶ ἐς πολλοὺς ἐκπεφοίτηκεν. — 6. Σόλων τοῖς ἐν Πρυτανείῳ σιτουμένοις μάζαν παρέχειν κελεύει, ἄρτον δὲ ταῖς ἑορταῖς προςπαρατιθέναι. — 7. Ἀλέξανδρος, νοσήσας μακρὰν νόσον ὡς ἀνέρρωσεν, Οὐδέν, ἔφη, οὕτω διατεθῆναι χεῖρον, ὑπέμνησε γὰρ ἡμᾶς ἡ νόσος μὴ μέγα φρονεῖν, ὡς θνητοὺς ὄντας. - 8. Φίλιππος ὁ τῶν Μακεδόνων βασιλεύς, τριῶν αὐτῷ προςαγγελθέντων εὐτυχημάτων ὑφ' ἕνα καιρόν, ἀνατείνας εἰς οὐρανὸν τὰς χεῖρας ἔλεξεν· Ὦ δαῖμον, μέτριόν τι τούτοις ἀντίθες ἐλάττωμα, εἰδώς, ὅτι τοῖς μεγάλοις εὐτυχήμασι φθονεῖν πέφυκεν ἡ τύχη. — 9. Περίανδρος, εἷς τῶν ἑπτὰ καλουμένων σοφῶν, τύραννος Κορίνθου, ἐρωτηθείς, διὰ τί οὐκ ἀποτίθεται τὴν ἀρχήν, εἶπεν· Ὅτι τῷ κατ' ἀνάγκην ἄρχοντι καὶ τὸ ἑκουσίως ἀποστῆναι τῆς ἀρχῆς κίνδυνον φέρει. — 10. Διονύσιος Ἀρίστιππον ἔπειθεν, ἀποθέμενον τὸν τρίβωνα, πορφυροῦν ἱμάτιον περιβαλέσθαι. Καὶ πεισθεὶς ἐκεῖνος τὰ αὐτὰ καὶ Πλάτωνα ποιεῖν ἠξίου, ὁ δὲ ἔφη·

Οὐκ ἂν δυναίμην θῆλυν ἐνδῦναι στολήν.

11. Ἀρχίδαμος, ἐρωτήσαντός τινος αὐτόν· Τίνες προεστήκασι τῆς Σπάρτης; ἔλεγεν· Οἱ νόμοι καὶ τὰ ἀρχεῖα κατὰ τοὺς νόμους. — Ὁ αὐτὸς θεασάμενος τὸν υἱὸν προπετῶς μαχόμενον Ἀθηναίοις· Ἢ τῇ δυνάμει πρόσθες, ἔφη, ἢ τοῦ φρονήματος ὕφες. — 12. Ἀγησίλαος, Φαρσαλίων προσκειμένων καὶ κακουργούντων αὐτοῦ τὸ στράτευμα, πεντακοσίοις ἱππεῦσι τρεψάμενος αὐτούς, τρόπαιον ἔστησε· καὶ τὴν νίκην ἐκείνην πάντων ὑπερηγάπησεν, ὅτι συστησάμενος τὸ ἱππικὸν αὐτὸς δι᾿ ἑαυτοῦ, τούτῳ μόνῳ τοὺς μέγιστον ἐφ᾿ ἱππικῇ φρονοῦντας ἐκράτησεν. — 13. Πύρρου, τοῦ τῆς Ἠπείρου βασιλέως, ἐπιστρατεύσαντος Λακεδαιμονίοις καὶ πολλὰ ἀπειλοῦντος, Δερκυλλίδας, εἷς τῶν γερόντων, ἀναστὰς ἐν τῇ ἐκκλησίᾳ, εἶπεν· Εἰ μὲν θεός ἐστιν ὁ ἀπειλῶν, μὴ φοβώμεθα, οὐδὲν γὰρ ἀδικεῖ· εἰ δ᾿ ἄνθρωπος, γνώτω ἀνδράσιν ἀπειλῶν. — 14. Ξέρξης, ὀργισθεὶς Βαβυλωνίοις ἀποστᾶσι καὶ κρατήσας, προςέταξεν ὅπλα μὴ φέρειν, ἀλλὰ ψάλλειν καὶ αὐλεῖν καὶ καπηλεύειν καὶ φορεῖν κολπωτοὺς χιτῶνας. — 15. Σατιβαρζάνην τὸν κατακοιμιστὴν αἰτούμενόν τι παρ᾿ Ἀρταξέρξου τοῦ Μακρόχειρος τῶν μὴ δικαίων, αἰσθόμενος ἐπὶ τρισμυρίοις δαρεικοῖς τοῦτο ποιοῦντα, ὁ Ἀρταξέρξης τῷ ταμίᾳ προςέταξε τρισμυρίους δαρεικοὺς κομίσαι· καὶ διδοὺς αὐτῷ, Λαβέ, εἶπεν, ὦ Σατιβαρζάνη· ταῦτα μὲν γὰρ δοὺς οὐκ ἔσομαι πενέστερος, ἐκεῖνα δὲ πράξας ἀδικώτερος. — 16. Ξένου τινὸς ἰδίᾳ φράσειν φάσκοντος Διονυσίῳ τῷ πρεσβυτέρῳ καὶ διδάξειν, ὅπως προειδῇ τοὺς ἐπιβουλεύοντας, ἐκέλευσεν εἰπεῖν· ἐπεὶ δὲ προςελθών, Δός μοι, εἶπε, τάλαντον, ἵνα δόξῃς ἀκηκοέναι τὰ σημεῖα τῶν ἐπιβουλευόντων· ἔδωκε προςποιούμενος ἀκηκοέναι, καὶ ἐθαύμαζε τὴν μέθοδον τοῦ ἀνθρώπου. — 17. Ἀλκιβιάδης ἐλθὼν

ἐπὶ θύρας τοῦ Περικλέους καὶ πυθόμενος, αὐτὸν μῖ σχολάζειν, ἀλλὰ σκοπεῖν, ὅπως ἀποδώσει λόγους Ἀθηναίοις, Οὐ βέλτιον, ἔφη, σκοπεῖν ἦν, ὅπως μὴ οὐκ ἀποδώσεις; — 18. Πρώτην τῷ Ἀλκιβιάδῃ πάροδον εἰς τὸ δημόσιον γενέσθαι λέγουσι μετὰ χρημάτων ἐπιδόσεως, οὐκ ἐκ παρασκευῆς, ἀλλὰ παριόντα, θορυβούντων Ἀθηναίων, ἐρέσθαι τὴν αἰτίαν τοῦ θορύβου· πυθόμενον δέ, χρήματα ἐπιδιδόναι τοὺς πολίτας, παρελθεῖν καὶ ἐπιδοῦναι· τοῦ δὲ δήμου κροτοῦντος καὶ βοῶντος, ὑφ' ἡδονῆς ἐπιλαθέσθαι τοῦ ὄρτυγος, ὃν ἐτύγχανεν ἔχων ἐν τῷ ἱματίῳ. Πτοηθέντος οὖν καὶ διαφυγόντος, ἔτι μᾶλλον ἐκβοῆσαι τοὺς Ἀθηναίους, πολλοὺς δὲ συνθηρᾶν ἀναστάντας, λαβεῖν δ' αὐτὸν Ἀντίοχον τὸν κυβερνήτην καὶ ἀποδοῦναι· διὸ καὶ προσφιλέστατον γενέσθαι τῷ Ἀλκιβιάδῃ. — 19. Φωκίων, πρὸς θυσίαν τινὰ τῶν Ἀθηναίων αἰτούντων ἐπιδόσεις καὶ τῶν ἄλλων ἐπιδιδόντων, κληθεὶς πολλάκις, Αἰσχυνοίμην ἄν, εἶπεν, ὑμῖν ἐπιδιδούς, τούτῳ δὲ μὴ ἐπιδιδούς· ἅμα δεικνύων τὸν δανειστήν. — 20. Αἰτοῦντος Ἀλεξάνδρου τριήρεις καὶ τοῦ δήμου κελεύοντος ὀνομαστὶ παριέναι τὸν Φωκίωνα καὶ συμβουλεύειν, ἀναστὰς ἔφη, Συμβουλεύω τοίνυν ὑμῖν, ἢ κρατεῖν τοῖς ὅπλοις αὐτούς, ἢ φίλους εἶναι τῶν κρατούντων. — 21. Ἀντίπατρος ἔφη, ὡς, δυοῖν αὐτῷ φίλων Ἀθήνησιν ὄντων, οὔτε Φωκίωνα χρήματα λαβεῖν πέπεικεν, οὔτε Δημάδην διδοὺς ἐμπέπληκεν. — 22. Ἆγις ὁ νεώτερος, προδότῃ τινὶ παραδοῦναι στρατιώτας τῶν ἐφόρων κελευόντων, οὐκ ἔφη πιστεύειν τοὺς ἀλλοτρίους τῷ προδόντι τοὺς ἰδίους. — 23. Λάκαινά τις προϊόντι τῷ υἱῷ ἐπὶ πόλεμον ἀναδιδοῦσα τὴν ἀσπίδα· Ταύτην, ἔφη, ὁ πατήρ σοι ἀεὶ ἔσωζε· καὶ σὺ οὖν ταύτην σῶζε, ἢ ἀπόθανε. — 24. Ἄλλη πρὸς τὸν υἱὸν λέγοντα, μικρὸν ἔχειν τὸ ξίφος, εἶπε· Καὶ βῆμα πρόςθες. — 25. Θεόπομπος πρὸς τὸν ἐρωτήσαντα, πῶς ἄν τις ἀσφαλῶς τηροίη τὴν βασιλείαν, Εἰ τοῖς μὲν φίλοις, ἔφη, μεταδιδοίη παῤῥησίας δικαίας, τοὺς δὲ ἀρχομένοις κατὰ δύναμιν μὴ περιορῴη ἀδικουμένοις. — 26. Φίλιππος, ὁ τῶν Μακεδόνων βασιλεύς, ἐρωτηθείς, οὕςτινας μάλιστα φιλεῖ, καὶ οὕςτινας μάλιστα μισεῖ; Τοὺς μέλλοντας, ἔφη, προδιδόναι μάλιστα φιλῶ, τοὺς δ' ἤδη προδεδωκότας μάλιστα μισῶ. — 27. Φιλόξενος, παραδοθεὶς ὑπὸ Διονυσίου ποτὲ εἰς τὰς λατομίας διὰ τὸ φαυλίζειν τὰ ποιήματα αὐτοῦ, καὶ ἀνακληθείς, ἔπειτα πάλιν ἐπὶ τὴν ἀκροασίαν αὐτῶν ἐκλήθη· μέχρι δέ τινος ὑπομείνας ἀνέστη· πυθομένου δὲ τοῦ Διονυσίου, Ποῖ δὴ σύ; Εἰς τὰς λατομίας, εἶπεν. — 28. Ἐπαμεινώνδας ἕνα εἶχε τρίβωνα, καὶ αὐτὸν ῥυπῶντα. Εἴ ποτε δὲ αὐτὸν ἔδωκεν εἰς γναφεῖον, αὐτὸς ὑπέμενεν οἴκοι δι' ἀπορίαν ἑτέρου. Ἐν δὴ τούτοις ἄπορος ὤν, τοῦ Περσῶν βασιλέως πέμψαντος αὐτῷ πολὺ χρυσίον, οὐ προςήκατο· καὶ ἔμοιγε μεγαλοφρονέστερος εἶναι δοκεῖ τοῦ διδόντος ὁ μὴ λαβών.

2. Characteristics of Socrates and Diogenes.

1. Σωκράτης ὁ φιλόσοφος ἀεὶ ἦν ἐν τῷ φανερῷ. Πρωΐ τε γὰρ εἰς τοὺς περιπάτους καὶ τὰ γυμνάσια ᾔει καὶ πληθούσης ἀγορᾶς ἐκεῖ φανερὸς ἦν, καὶ τὸ λοιπὸν ἀεὶ τῆς ἡμέρας ἦν, ὅπου πλείστοις μέλλοι συνέσεσθαι· καὶ ἔλεγε μὲν ὡς τὸ πολύ, τοῖς δὲ βουλομένοις ἐξῆν ἀκούειν. — 2. Πολλὰ τῶν φίλων αὐτῷ πεμπόντων, ἐπειδὴ μηδὲν δεχόμενος ἐπὶ τούτῳ παρὰ τῆς Ξανθίππης εὐθύνετο, ἔφη· Ἐὰν τὰ διδόμενα πάντα ἑτοίμως λαμβάνωμεν, οὐδ' αἰτοῦντες τοὺς διδόντας ἕξομεν. — 3. Σωκράτης ὁρῶν τινα πάντα εἰδέναι φάσκοντα καὶ πολυμά-

θειαν ἐπισχνούμενον (ἐτύγχανε δὲ εἰς Ἀκαδημίαν ςιγκατιὼν αὐτῷ) ἐπιστὰς χωρίῳ πεφυτευμένῳ, ἤρετο αὐτόν· Ἡ δοκεῖ σοι γεωργὸς ἀμελῆσαι, μὴ καταφυτεύσας πᾶσαν τὴν γῆν, ἀλλὰ διαλείμματα μεταξὺ τῶν δένδρων καταλιπών; τοῦ δὲ εἰπόντος, Καὶ μήν, εἰ μὴ τοῦτο ἐποίησεν, οὐδὲν ἂν τοῦτο ἐπεβίω, ἀλλ᾽ ὑπ᾽ ἀλλήλων ἀπώλετο· Εἶτα, ἔφη, σὺ ἐν τῇ σεαυτοῦ ψυχῇ οὐδὲ μικρὸν τόπον παραλιπών, ἄλλα ἀεὶ ἄλλοις μαθήματα σωρεύων, οἴει τινὰ καρπὸν ἐξ αὐτῶν δρέψασθαι; —
4. Ὁ αὐτὸς Ξενοφῶντα νέον ὁρῶν εὐφυῆ, ἠρώτησεν, εἰ οἶδεν, ὅπου τῆς ἀγορᾶς οἱ ἰχθύες εἶεν· τοῦ δ᾽ εἰπόντος ἑξῆς ἤρετο, τί δέ, τὰ λάχανα; ὡς δ᾽ εἶπε καὶ τοῦτο καὶ τἄλλα ἐπὶ πᾶσιν, ἤρετο, εἰ οἶδεν, ὅπου οἱ καλοὶ κἀγαθοὶ διατρίβουσι· σιωπῶντι δὲ ἐπιπλήξας κατέλιπεν· ὁ δὲ διατραπεὶς ἀπ᾽ ἐκείνου ἤρξατο φιλοσοφεῖν. —
5. Σωκράτης ἔλεγεν, εἴ τις ἐν θεάτρῳ ὑποκηρύττοι, ἀνίστασθαι τοὺς σκυτοτόμους, ἐκείνους μόνους ἀναστήσεσθαι, ὁμοίως εἰ τοὺς χαλκοτύπους, τοὺς ὑφάντας, ἢ τοὺς ἄλλους κατὰ γένος· εἰ δὲ τοὺς φρονίμους ἢ δικαίους, πάντας ἀναστήσεσθαι. Καὶ ἔστιν ἐν βίῳ βλάπτον μάλιστα τὸ ἀνοήτους ὄντας τοὺς πολλοὺς οἴεσθαι φρονίμους εἶναι. — 6. Τοῦ Σωκράτους ἐκ παλαίστρας παραλαβόντος τὸν Εὐθύδημον, ἡ Ξανθίππη μετ᾽ ὀργῆς ἐπιστᾶσα καὶ λοιδορήσασα τέλος ἀνέτρεψε τὴν τράπεζαν· ὁ δὲ Εὐθύδημος ἐξαναστὰς ἀπῄει περίλυπος γενόμενος. Καὶ ὁ Σωκράτης· Παρὰ σοὶ δέ, εἶπεν, οὐ πρῴην ὄρνις τις εἰςπτᾶσα ταὐτὸ τοῦτο ἐποίησεν; ἡμεῖς δὲ οὐκ ἠγανακτήσαμεν.

7. Διογένης ὁ Σινωπεύς, ὁ κύων ἐπικαλούμενος, ἡνίκα ἀπέλιπε τὴν πατρίδα, εἷς τῶν οἰκετῶν ἠκολούθει, ὄνομα Μάνης, ὃς οὐ φέρων τὴν μετ᾽ αὐτοῦ διατριβὴν

ἐπέδρα. Προτρεπόντων δέ τινων ζητεῖν αὐτόν, ἔφη, οὐκ αἰσχρόν ἐστι, Μάνην μὲν μὴ δεῖσθαι Διογένους, Διογένην δὲ Μάνους; — 8. Ἀριστῶντι Διογένει ἐν ἀγορᾷ οἱ περιεστῶτες συνεχὲς ἔλεγον· Κύον, κύον· ὁ δέ, Ὑμεῖς, εἶπεν, ἐστὲ κύνες, οἵ με ἀριστῶντα περιεστήκατε. — 9. Ὁ Διογένης, καθαρὸν λαβὼν ἄρτον, ἐξέβαλε τῆς πήρας τὸν αὐτόπυρον, εἰπών· Ὦ ξένε, τυράννοις ἐκ ποδῶν μεθίστασο. — 10. Ὁρῶν Μεγαρέας ὁ Διογένης τὰ μακρὰ τείχη ἱστάντας, Ὦ μοχθηροί, εἶπε, μὴ τοῦ μεγέθους προνοεῖτε τῶν τειχῶν, ἀλλὰ τῶν ἐπ᾽ αὐτῶν στησομένων. — 11. Ἀνθρώπου τινὸς μοχθηροῦ ἐπιγράψαντος ἐπὶ τὴν ἑαυτοῦ οἰκίαν· Μηδὲν εἰσίτω κακόν· Διογένης, Ὁ οὖν κύριος τῆς οἰκίας, ἔφη, ποῦ ἂν εἰςέλθοι; — 12. Μετὰ τὴν ἐπὶ Χαιρωνείᾳ μάχην συλληφθεὶς ἀπήχθη πρὸς Φίλιππον, καὶ ἐρωτηθείς, τίς εἴη, Κατάσκοπος, ἔφη, τῆς σῆς ἀπληστίας· ὅθεν θαυμασθεὶς ἀφείθη. — 13. Αἰτῶν τινα ἔφη· Εἰ μὲν καὶ ἄλλῳ δέδωκας, δὸς καὶ ἐμοί· εἰ δὲ μηδενί, ἀπ᾽ ἐμοῦ ἄρξαι. — 14. Ἀναξιμένει τῷ ῥήτορι παχεῖ ὄντι προςελθών, Ἐπίδος καὶ ἡμῖν, ἔφη, τοῖς πτωχοῖς, τῆς γαστρός· καὶ γὰρ αὐτὸς κουφισθήσῃ καὶ ἡμᾶς ὠφελήσεις. — 15. Ὁ αὐτὸς ἐρωτηθείς, τί ποιῶν κύων καλεῖται, ἔφη· Τοὺς μὲν διδόντας σαίνων, τοὺς δὲ μὴ διδόντας ὑλακτῶν, τοὺς δὲ πονηροὺς δάκνων. — 16. Διογένης λόγον τινὰ διεξῄει περὶ σωφροσύνης καὶ ἐγκρατείας, καὶ ὡς ἐπῄνουν αὐτὸν οἱ Ἀθηναῖοι, οὗτος, Κάκιστ᾽ ἀπόλοισθε, εἶπε, τοῖς ἔργοις μοι ἀντιλέγοντες. — 17. Διογένης πλέων εἰς Αἴγιναν, καὶ ὑπὸ πειρατῶν ἁλούς, εἰς Κρήτην ἀπαχθεὶς ἐπιπράσκετο. Καὶ τοῦ κήρυκος ἐρωτῶντος, τί οἶδε ποιεῖν, ἔφη, Ἀνθρώπων ἄρχειν· καὶ δείξας τινὰ Κορίνθιον, Ξενιάδην, ἔφη,

Τούτῳ με πώλει, οὗτος δεσπότου χρῄζει. Ἐπρίατο δὴ αὐτὸν ὁ Ξενιάδης καὶ ἀπαγαγὼν εἰς τὴν Κόρινθον ἐπέστησε τοῖς ἑαυτοῦ παιδίοις καὶ πᾶσαν ἐνεχείρισε τὴν οἰκίαν. Ὁ δὲ οὕτως αὐτὴν ἐν πᾶσι διετίθει, ὥστε ἐκεῖνος περιιών, Ἀγαθός, ἔφη, δαίμων εἰς τὴν οἰκίαν μου εἰςελήλυθεν.

3. Self-denial of Aristides.

Τῶν Ἀθηναίων ὁρμωμένων ἐπὶ τὸν ἐξοστρακισμόν, λέγεταί τινα τῶν ἀγραμμάτων καὶ παντελῶς ἀγροίκων ἀναδόντα τῷ Ἀριστείδῃ τὸ ὄστρακον, ὡς ἑνὶ τῶν τυχόντων, παρακαλέσαι, ὅπως Ἀριστείδην ἐγγράψῃ. Τοῦ δὲ θαυμάσαντος καὶ πυθομένου, μή τι κακὸν αὐτὸν Ἀριστείδης πεποίηκεν, Οὐδέν, εἶπεν, οὐδὲ γιγνώσκω τὸν ἄνθρωπον, ἀλλ' ἐνοχλοῦμαι πανταχοῦ τὸν Δίκαιον ἀκούων. Τοῦτ' ἀκούσαντα τὸν Ἀριστείδην ἀποκρίνασθαι μὲν οὐδέν, ἐγγράψαι δὲ τοὔνομα τῷ ὀστράκῳ καὶ ἀποδοῦναι.

4. Prudent resolution of Epaminondas.

Ἐπεὶ Λακεδαιμονίων ἐπιστρατευομένων ἀνεφέροντο χρησμοὶ τοῖς Θηβαίοις, οἱ μὲν ἧτταν, οἱ δὲ νίκην φράζοντες, ἐκέλευεν Ἐπαμεινώνδας τοὺς μὲν ἐπὶ δεξιᾷ τοῦ βήματος θεῖναι, τοὺς δὲ ἐπ' ἀριστερᾷ. Τεθέντων δὲ πάντων ἀναστὰς εἶπεν, Ἐὰν μὲν ἐθελήσητε τοῖς ἄρχουσι πείθεσθαι καὶ τοῖς πολεμίοις ὁμόσε χωρεῖν, οὗτοι ὑμῖν εἰσιν οἱ χρησμοί, δείξας τοὺς βελτίονας· ἐὰν δὲ ἀποδειλιάσητε πρὸς τὸν κίνδυνον, ἐκεῖνοι, πρὸς τοὺς χείρονας ἰδών. Οὕτω δὲ μέγα φρόνημα ἐπιδεικνυμένῳ θαῤῥαλέως οἱ Θηβαῖοι ἕσποντο καὶ μαχεσάμενοι ἐν Λεύκτροις τρόπαιον ἔστησαν.

5. Phocion.

Ἀλέξανδρος ὁ Φιλίππου Φωκίωνι μόνῳ, φασί, τῷ Ἀθηναίων στρατηγῷ γράφων, προςετίθει τὸ χαίρειν· οὕτως ἄρα ᾑρήκει τὸν Μακεδόνα ὁ Φωκίων. Ἀλλὰ καὶ τάλαντα αὐτῷ ἀργυρίου ἔπεμψεν ἑκατὸν καὶ πόλεις τέσσαρας ὠνόμασεν, ὧν ἠξίου μίαν, ἣν βούλεται, προελέσθαι αὐτόν, ἵνα ἔχῃ καρποῦσθαι τὰς ἐκεῖθεν προςόδους. Ἦσαν δὲ αἱ πόλεις αἵδε, Κίος, Ἐλαία, Μύλασα, Πάταρα. Ὁ μὲν οὖν Ἀλέξανδρος μεγαλοφρόνως ταῦτα καὶ μεγαλοπρεπῶς. Ἔτι γε μὴν μεγαλοφρονέστερον ὁ Φωκίων, μήτε τὸ ἀργύριον προςιέμενος, μήτε τὴν πόλιν. Ὡς δὲ μὴ δοκοίη πάντῃ ὑπερφρονεῖν τοῦ Ἀλεξάνδρου, ἐτίμησεν αὐτὸν κατὰ τόδε· τοὺς ἐν τῇ ἄκρᾳ τῇ ἐν Σάρδεσι δεδεμένους ἄνδρας ἠξίωσεν αὐτὸν ἀφεῖναι ἐλευθέροις αὐτῷ, Ἐχεκρατίδην τὸν σοφιστὴν καὶ Ἀθηνόδωρον τὸν Ἴμβριον καὶ Δημάρατον καὶ Σπάρτωνα· ἀδελφὼ δὲ ἄρα ἤστην οὗτοι Ῥοδίω.

6. Cyrus persuades the Persians to revolt from the Medes.

Κῦρος Πέρσας ἀποστῆναι Μήδων ἔπεισεν ὧδε· δείξας χωρίον αὐτοῖς ἀργὸν καὶ ἀκανθῶδες ἐκέλευσεν ἡμερῶσαι. Οἱ δὲ σὺν πολλῷ πόνῳ ἡμέρωσαν· τῆς δὲ ὑστεραίας ἐκέλευσε λουσαμένους παρεῖναι. Ἐπεὶ δὲ ἧκον, προέθηκεν αὐτοῖς εὐωχίαν ἄφθονον· καὶ μετὰ τὴν εὐωχίαν ἤρετο, ποτέρα κρείσσων ἡμέρα. Οἱ δὲ ὡμολόγησαν τῆς χθὲς τὴν σήμερον τόσῳ κρείττονα, ὅσῳ κακοδαιμονίας εὐδαιμονίαν. Οὐκοῦν, ὁ Κῦρος ἔφη, τὰ τῆς εὐδαιμονίας ἀγαθὰ ἕξετε, ἢν τῆς Μήδων δουλείας ἀποστῆτε. Οἱ οὖν Πέρσαι μὴ μελλήσαντες ἀπέστησαν, καὶ βασιλέα Κῦρον στησάμενοι αυτούς τε Μήδοις επεστρέψαντο και της άλλης Ασίας ήρξαν.

7. Brotherly Love.

Ξέρξῃ τῷ Δαρείου περὶ τῆς βασιλείας ἀμφισβητῶν ὁ ἀδελφὸς Ἀριμένης κατέβαινεν ἐκ τῆς Βακτριανῆς· ἔπεμψεν οὖν αὐτῷ δῶρα, φράσαι κελεύσας τοὺς διδόντας. Τούτοις σε τιμᾷ νῦν Ξέρξης ὁ ἀδελφός· ἐὰν δὲ βασιλεὺς ἀναγορευθῇς πάντων ἔσῃ παρ' αὐτῷ μέγιστος. Ἀποδειχθέντος δὲ τοῦ Ξέρξου βασιλέως, ὁ μὲν Ἀριμένης εὐθὺς προςεκύνησε, καὶ τὸ διάδημα περιέθηκεν, ὁ δὲ Ξέρξης ἐκείνῳ τὴν δευτέραν μεθ' ἑαυτὸν ἔδωκε τάξιν.

8. Confidence is half the victory.

Ἀλεξάνδρῳ, μέλλοντι περὶ τῶν ὅλων ἐν Ἀρβήλοις κινδυνεύειν πρὸς ἑκατὸν μυριάδας ἀντιτεταγμένας, προςῄεσαν οἱ φίλοι τῶν στρατιωτῶν κατηγοροῦντες ὡς ἐν ταῖς σκηναῖς διαλαλούντων καὶ συντιθεμένων, ὅπως μηδὲν τῶν λαφύρων εἰς τὸ βασιλικὸν ἀνοίσουσιν, ἀλλ' αὐτοὶ κερδανοῦσιν· ὁ δὲ μειδιάσας, Ἀγαθά, φησίν, ἀγγέλλετε· νικᾶν ἀνδρῶν, οὐ φεύγειν παρεσκευασμένων ἀκούω διαλογισμούς. Καὶ προςιόντες αὐτῷ πολλοὶ τῶν στρατιωτῶν ἔλεγον, Ὦ βασιλεῦ, θάρρει, καὶ μὴ φοβοῦ τὸ πλῆθος τῶν πολεμίων· αὐτὴν γὰρ ἡμῶν τὴν ἀλαλὰν οὐχ ὑπομενοῦσιν. Καὶ τῶν δὲ Περσῶν καρτερὰ ἦν ἡ φυγή· μεγάλη δὲ τῶν Μακεδόνων ἡ νίκη.

9. Magnanimity of Demetrius Poliorcetes.

Ἀποστάντων τῶν Ἀθηναίων Δημήτριος ὁ Πολιορκητής, ἑλὼν τὴν πόλιν ἤδη κακῶς ὑπὸ σιτοδείας ἐχουσαν, εὐθὺς ἐκκλησίας αὐτῷ συναχθείσης, ἐπέδωκε δωρεὰν σῖτον αὐτοῖς· δημηγορῶν δὲ περὶ τούτων, ἐβαρβάρισε· τῶν δὲ καθημένων τινός, ὡς ἔδει τὸ ῥῆμα λεχθῆναι, παραφωνήσαντος, Οὐκοῦν, ἔφη, καὶ τῆς ἐπανορθώσεως ταύτης ἄλλους ὑμῖν πεντακισχιλίους ἐπιδίδωμι μεδίμνους.

10. The last days of Solon.

Σόλων ὁ Ἐξηκεστίδου, ὁ τοῖς Ἀθηναίοις τοὺς νόμους θείς, γέρων ἤδη ὤν, ὑπώπτευε Πεισίστρατον τυραννίδι ἐπιθήσεσθαι, ἡνίκα παρῆλθεν εἰς τὴν ἐκκλησίαν τῶν Ἀθηναίων καὶ ᾔτει φρουρὰν ὁ Πεισίστρατος. Ὁρῶν δὲ τοὺς Ἀθηναίους τῶν μὲν αὐτοῦ λόγων ῥᾳθύμως ἀκούοντας, προςέχοντας δὲ τῷ Πεισιστράτῳ, ἔφη, ὅτι τῶν μέν ἐστι σοφώτερος, τῶν δὲ ἀνδρειότερος· Ὁπόσοι μὲν γιγνώσκουσιν, ὅτι φυλακὴν λαβὼν περὶ τὸ σῶμα τύραννος ἔσται, ἀλλὰ τούτων μέν ἐστι σοφώτερος· ὁπόσοι δὲ γιγνώσκοντες ἡσυχάζουσι, τούτων ἀνδρειότερός ἐστιν. Ὁ δὲ λαβὼν τὴν δύναμιν, τύραννος κατέστη. Καθεζόμενος δὲ Σόλων πρὸ τῆς οἰκίας, τὴν ἀσπίδα καὶ τὸ δόρυ παραθέμενος ἔλεγεν, ὅτι ἐξώπλισται καὶ βοηθεῖ τῇ πατρίδι ᾖ δύναται, στρατηγὸς μὲν διὰ τὴν ἡλικίαν οὐκ ἔτι ὤν, εὔνους δὲ διὰ τὴν γνώμην. Ὅμως οὖν Πεισίστρατος, εἴτε αἰδοῖ τῇ πρὸς τὸν ἄνδρα καὶ τὴν σοφίαν αὐτοῦ, εἴτε καὶ μνήμῃ τῆς ἐν ἡλικίᾳ φιλίας, οὐδέν γε ἔδρασε κακὸν Σόλωνα.

Ὁ δ' οὖν Σόλων ὀλίγον ὕστερον, ὑπέργηρως ὤν, τὸν βίον ἐτελεύτησεν, ἐπὶ σοφίᾳ καὶ ἀνδρείᾳ μεγάλην ἀπολιπὼν δόξαν. Καὶ ἀνέστησαν αὐτῷ χαλκῆν εἰκόνα ἐν τῇ ἀγορᾷ, ἀλλὰ καὶ ἔθαψαν αὐτὸν δημοσίᾳ παρὰ τὰς

πύλας πρὸς τῷ τείχει ἐν δεξιᾷ εἰσιόντων, καὶ περιῳ-
κοδόμητο αὐτῷ ὁ τάφος.

VI. Irregular Verbs.

1. Short Tales and Anecdotes.

1. Διονύσιος ὁ νεώτερος, ἐκπεσὼν τῆς ἀρχῆς, πρὸς μὲν τὸν εἰπόντα, Τί σε Πλάτων καὶ φιλοσοφία ὠφέλησε; Τὸ τηλικαύτην, ἔφη, τύχης μεταβολὴν ῥᾳδίως ὑπομένειν. — 2. Ἐρωτηθεὶς δέ, πῶς ὁ μὲν πατὴρ αὐτοῦ, πένης ὢν καὶ ἰδιώτης, ἐκτήσατο τὴν Συρακουσίων ἀρχήν, αὐτὸς δὲ ἔχων, καὶ τυράννου παῖς ὤν, πῶς ἀπέβαλεν· Ὁ μὲν πατήρ, ἔφη, μισουμένης δημοκρατίας ἐπέστη τοῖς πράγμασιν, ἐγὼ δὲ φθονουμένης τυραννίδος. — 3. Ἀγαθοκλέους, υἱοῦ κεραμέως, πόλιν πολιορκοῦντος, τῶν ἀπὸ τοῦ τείχους τινὲς ἐλοιδοροῦντο, λέγοντες ὅτι, Ὦ κεραμεῦ, τὸν μισθὸν πῶς ἀποδώσεις τοῖς στρατιώταις; Ὁ δὲ πρᾷος καὶ μειδιῶν εἶπεν, Ἐὰν ταύτην ἕλω. Λαβὼν δὲ κατὰ κράτος, ἐπίπρασκε τοὺς αἰχμαλώτους, λέγων, Ἐάν με πάλιν λοιδορῆτε, πρὸς τοὺς κυρίους ὑμῶν ἔσται μοι ὁ λόγος. — 4. Σμικύθου Νικάνορα διαβάλλοντος ὡς ἀεὶ κακῶς λέγοντα τὸν Φίλιππον, καὶ τῶν ἑταίρων οἰομένων δεῖν μεταπέμπεσθαι καὶ κολάζειν, Ἀλλὰ μήν, ἔφη, Νικάνωρ οὐ φαυλότατός ἐστι Μακεδόνων, ἐπισκεπτέον οὖν, μή τι γίγνεται παρ' ἡμῶν. Ὡς οὖν ἔγνω τὸν Νικάνορα θλιβόμενον ἰσχυρῶς ὑπὸ πενίας, ἠμελημένον δὲ ὑπ' αὐτοῦ, προσέταξε δωρεάν τινα αὐτῷ δοθῆναι. Πάλιν οὖν τοῦ Σμικύθου λέγοντος, ὅτι θαυμαστὰ περὶ αὑτοῦ πρὸς ἅπαντας ἐγκώμια λέγων ὁ Νικάνωρ διατελεῖ,

Ὁρᾶτε οὖν, εἶπεν, ὅτι ἐφ᾽ ἡμῖν αὐτοῖς ἐστι καὶ τὸ καλῶς καὶ τὸ κακῶς ἀκούειν. — 5. Διονύσιος ὁ πρεσβύτερος ἀκούσας τινὰ τῶν πολιτῶν χρυσίον ἔχειν οἴκοι κατορωρυγμένον, ἐκέλευσεν ἀνενεγκεῖν πρὸς αὐτόν· ἐπεὶ δὲ παρακλέψας ὀλίγον ὁ ἄνθρωπος, καὶ μεταστὰς εἰς ἑτέραν πόλιν, ἐπρίατο χωρίον, μεταπεμψάμενος αὐτὸν ἐκέλευσε πᾶν ἀπολαβεῖν, ἠργμένον χρῆσθαι τῷ πλούτῳ καὶ μηκέτι ποιοῦντα τὸ χρήσιμον ἄχρηστον. — 6. Ληφθέντων πολλῶν αἰχμαλώτων, ὁ Φίλιππος ἐπίπρασκεν αὐτοὺς ἀνεσταλμένῳ τῷ χιτῶνι καθήμενος οὐκ εὐπρεπῶς· εἷς οὖν τῶν πωλουμένων ἀνεβόησε, Φεῖσαι μου, Φίλιππε, πατρικὸς γάρ εἰμί σου φίλος· ἐρωτήσαντος δὲ Φιλίππου, Πόθεν, ὦ ἄνθρωπε, γενόμενος καὶ πῶς; Ἐγγύς, ἔφη, φράσαι σοι βούλομαι προςελθών· ὡς οὖν προςήχθη, Μικρόν, ἔφη, κατωτέρω τὴν χλαμύδα ποίησον, ἀσχημονεῖς γὰρ οὕτω καθήμενος· καὶ ὁ Φίλιππος, Ἄφετε αὐτόν, εἶπεν, ἀληθῶς γὰρ εὔνους ὢν καὶ φίλος ἐλάνθανεν. — 7. Ἱππάρχου τοῦ Εὐβοέως ἀποθανόντος, δῆλος ἦν ὁ αὐτὸς βαρέως φέρων· εἰπόντος δέ τινος, Ἀλλὰ μὴν ὡραῖος ὢν ἐκεῖνος ἀποτέθνηκεν, Ἑαυτῷ γε, εἶπεν, ἐμοὶ δὲ ταχέως· ἔφθη γὰρ τελευτήσας, πρὶν ἢ παρ᾽ ἐμοῦ χάριν ἀξίαν τῆς φιλίας ἀπολαβεῖν. — 8. Ἀγανακτούντων τῶν φίλων, ὅτι συρίττουσιν αὐτὸν ἐν Ὀλυμπίοις εὖ πεπονθότες οἱ Πελοποννήσιοι, Τί οὖν, εἶπεν, ἐὰν κακῶς πάθωσιν; — 9. Ἀλέξανδρος ἐπιστολὴν παρὰ τῆς μητρὸς ἀναγιγνώσκων, αἰτίας ἀποῤῥήτους κατ᾽ Ἀντιπάτρου καὶ διαβολὰς ἔχουσαν, ἅμα τοῦ Ἡφαιστίωνος, ὥσπερ εἰώθει, συναγιγνώσκοντος, οὐκ ἐκώλυσεν· ὡς δὲ ἀνέγνω, τὴν ἑαυτοῦ τῷ στόματι τῷ ἐκείνου τὴν σφραγῖδα ἐπέθηκεν. — 10. Τοξεύματι πληγεὶς εἰς τὸ σκέλος, ὡς πολλοὶ συνέδραμον τῶν πολλάκις εἰωθότων αὐτὸν

θεὸν προςαγορεύειν, Τουτὶ μὲν αἷμα, εἶπεν, ὡς ὁρᾶτε, καὶ οὐκ
Ἰχώρ, οἷός τε ῥέει μακάρεσσι θεοῖσιν.
11. Ἀντίγονος πρὸς τὸν υἱὸν Φίλιππον πυθόμενον πλειόνων παρόντων, Πότε μέλλομεν ἀναζευγνύναι; Τί δέδοικας, εἰπέ μοι, μὴ μόνος τῆς σάλπιγγος οὐκ ἀκούσῃ; — 12. Πύῤῥος ἐπεὶ συμβαλὼν Ῥωμαίοις δὶς ἐνίκησε, πολλοὺς τῶν φίλων καὶ τῶν ἡγεμόνων ἀπολέσας, Ἂν ἔτι μίαν, ἔφη, μάχην Ῥωμαίους νικήσωμεν, ἀπολώλαμεν. — 13. Ἐπεὶ δὲ Σικελίας ἀποτυχὼν ἐξέπλει, μεταστραφεὶς ὀπίσω πρὸς τοὺς φίλους, Οἵαν, ἔφη, Ῥωμαίοις καὶ Καρχηδονίοις ἀπολείπομεν παλαίστραν! — 14. Ἀλκιβιάδης ἔτι παῖς ὢν ἐλήφθη λαβὴν ἐν παλαίστρᾳ, καὶ μὴ δυνάμενος διαφυγεῖν, ἔδακε τὴν χεῖρα τοῦ καταπαλαίοντος· εἰπόντος δ' ἐκείνου, Δάκνεις, ὡς αἱ γυναῖκες, Οὐμενοῦν, εἶπεν, ἀλλ' ὡς οἱ λέοντες. — 15. Ἐπεὶ Φωκίων λέγων ποτὲ γνώμην πρὸς τὸν δῆμον εὐδοκίμει, καὶ πάντας ὁμαλῶς ἑώρα τὸν λόγον ἀποδεχομένους, ἐπιστραφεὶς πρὸς τοὺς φίλους εἶπεν, Οὐ δήπου κακόν τι λέγων ἐμαυτὸν λέληθα; — 16. Τῇ Ἀττικῇ τῶν Μακεδόνων προςβαλόντων καὶ πορθούντων τὴν παραλίαν, ἐξήγαγε τοὺς ἐν ἡλικίᾳ· πολλῶν δὲ συνδραμόντων πρὸς αὐτὸν καὶ ἐγκελευσαμένων ἐκείνων τὸν λόφον καταλαβεῖν καὶ ἐνταῦθα τάξαι τὴν δύναμιν, Ὦ Ἡράκλεις, εἶπεν, ὡς πολλοὺς ὁρῶ στρατηγούς, στρατιώτας δὲ ὀλίγους! Οὐ μὴν ἀλλὰ συμβαλὼν τοῖς πολεμίοις, ἐκράτησε καὶ διέφθειρε Νικίωνα, τὸν ἄρχοντα τῶν Μακεδόνων. — 17. Ἀλκιβιάδης ἀκούσας, ὅτι θάνατος αὐτοῦ καὶ τῶν σὺν αὐτῷ κατέγνωσται, Δείξωμεν οὖν, εἶπεν, ὅτι ζῶμεν. Καὶ πρὸς Λακεδαιμονίους τραπόμενος, τὸν Δεκελεικὸν ἤγειρεν ἐπὶ τοὺς Ἀθηναίους πόλεμον. — 18. Λύσαν-

δρος, Διονυσίου τοῦ τυράννου πέμψαντος ἱμάτια ταῖς θυγατράσιν αὐτοῦ τῶν πολυτελῶν, οὐκ ἔλαβεν, εἰπών, δεδιέναι, μὴ διὰ ταῦτα μᾶλλον αἰσχραὶ φανῶσιν. — 19. Ἀρχίδαμος ὁ Ἀγησιλάου, καταπελτικὸν ἰδὼν βέλος τότε πρῶτον ἐκ Σικελίας κομισθέν, ἀνεβόησεν, Ὦ Ἡράκλεις, ἀπόλωλεν ἀνδρὸς ἀρετή. — 19ᵃ. Βίων πρὸς τὸν τὰ χωρία κατεδηδοκότα, Τὸν μὲν Ἀμφιάραον, ἔφη, ἡ γῆ κατέπιε, σὺ δὲ τὴν γῆν. — 20. Βίων πλέων ποτὲ μετὰ πονηρῶν λῃσταῖς περιέπεσε· τῶν δέ, Ἀπολάλαμεν, εἰπόντων, ἐὰν γνωσθῶμεν, Ἐγὼ δέ, φησίν, ἐὰν μὴ γνωσθῶμεν. — 21. Ἀνταλκίδας πρὸς τὸν Ἀθηναῖον ἀμαθεῖς ἀποκαλοῦντα τοὺς Λακεδαιμονίους, Μόνοι γοῦν, εἶπεν, ἡμεῖς οὐδὲν μεμαθήκαμεν κακὸν παρ᾿ ὑμῶν. — 22. Ἐπεὶ Πελοπίδας, παρὰ τὸ δίκαιον ἁλοὺς ὑπὸ Ἀλεξάνδρου τοῦ Φεραίων τυράννου καὶ δεθείς, κακῶς αὐτὸν ἔλεγεν, εἰπόντος ἐκείνου, Σπεύδεις ἀποθανεῖν; Πάνυ μὲν οὖν εἶπεν, ἵνα μᾶλλον ἐπὶ σὲ παροξυνθῶσι Θηβαῖοι, καὶ σὺ δίκην δῷς θᾶσσον. — 23. Σαμίων πρεσβευταῖς μακρολογοῦσιν ἔφασαν οἱ Σπαρτιᾶται, Τὰ μὲν πρῶτα ἐπιλελήσμεθα, τὰ δὲ ὕστερα οὐ συνείκαμεν διὰ τὸ τὰ πρῶτα ἐπιλελῆσθαι. — 24. Ἀργείου ποτὲ εἰπόντος, Πολλοὶ τάφοι παρ᾿ ἡμῖν εἰσι Σπαρτιαιῶν, Λάκων εἶπεν, Ἀλλὰ μὴν παρ᾿ ἡμῖν Ἀργείων οὐδὲ εἷς· ὡς αὐτῶν μὲν πολλάκις Ἄργους ἐπιβεβηκότων, Ἀργείων δὲ τῆς Σπάρτης οὐδέποτε.

2. Characteristics of Socrates and Diogenes.
(Continuation of pp. 19—22.)

1. Σωκράτης ὁ φιλόσοφος πολλοὺς ἐπιθυμητὰς καὶ ἀστοὺς καὶ ξένους λαβών, οὐδένα πώποτε μισθὸν τῆς συνουσίας ἐπράττετο, ἀλλὰ πᾶσιν ἀφθόνως ἐπήρκει

των εαυτού· μισθού δ' απεχόμενος ενόμιζεν ελευθερίας επιμελείσθαι· τοις δε λαμβάνουσι της ομιλίας μισθόν αναγκαίον είναι διαλέγεσθαι, παρ' ων αν λάβοιεν τον μισθόν. Εθαύμαζε δ', εί τις αρετήν επαγγελλόμενος αργύριον πράττοιτο και μη νομίζοι το μέγιστον κέρδος έξειν, φίλον αγαθόν κτησάμενος· αλλά φοβοίτο, μη ο γενόμενος καλός κάγαθός τω τα μέγιστα ευεργετήσαντι μή την μεγίστην χάριν έξοι. — 2. Ο αυτός προς τον πυθόμενον, τίς πλουσιώτατος, είπεν· Ο ελαχίστοις αρκούμενος· αυτάρκεια γαρ φύσεώς εστι πλούτος. — 3. Ιδών Αντισθένη τον κυνικόν το διερρωγός ιματίου μέρος αεί ποιούντα φανερόν· Ου παύση, έφη, εγκαλλωπιζόμενος ημίν; — 4. Σωκράτης Αρχελάου του Μακεδόνων βασιλέως μεταπεμπομένου αυτόν, ως ποιήσοντος πλούσιον, εκέλευσεν απαγγείλαι αυτώ, ότι Αθήνησι τέσσαρές εισι χοίνικες αλφίτων οβόλου ώνιοι, και κρήναι ύδατος ρέουσιν. — 5. Ο αυτός εκέλευε τους νέους πολλάκις εις-οπτρίζεσθαι, τους μεν ευπρεπείς, ίνα όμοιον ποιοίεν τω είδει τον τρόπον, τους δε αμόρφους, ίνα περιστέλλοιεν το δυςειδές τη ευτροπία. — 6. Ορών ο Σωκράτης τον Αλκιβιάδην τετυφωμένον επί τω πλούτω και μεγαφρονούντα επί τοις αγροίς, ήγαγεν αυτόν επί τινα τόπον, ένθα ανέκειτο πινάκιον έχον γης περίοδον, και προσέταξε την Αττικήν ενταύθα αναζητείν. Ως δε εύρε, προσέταξε τους αγρούς τους ιδίους διαθρήσαι. Του δε ειπόντος, Αλλ' ουδαμού γεγραμμένοι εισίν· Επί τούτοις, είπε, μέγα φρονείς, οίπερ ουδέν μέρος της γης εισίν; — 7. Σωκράτους φεύγοντος την δίκην, Λυσίας λόγον τινά συγγράψας ήλθεν αυτώ κομίζων, και εκέλευε χρήσασθαι· του δε Λυσίου ειπόντος, και μην κάλλιστον αυτόν είναι, Και τα ρόδα, έφη, κάλλιστά εστιν, αλλ' οὐ πρέπειν αὐτῷ τὸ στεφάνωμα. Τεθνήξῃ τοίνυν, ἔφη ὁ Λυσίας, εἰ μὴ οὕτως ἀπολογήσῃ· ὁ δέ, Εἰ γάρ, ἔφη, καὶ μὴ νῦν, πάντως τεθνήξομαι. — 8. Ἑορτῆς οὔσης παρὰ τοῖς Ἀθηναίοις, ἐφιλοτιμήσατο ὁ Ἀλκιβιάδης δῶρα πολλὰ πέμψαι τῷ Σωκράτει. Τῆς οὖν Ξανθίππης καταπλαγείσης καὶ τὸν Σωκράτην λαβεῖν αὐτὰ ἀξιούσης, ἔφη· Ἀλλὰ καὶ ἡμεῖς τῇ τοῦ Ἀλκιβιάδου φιλοτιμίᾳ παραταξόμεθα, μὴ λαβεῖν τὰ πεμφθέντα ἀντιφιλοτιμησάμενοι.

9. Διογένης εἰς Μύνδον ἐλθὼν καὶ θεασάμενος μεγάλας τὰς πύλας, μικρὰν δὲ τὴν πόλιν, Ἄνδρες Μύνδιοι, ἔφη, κλείσατε τὰς πύλας, μὴ ἡ πόλις ὑμῶν ἐξέλθῃ. — 10. Πλάτωνος ὁρισαμένου, Ἄνθρωπός ἐστι ζῷον δίπουν ἄπτερον, καὶ εὐδοκιμοῦντος, Διογένης τίλας ἀλεκτρυόνα εἰσήνεγκεν εἰς τὴν σχολὴν αὐτοῦ καί φησιν, Οὗτός ἐστιν ὁ Πλάτωνος ἄνθρωπος. — 11. Ἰδών ποτε Ὀλυμπιονίκην πρόβατα νέμοντα, Ταχέως, εἶπεν, ὦ βέλτιστε, μετέβης ἀπὸ τῶν Ὀλυμπίων ἐπὶ τὰ Νεμέα. — 12. Ἰδών ποτε δύο Κενταύρους κάκιστα ἐζωγραφημένους, ἔφη· Πότερος οὖν τούτων Χείρων ἐστίν; — 13. Ἰδὼν τοξότην ἀφυῆ, παρὰ τὸν σκοπὸν ἐκάθισεν, εἰπών, ἵνα μὴ πληγῶ. — 14. Ἤλγει τὸν ὦμον Διογένης ἢ τρωθείς, οἶμαι, ἢ ἐξ ἄλλης τινὸς αἰτίας. Ἐπεὶ δὲ ἐδόκει σφόδρα ἀλγεῖν, τῶν τις ἀχθομένων αὐτῷ κατεκερτόμει λέγων· Τί οὖν οὐκ ἀποθνήσκεις, ὦ Διόγενες, καὶ σεαυτὸν ἀπαλλάττεις κακῶν; Ὁ δὲ εἶπε· Τοὺς εἰδότας, ἃ δεῖ πράττειν ἐν τῷ βίῳ, καὶ ἃ δεῖ λέγειν, τούτους γε ζῆν προςήκει (ὧν καὶ αὐτὸς ὡμολόγει εἶναι). Σοὶ μὲν οὖν, ἔφη, οὐκ εἰδότι τά τε λεκτέα καὶ τὰ πρακτέα, ἀποθανεῖν ἐν καλῷ ἐστιν· ἐμὲ δὲ τὸν ἐπιστή-

μονα ἐκείνων πρέπει ζῆν. — 15. Ἐπῄνει ποτὲ Σπαρτιάτης τὸ ἔπος Ἡσιόδου, τὸ λέγον·

Οὐδ' ἂν βοῦς ἀπόλοιτ', εἰ μὴ γείτων κακὸς εἴη,

ἀκούοντος Διογένους· ὁ δὲ εἶπε· Καὶ μὴν Μεσσήνιοι καὶ αἱ βόες αὐτῶν ἀπολώλασι, καὶ ὑμεῖς αὐτῶν ἐστε οἱ γείτονες. — 16. Διογένης, ὅτε λοιπὸν ἐνόσει ἐπὶ θανάτῳ, ἑαυτὸν φέρων μόνον ἔῤῥιψε κατά τινος γεφυρίου πρὸς γυμνασίῳ ὄντος, καὶ προςέταξε τῷ τῆς παλαίστρας φύλακι, ἐπειδὰν αἴσθηται ἀποπεπνευκότα αὐτόν, ῥῖψαι εἰς τὸν Ἰλισσόν. Οὕτως ἄρα ὀλίγον ἔμελε Διογένει καὶ θανάτου καὶ ταφῆς. Οἱ δὲ λέγουσιν, αὐτὸν παρὰ Ξενιάδῃ τῷ Κορινθίῳ γηρᾶναι καὶ ἀποθανόντα ταφῆναι ὑπὸ τῶν υἱῶν αὐτοῦ.

3. Pride and stratagem of the Theban Ismenias.

Ἰσμηνίου τοῦ Θηβαίου σοφὸν ἅμα καὶ Ἑλληνικὸν οὐκ ἂν κρυψαίμην ἔργον. Πρεσβεύων οὗτος ὑπὲρ τῆς πατρίδος πρὸς βασιλέα τῶν Περσῶν ἀφίκετο μέν, ἐβούλετο δὲ αὐτὸς ὑπὲρ ὧν ἧκεν ἐντυχεῖν τῷ Πέρσῃ. Ἔφη οὖν πρὸς αὐτὸν ὁ χιλίαρχος, ὁ καὶ τὰς ἀγγελίας εἰςκομίζων τῷ βασιλεῖ καὶ τοὺς δεομένους εἰςάγων, Ἀλλ', ὦ ξένε Θηβαῖε, (ἔλεγε δὲ ταῦτα παίζων δι' ἑρμηνέως, Τιθραύστης δὲ ἦν ὄνομα τῷ χιλιάρχῳ) νόμος ἐστὶν ἐπιχώριος Πέρσαις τὸν εἰς ὀφθαλμοὺς ἐλθόντα τοῦ βασιλέως μὴ πρότερον λόγου μεταλαγχάνειν, πρὶν ἢ προςκυνῆσαι αὐτόν. Εἰ τοίνυν αὐτὸς διὰ σαυτοῦ συγγενέσθαι θέλεις αὐτῷ, ὥρα σοι τὰ ἐκ τοῦ νόμου δρᾶν· εἰ δὲ μή, τὸ αὐτό σοι τοῦτο καὶ δι' ἡμῶν ἀνυσθήσεται καὶ μὴ προςκυνήσαντι. Ὁ τοίνυν Ἰσμηνίας, Ἄγε με, εἶπεν. Καὶ προςελθὼν καὶ ἐμφανὴς τῷ βασιλεῖ γενόμενος, περιελόμενος τὸν δακτύλιον, ὃν ἔτυχε φορῶν, ἔῤῥιψεν ἀδήλως παρὰ τοὺς πόδας· καὶ ταχέως ἐπικύψας, ὡς δὴ προςκυνῶν, πάλιν ἀνείλετο αὐτόν, καὶ δόξαν μὲν ἀπέστειλε τῷ Πέρσῃ προςκυνήσεως· οὐ μὴν ἔδρασεν οὐδὲν τῶν ἐν τοῖς Ἕλλησιν αἰσχύνην φερόντων. Πάντα οὖν, ὅσα ἤβου λήθη, κατεπράξατο, οὐδὲ ἠτύχησέ τι ἐκ τοῦ Πέρσου.

4. Presence of mind of a countryman and gratitude of a king.

Νόμος ὅδε Περσικὸς ἐν τοῖς μάλιστα ὑπ' αὐτῶν φυλαττόμενος· ὅταν εἰς Πέρσας ἐλαύνῃ βασιλεύς, πάντες αὐτῷ Πέρσαι κατὰ τὴν ἑαυτοῦ δύναμιν ἕκαστος προςκομίζει. Φασὶν οὖν ἄνδρα Πέρσην, ᾧ ὄνομα ἦν Σιναίτης, πόρρω τῆς ἐπαύλεως τῆς ἑαυτοῦ ἐντυχεῖν Ἀρταξέρξῃ τῷ ἐπικαλουμένῳ Μνήμονι. Ἀπολειφθέντα οὖν δορυβρηθῆναι δέει τοῦ νόμου καὶ αἰδοῖ τοῦ βασιλέως. Οὐκ ἔχων δὲ ὅ τι χρήσεται τῷ παρόντι, ἡττηθῆναι τῶν ἄλλων Περσῶν μὴ φέρων, μηδὲ ἄτιμος δόξαι, τῷ μὴ δωροφορῆσαι βασιλέα, ἀλλ' οὗτός γε πρὸς τὸν ποταμὸν τὸν πλησίον παραρρέοντα, ᾧ Κῦρος ὄνομα, ἐλθὼν σὺν σπουδῇ καὶ ᾗ ποδῶν εἶχε μάλιστα, ἐπικύψας, ἀμφοτέραις ταῖς χερσὶν ἀρυσάμενος τοῦ ὕδατος, Βασιλεῦ, φησίν, Ἀρταξέρξῃ, δι' αἰῶνος βασιλεύοις· νῦν μὲν οὖν σε, ὅπως ἔχω, τιμῶ, ὡς ἂν μὴ ἀγέραστος τὸ κατ' ἐμὲ παρέλθῃς. Τιμῶ δέ σε Κύρου ποταμοῦ ὕδατι. Ὅταν δὲ ἐπὶ τὸν σταθμὸν τὸν σὸν παραγένῃ, οἴκοθεν, ὡς ἔνι μάλιστα, οὕτω τιμήσω σε· καὶ δὴ οὐδὲν ἐλάττων γενοίμην ἄν τινος τῶν ἄλλων τῶν ἤδη σε δεξιωσαμένων τοῖς δώροις. Ἐπὶ τούτοις Ἀρταξέρξης ἥσθη, καί, Δέχομαι ἡδέως, φησίν, ἄνθρωπε, τὸ δῶρον, καὶ τιμῶ γε αὐτὸ τῶν πάνυ πολυτελῶν, καὶ ἰσοστάσιον ἐκείνοις λέγω, πρῶτον μέν, ὅτι ὕδωρ ἐστὶ τὸ πάντων ἄριστον· δεύτερον δέ, ὅτι Κύρου ὄνομα ἐν ἑαυτῷ φέρει. Καὶ σὺ δέ μοι καταλύοντι ἐν τῷ σταθμῷ πάντως ἐπιφάνηθι. Ταῦτα εἰπὼν προςέταξε τοῖς εὐνούχοις λαβεῖν τὸ ἐξ αὐτοῦ δῶρον. Οἱ δὲ τὴν ταχίστην προςδραμόντες εἰς χρυσῆν φιάλην ἐδέξαντο ἐκ τῶν χειρῶν αὐτοῦ τὸ ὕδωρ. Ἐλθὼν δὲ ἔνθα κατέλυεν ὁ βασιλεὺς ἔπεμψε τῷ ἀνδρὶ τῷ Πέρσῃ στολὴν Περσικὴν καὶ φιάλην χρυσῆν καὶ χιλίους δαρεικοὺς καὶ προςέταξε τὸν κομίζοντα αὐτὰ εἰπεῖν τῷ λαβόντι· Κελεύει σε βασιλεύς, ἐκ μὲν τούτου τοῦ χρυσίου εὐφραίνειν τὴν σεαυτοῦ ψυχήν, ἐπεὶ καὶ σὺ τὴν ἐκείνου εὔφρανας, μὴ αὐτὸν ἀγέραστον, μηδὲ ἄτιμον ἐάσας, ἀλλ' ὡς ἤδη ἐχώρει, ταύτῃ τιμήσας· βούλεται δέ σε καὶ τῇ φιάλῃ ταύτῃ ἀρυόμενον πίνειν ἐξ ἐκείνου τοῦ ὕδατος.

5. He who is careful in small things, will be so in great ones.

Ῥοιὰν ἐπὶ λίκνου μεγίστην ὁ Μίσης Ἀρταξέρξῃ τῷ βασιλεῖ ἐλαύνοντι τὴν Περσίδα προςεκόμισεν. Τὸ μέγεθος οὖν αὐτῆς ὑπερεκπλαγεὶς ὁ βασιλεύς, ἐκ ποίου παραδείσου, φησί, λαβὼν φέρεις μοι τὸ δῶρον τοῦτο; Τοῦ δὲ εἰπόντος, ὅτι οἴκοθεν καὶ τῆς αὐτοῦ γεωργίας, ὑπερήσθη καὶ δῶρα μὲν αὐτῷ βασιλικὰ ἔπεμψε καὶ ἐπεῖπε, Νὴ τὸν Μίθραν, ἀνὴρ οὗτος ἐκ τῆς ἐπιμελείας ταύτης δυνήσεται καὶ πόλιν, κατά γε τὴν ἐμὴν κρίσιν, ἐκ μικρᾶς μεγάλην ποιῆσαι. — Ἔοικε δὲ ὁ λόγος ὁμολογεῖν οὗτος, ὅτι πάντα ἐκ τῆς ἐπιμελείας καὶ τῆς διαρκοῦς φροντίδος καὶ τῆς σπουδῆς τῆς ἀνελλιποῦς καὶ τῶν κατὰ φύσιν δύναιτο ἂν κρείττω γενέσθαι.

6. The true Enjoyment.

Τιμόθεος ο Κόνωνος, ὁ Ἀθηναίων στρατηγός, ὅτε ἐν ἀκμῇ τῆς εὐτυχίας ἦν καὶ ᾕρει τὰς πόλεις ῥᾷστα, ὥστε οὐκ εἶχον Ἀθηναῖοι, ὅποι ποτὲ αὐτὸν καταθῶνται ὑπὸ θαύματος τοῦ περὶ τὸν ἀνδρα, περιέτυχε Πλάτωνι τῷ Ἀρίστωνος, βαδίζοντι ἔξω τοῦ τείχους μετά τινων γνωρίμων. Ἰδὼν δὲ αὐτὸν σεμνὸν μὲν τὸ πλάτος, ἵλεων δὲ τῷ προςώπῳ, διαλεγόμενον δὲ οὐχὶ περὶ εἰςφορᾶς χρημάτων, οὐδὲ ὑπὲρ τριηρῶν, οὐδὲ ὑπὲρ ναυτικῶν, οὐδὲ ὑπὲρ πληρωμάτων, οὐδὲ ὑπὲρ τοῦ δεῖν βοηθεῖν, οὐδὲ ὑπὲρ φόρου τοῦ τῶν συμμάχων, οὐδὲ ὑπὲρ τῶν νησιωτῶν, ἢ ὑπὲρ ἄλλου τινὸς τοιούτου, ἀλλ᾽ ὑπὲρ ὧν εἰώθει σπουδάζειν ὁ Πλάτων· τότε ἐπέστη ὁ Τιμόθεος καὶ εἶπεν· Ὢ τοῦ βίου καὶ τῆς ὄντως εὐδαιμονίας. Ἐκ τούτων οὖν δῆλον, ὡς ἑαυτὸν οὐ πάνυ τι εὐδαίμονα ἀπέφαινεν, ὅτι μὴ ἐν τούτοις, ἀλλ᾽ ἐν τῇ παρ᾽ Ἀθηναίων δόξῃ καὶ τιμῇ ἦν.

Ὁ αὐτὸς ἀποστάς ποτε τῶν δείπνων τῶν πολιτελῶν καὶ τῶν ἑστιάσεων τῶν στρατηγικῶν ἐκείνων, παραληφθεὶς ὑπὸ τοῦ Πλάτωνος εἰς τὸ ἐν Ἀκαδημίᾳ συμπόσιον καὶ ἑστιαθεὶς ἀφελῶς ἅμα καὶ μουσικῶς, ἔφη πρὸς τοὺς οἰκείους ἐπανελθών, ὅτι ἄρα οἱ παρὰ Πλάτωνι δειπνοῦντες καὶ τῇ ὑστεραίᾳ καλῶς διάγουσιν. Ἐκ δὲ τούτου διέβαλεν ὁ Τιμόθεος τὰ πολιτελῆ δεῖπνα καὶ φορτικά, ὡς πάντα ἐς τὴν ὑστεραίαν οὐκ εὐφραίνοντα. — Λόγος δὲ καὶ ἐκεῖνος ὁ ἀδελφὸς τῷ προειρημένῳ καὶ ταὐτὸν νοῶν, οὐ μὴν τὰ αὐτὰ λέγων, περίεισιν, ὅτι ἄρα τῇ ὑστεραίᾳ ὁ Τιμόθεος περιτυχὼν τῷ Πλάτωνι εἶπεν· Ὑμεῖς, ὦ Πλάτων, εὖ δειπνεῖτε μᾶλλον εἰς τὴν ὑστεραίαν, ἢ εἰς τὴν παροῦσαν.

7. The true Possession.

Ἔστι τις λόγος, ὡς ἄρα ἰδὼν ἀνὴρ ἄνδρα ἕτερον ἀργύριον ἀναιρούμενον πολὺ ἐδεῖτο αὐτῷ δανεῖσαι ἐπὶ τόκῳ· ὁ δ᾽ οὐκ ἠθέλησε διδόναι, ἀλλ᾽ ἦν τοιοῦτος ὥστε ἀπιστεῖν τε καὶ ὠφελεῖν μηδένα. Φέρων δ᾽ ἀπέθετό ποι δ᾽, καί τις καταμαθὼν τοῦτο ποιοῦντα ὑφείλετο· ὑστέρῳ δὲ χρόνῳ ἐλθὼν οὐχ εὕρισκε τὰ χρήματα ὁ καταθέμενος. Περιαλγῶν οὖν τῇ συμφορᾷ τά τε ἄλλα, καὶ ὅτι οὐκ ἔδωκε τῷ δεομένῳ, ὃ ἂν αὐτῷ καὶ σῶον ἦν καὶ ἕτερον προςέφερεν, ἀπαντήσας δὲ τῷ ἀνδρὶ τῷ τότε δανειζομένῳ ἀπωλοφύρετο τὴν συμφοράν, ὅτι ἐξήμαρτε, καὶ ὅτι αὐτῷ μεταμέλει οὐ χαρισαμένῳ, ἀλλ᾽ ἀχαριστήσαντι, καὶ πάντως αὐτῷ ἀπώλετο τὸ ἀργύριον· ὁ δ᾽ αὐτὸν ἐκέλευε μὴ φροντίζειν, ἀλλὰ νομίζειν αὐτὸ εἶναι κατατεθειμένον καὶ μὴ ἀπολωλέναι, καταθέμενον λίθον εἰς τὸ αὐτὸ χωρίον. Πάντως γὰρ οὐδ᾽, ὅτε ἦν σοι, ἐχρῶ αὐτῷ, ὅθεν μηδὲ νῦν νόμιζε στέρεσθαι μηδενός· ὅτῳ γάρ τις μὴ ἐχρήσατο μηδὲ χρήσεται, ὄντος ἢ μὴ ὄντος αὐτῷ, οὐδὲν οὔτε πλέον οὔτε ἔλασσον βλάπτεται.

8. Seek not glory in trifling things.

Ἀννίκερις ὁ Κυρηναῖος ἐπὶ τῇ ἱππείᾳ μέγα ἐφρόνει καὶ ἁρμάτων ἐλάσει. Καὶ οὖν ποτε ἠβουλήθη Πλάτωνι ἐπιδείξασθαι τὴν τέχνην. Ζεύξας οὖν τὸ ἅρμα, περιήλασεν ἐν Ἀκαδημίᾳ δρόμους παμπόλλους, οὕτως ἀκριβῶς φυλάττων τοῦ δρόμου τὸν στοῖχον, ὥστε μὴ παραβαίνειν τὰς ἁρματοτροχίας, ἀλλ᾽ ἀεὶ κατ᾽ αὐτῶν ἰέναι. Οἱ μὲν οὖν ἄλλοι πάντες, ὥσπερ εἰκός, ἐξεπλάγησαν. Ὁ δὲ Πλάτων τὴν ὑπερβάλλουσαν αὐτοῦ σπουδὴν διέβαλεν, εἰπών, Ἀδύνατόν ἐστι, τὸν εἰς μικρὰ οὕτω καὶ οὐδενὸς ἄξια τοσαύτην φροντίδα κατατιθέμενον ὑπὲρ μεγάλων τινῶν σπουδάσαι. Πᾶσαν γὰρ αὐτῷ τὴν διάνοιαν εἰς ἐκεῖνα ἀποτιθέντι ἀνάγκη ὀλιγωρεῖν τῶν ὄντως θαυμάζεσθαι δικαίων.

9. Reward of filial Love.

Ὅτε ἑάλω τὸ Ἴλιον, οἰκτείραντες οἱ Ἀχαιοὶ τὰς τῶν ἁλισκομένων τύχας πάνυ Ἑλληνικῶς τόδε κηρῦξαι λέγονται· Ἕκαστον τῶν ἐλευθέρων ἓν ὅ τι καὶ βούλεται τῶν οἰκείων ἀπενεγκεῖν ἀράμενον. Ὁ οὖν Αἰνείας τοὺς πατρῴους θεοὺς βαστάσας ἔφερεν, ὑπεριδὼν τῶν ἄλλων. Ἡσθέντες οὖν ἐπὶ τῇ τοῦ ἀνδρὸς εὐσεβείᾳ οἱ Ἕλληνες καὶ δεύτερον αὐτῷ κτῆμα συνεχώρησαν λαβεῖν. Ὁ δὲ τὸν πατέρα πάνυ σφόδρα γεγηρακότα ἀναθέμενος ὤμοις ἔφερεν. Ὑπερεκπλαγέντες οὖν καὶ ἐπὶ τούτῳ οὐχ ἥκιστα, πάντων αὐτῷ τῶν οἰκείων κτημάτων ἀπέστησαν, ὁμολογοῦντες, ὅτι πρὸς τοὺς εὐσεβεῖς τῶν ἀνθρώπων, καὶ τοὺς θεοὺς καὶ τοὺς γειναμένους δι' αἰδοῦς ἄγοντας καὶ οἱ φύσει πολέμιοι ἥμεροι γίγνονται.

10. When do kings hear the truth?

Ἀντίοχος ὁ στρατεύσας δεύτερον ἐπὶ Πάρθους, ἔν τινι κυνηγεσίῳ καὶ διωγμῷ τῶν φίλων καὶ θεραπόντων ἀποπλανηθείς, εἰς ἔπαυλιν πενήτων ἀνθρώπων ἀγνοούμενος εἰσῆλθε· καὶ παρὰ τὸ δεῖπνον ἐμβαλὼν λόγον περὶ τοῦ βασιλέως, ἤκουσεν, ὅτι τἆλλα χρηστός ἐστι, φίλοις δὲ μοχθηροῖς ἐπιτρέπων τὰ πλεῖστα παρορᾷ, καὶ πολλάκις ἀμελεῖ τῶν ἀναγκαίων διὰ τὸ λίαν φιλόθηρος εἶναι. Τότε μὲν οὖν ἐσιώπησεν· ἅμα δὲ ἡμέρᾳ τῶν δορυφόρων παραγενομένων ἐπὶ τὴν ἔπαυλιν, φανερὸς γενόμενος, προςφερομένης τῆς πορφύρας αὐτῷ καὶ τοῦ διαδήματος, 'Ἀλλ' ἀφ' ἧς, εἶπεν, ἡμέρας ὑμᾶς ἀνείληφα, πρῶτον χθὲς ἀληθινῶν λόγων ἤκουσα περὶ ἐμαυτοῦ.

11. Courage of a Spartan boy.

Παῖς Σπαρτιάτης, ἐπεὶ παρῆν ὁ καιρός, ἐν ᾧ κλέπτειν ἐνενόμιστο τοὺς ἐλευθέρους παῖδας, ὅ τι τις δύναιτο, καὶ μὴ λαθεῖν αἰσχρὸν ἦν, ὡς οἱ σὺν αὐτῷ παῖδες ζῶν ἔκλεψαν ἀλωπέκιον, καὶ ἔδοσαν αὐτῷ φυλάττειν· παραγενομένων τῶν ἀπολωλεκότων ἐπὶ ζήτησιν, ἔτυχε μὲν ὑποβαλὼν τὸ ἀλωπέκιον ὑπὸ τὸ αὐτοῦ ἱμάτιον· ἀγριαίνοντος δὲ τοῦ θηρίου καὶ τὴν πλευρὰν αὐτοῦ κατεσθίοντος μέχρι τῶν σπλάγχνων, ἠρέμει, ἵνα μὴ γένηται καταφανής. Ὡς δὲ ὕστερον ἐκείνων ἀπελθόντων ἐθεάσαντο τὸ γεγονὸς οἱ παῖδες καὶ ἐμέμφοντο, λέγοντες ἄμεινον εἶναι φανερὸν ποιῆσαι τὸ ἀλωπέκιον, ἢ μέχρι θανάτου κρύπτειν, Οὐμενοῦν, εἶπεν, ἀλλὰ κρεῖττον ταῖς ἀλγηδόσι τελευτᾶν, ἢ περίψωρον γενόμενον, διὰ μαλακίαν τὸ ζῆν αἰσχρῶς περιποιήσασθαι.

12. Ingratitude is the reward of the world.

Τιμόθεον τὰ μὲν πρῶτα ἐπήνουν Ἀθηναῖοι· ἐπεὶ δὲ ἔδοξεν ἁμαρτεῖν ποτε, ἡ φθάνουσα αὐτὸν ἀνδραγαθία ἀλλ' οὐδὲ ὀλίγον ἔσωσεν, οὐδὲ μὴν αἱ τῶν προγόνων ἀρεταί. — Θεμιστοκλῆς δὲ οὐδὲν ὤνητο, οὔτε ἐκ τῆς ναυμαχίας τῆς περὶ Σαλαμῖνα, οὔτε ἐκ τῆς πρεσβείας τῆς εἰς Σπάρτην· λέγω δὲ ἦν ἐπρέσβευσε κλέπτων τὴν τῶν Ἀθηναίων τείχισιν. Ἔψυξε γὰρ κἀκεῖνος οὐ τὰς Ἀθήνας μόνον, ἀλλὰ καὶ τὴν Ἑλλάδα πᾶσαν. — Φωκίωνα δὲ ἡ εὐφημία ἡ καλοῦσα αὐτὸν Χρηστὸν οὐδὲν ὠφέλησεν, οὐδὲ τὰ πέντε καὶ ἑβδομήκοντα ἔτη, ἅπερ οὖν διεβίωσεν οὐδὲν ἀδικήσας τοὺς Ἀθηναίους. Ἐπεὶ δὲ ἔδοξεν Ἀντιπάτρῳ τὸν Πειραιᾶ προδιδόναι, Ἀθηναῖοι κατέγνωσαν αὐτοῦ θάνατον.

13. The unassuming character of Plato.

Πλάτων ὁ Ἀρίστωνος ἐν Ὀλυμπίᾳ συνεσκήνωσέν ἀγνῶσιν ἀνθρώποις, καὶ αὐτὸς ὢν αὐτοῖς ἀγνώς. Οὕτω δὲ αὐτοὺς ἐχειρώσατο καὶ ἀνεδήσατο τῇ συνουσίᾳ, συνεστιώμενός τε αὐτοῖς ἀφελῶς καὶ συνδιημερεύων ἐν πᾶσιν, ὥστε ὑπερησθῆναι τοὺς ξένους τῇ τοῦ ἀνδρὸς συντυχίᾳ. Οὔτε δὲ Ἀκαδημίας ἐμέμνητο, οὔτε Σωκράτους. Αὐτό γε μὴν τοῦτο ἐνεφάνισεν αὐτοῖς, ὅτι καλεῖται Πλάτων. Ἐπεὶ δὲ ἦλθον εἰς τὰς Ἀθήνας, ὑπεδέξατο αὐτοὺς εὖ μάλα φιλοφρόνως. Καὶ οἱ ξένοι, Ἄγε, εἶπον, ὦ Πλάτων, ἐπίδειξον ἡμῖν καὶ τὸν ὁμώνυμόν σου τὸν Σωκράτους ὁμιλητήν, καὶ ἐπὶ τὴν Ἀκαδημίαν ἤγησαι τὴν ἐκείνου, καὶ ἐπισύστησον τῷ ἀνδρί, ἵνα τι καὶ αὐτοῦ ἀπολαύσωμεν. Ὁ δὲ ἠρέμα μειδιάσας, ὥσπερ οὖν καὶ εἰώθει, Ἀλλ᾽ ἐγώ, φησιν, αὐτὸς ἐκεῖνός εἰμι. Οἱ δὲ ἐξεπλάγησαν, εἰ τὸν ἄνδρα ἔχοντες μεθ᾽ ἑαυτῶν τὸν τοσοῦτον ἠγνόησαν, ἀτύφως αὐτοῦ συγγενομένου καὶ ἀνεπιτηδείτως αὐτοῖς καὶ δείξαντος, ὅτι δύναται καὶ ἄνευ τῶν συνήθων λόγων χειροῦσθαι τοὺς συνόντας.

FABLES.

1. The Lioness and the Fox.

Λέαινα ὀνειδιζομένη ὑπὸ ἀλώπεκος ἐπὶ τῷ διὰ παντὸς τοῦ χρόνου ἕνα τίκτειν· ἕνα, ἔφη, ἀλλὰ λέοντα. Ὁ μῦθος δηλοῖ, ὅτι τὸ καλὸν οὐκ ἐν πλήθει, ἀλλ᾽ ἐν ἀρετῇ.

2. The Dog and the Hare.

Κύων λαγωὸν διώξας ἐκράτησε· καὶ ποτὲ μὲν ἔδακνε, ποτὲ δὲ σαίνων προσέχαιρε καὶ ἐφίλει. Καὶ ὁ λαγωὸς εἶπεν· εἰ μὲν φίλος εἶ, τί δάκνεις; εἰ δὲ ἐχθρός, τί σαίνεις οὐράν;

3. The Viper and the Fox.

Ἔχις ἐπὶ δέσμῃ ἀκανθῶν εἴς τινα ποταμὸν ἐφέρετο· ἀλώπηξ δὲ ὡς ἐθεάσατο αὐτόν, εἶπεν· ἄξιος τῆς νεὼς ὁ ναύκληρος.

Πρὸς ἄνδρα πονηρὸν μοχθηροῖς πράγμασιν ἐπιχειρήσαντα ὁ λόγος ἁρμόσειεν ἄν.

4. The Camel.

Κάμηλος ἀναγκαζομένη ὑπὸ τοῦ ἰδίου δεσπότου ὀρχεῖσθαι εἶπεν· ἀλλ᾽ οὐ μόνον ὀρχουμένη εἰμὶ ἄσχημος, ἀλλὰ καὶ περιπατοῦσα.

Ὁ λόγος ἁρμόδιος πρὸς ἄνδρα ἐν παντὶ ἔργῳ ἀπρέπειαν ἔχοντα.

5. The Fox and the Panther.

Στικτή ποτε πάρδαλις ἐκαυχᾶτο φορεῖν ἁπάντων ζώων ποικιλωτέραν δέῤῥιν. Πρὸς ἣν ἡ ἀλώπηξ εἶπεν· ἐγώ σου τῆς δορᾶς κρείττονα καὶ ποικιλωτέραν γνώμην ἔχω.

Ὁ λόγος δηλοῖ, ὅτι τοῦ σωματικοῦ κάλλους ἀμείνων ἐστὶν ὁ τῆς διανοίας κόσμος.

6. The Pomegranate, the Apple-tree and the Bramble.

Ῥοιὰ καὶ μηλέα περὶ εὐκαρπίας ἤριζον. Πολλοῦ δὲ τοῦ νείκους ἀναφθέντος, βάτος ἐκ τοῦ πλησίον φραγμοῦ ἀκούσασα εἶπεν· ἀλλ', ὦ φίλαι, παυσώμεθά ποτε μαχόμεναι.

Οὕτω παρὰ τὰς τῶν ἐμεινόνων στάσεις καὶ οἱ μηδενὸς ἄξιοι πειρῶνταί τινες εἶναι.

7. The Sheep being shorn.

Πρόβατον ἀφυῶς κειρόμενον πρὸς τοὺς κείροντας ἔφη· εἰ μὲν ἔρια ζητεῖτε, ἀνωτέρω τέμνετε· εἰ δὲ κρέως ἐπιθυμεῖτε, ἅπαξ με καταθύσατε, τοῦ κατὰ μικρὸν βασανίζειν ἀπαλλάξαντες.

Πρὸς τοὺς ἀφυῶς ταῖς τέχναις προσφερομένους ὁ λόγος εὔκαιρος.

8. The two Wallets.

Ἀνθρώπων ἕκαστος δύο πήρας φέρει, τὴν μὲν ἔμπροσθεν, τὴν δὲ ὄπισθεν, γέμει δὲ κακῶν ἑκατέρα· ἀλλ' ἡ μὲν ἔμπροσθεν ἀλλοτρίων, ἡ δὲ ὄπισθεν τῶν αὑτοῦ τοῦ φέροντος. Καὶ διὰ τοῦτο οἱ ἄνθρωποι τὰ μὲν ἐξ αὑτῶν κακὰ οὐχ ὁρῶσι, τὰ δὲ ἀλλότρια πάνυ ἀκριβῶς θεῶνται.

9. The trodden Snake.

Ὄφις ὑπὸ πολλῶν ἀνθρώπων πατούμενος τῷ Διὶ ἐνετύγχανε περὶ τούτου. Ὁ δὲ Ζεὺς πρὸς αὐτὸν εἶπεν· ἀλλ' εἰ τὸν πρότερον πατήσαντα ἔπληξας, οὐκ ἂν ὁ δεύτερος ἐπεχείρησε τοῦτο ποιῆσαι.

Ὁ μῦθος δηλοῖ, ὅτι οἱ τοῖς πρώτοις ἐπιβαίνοντες τοῖς ἄλλοις φοβεροὶ γίνονται.

10. The Bear and the Fox.

Ἄρκτος τίς ποτε μεγάλως ἐκαυχᾶτο, ὡς φιλανθρωπότατον πάντων ἐστὶ τῶν ζῴων· φασὶ γὰρ ἄρκτον νεκρὸν μηδὲν βιβρώσκειν. Ἡ δὲ ἀλώπηξ ἀκούουσα ταῦτα ἐμειδίασε καὶ πρὸς αὐτὴν ἀντέφη· εἴθε τοὺς νεκροὺς ἤσθιες καὶ μὴ τοὺς ζῶντας.

Ὁ μῦθος τοὺς πλεονέκτας καὶ ἐν ὑποκρίσει βιοῦντας ἐλέγχει.

11. The Peacock and the Jackdaw.

Τῶν ὀρνέων βουλευσαμένων περὶ βασιλείας, ταὼς ἠξίου ἑαυτὸν χειροτονεῖσθαι βασιλέα διὰ τὸ κάλλος, ὁρμωμένων δὲ ἐπὶ τοῦτο τῶν ὀρνέων, κολοιὸς εἶπεν· ἀλλ' ἐὰν σοῦ βασιλεύοντος ὁ ἀετὸς ἡμᾶς διώκῃ, πῶς ἡμῖν ἐπαρκέσεις;

Ὁ μῦθος δηλοῖ, ὅτι τοὺς ἄρχοντας οὐ διὰ κάλλος μόνον, ἀλλὰ καὶ ῥώμην καὶ φρόνησιν ἐκλέγεσθαι δεῖ.

12. The Horse and the Groom.

Κριθὴν τὴν τοῦ ἵππου ἱπποκόμος κλέπτων καὶ 'πωλῶν τὸν ἵππον ἔτριβε καὶ ἐκτένιζε πάσας ἡμέρας.

Έφη δὲ ὁ ἵππος· εἰ θέλεις ἀληθῶς καλὸν εἶναί με, τὴν κριθὴν τὴν τρέφουσαν μὴ πώλει.

Ὅτι οἱ πλεονέκται τοῖς πιθανοῖς λόγοις καὶ ταῖς κολακείαις τοὺς πένητας δελεάζονται καὶ ἀποστεροῦσιν αὐτοὺς καὶ τῆς ἀναγκαίας χρείας.

13. The Flies.

Ἔν τινι ταμείῳ μέλιτος ἐκχυθέντος μυῖαι προςπτᾶσαι κατήσθιον· διὰ δὲ τὴν γλυκύτητα τοῦ καρποῦ οὐκ ἀφίσταντο. Ἐμπαγέντων δὲ αὐτῶν τῶν ποδῶν, ὡς οὐκ ἠδύναντο ἀναπτῆναι, ἀποπνιγόμεναι ἔφασαν· ἄθλιαι ἡμεῖς, αἳ διὰ βραχεῖαν ἡδονὴν ἀπολλύμεθα.

Οὕτω πολλάκις ἡ λιχνεία πολλῶν κακῶν αἰτία γίνεται.

14. The Wolf and the Lamb.

Λύκος ἀρνίον ἐδίωκε· τὸ δὲ εἴς τι ἱερὸν κατέφυγε. Προςκαλουμένου δὲ αὐτὸ τοῦ λύκου καὶ λέγοντος, ὅτι θυσιάσει αὐτὸ ὁ ἱερεὺς, εἰ καταλάβῃ, τῷ θεῷ, ἐκεῖνο ἔφη· ἀλλ᾽ αἱρετώτερόν μοί ἐστι θεοῦ θυσία γενέσθαι, ἢ ὑπὸ σοῦ διαφθαρῆναι.

Ὁ λόγος δηλοῖ, ὅτι οἷς ἐπίκειται τὸ ἀποθανεῖν, κρείττων ἐστὶν ὁ μετὰ δόξης θάνατος.

15. The Woman and the Hen.

Γυνή τις χήρα ὄρνιν εἶχε καθ᾽ ἑκάστην ἡμέραν ᾠὸν αὐτῇ τίκτουσαν. Νομίσασα δὲ, ὡς, εἰ πλείους τῇ ὄρνιθι κριθὰς παραβάλοι, δὶς τέξεται τῆς ἡμέρας τοῦτο πεποίηκεν. Ἡ δ᾽ ὄρνις πιμελὴς γενομένη οὐδ᾽ ἅπαξ τῆς ἡμέρας τεκεῖν ἠδύνατο.

Ὁ μῦθος δηλοῖ, ὅτι οἱ διὰ πλεονεξίαν τῶν πλειόνων ἐπιθυμοῦντες καὶ τὰ παρόντα ἀποβάλλουσι.

16. The old Man and Death.

Γέρων ποτὲ ξύλα κόψας ταῦτα φέρων πολλὴν ὁδὸν ἐβάδιζε. Διὰ δὲ τὸν κόπον τῆς ὁδοῦ ἀποθέμενος τὸ φορτίον τὸν Θάνατον ἐπεκαλεῖτο. Τοῦ δὲ Θανάτου φανέντος καὶ πυθομένου, δι' ἣν αἰτίαν αὐτὸν παρακαλεῖται, ὁ γέρων ἔφη· ἵνα τὸ φορτίον ἄρῃς.

Ὁ λόγος δηλοῖ, ὅτι πᾶς ἄνθρωπος φιλόζωος ἐν τῷ βίῳ, κἂν δυστυχῇ.

17. The Ape and the Camel.

Ἐν συνόδῳ τῶν ἀλόγων ζώων πίθηκος ἀναστὰς ὠρχεῖτο. Σφόδρα δὲ αὐτοῦ εὐδοκιμοῦντος καὶ ὑπὸ πάντων ἐπισημαινομένου, κάμηλος φθονήσασα ἠβουλήθη τῶν αὐτῶν ἐφικέσθαι. Διόπερ ἐξαναστᾶσα ἐπειρᾶτο καὶ αὐτὴ ὀρχεῖσθαι· πολλὰ δὲ αὐτῆς ἄτοπα ποιησάσης, τὰ ζῶα ἀγανακτήσαντα, ῥοπάλοις αὐτὴν παίοντα ἐξήλασαν.

Πρὸς τοὺς διὰ φθόνον κρείττοσιν ἁμιλλωμένους καὶ σφαλλομένους ὁ λόγος εὔκαιρος.

18. The Fox and the Lion.

Ἀλώπηξ μηδέποτε θεασαμένη λέοντα, ἐπειδὴ κατά τινα τύχην ὑπήντησεν αὐτῷ, τὸ μὲν πρῶτον ἰδοῦσα αὐτὸν οὕτως ἐφοβήθη, ὡς μικροῦ καὶ ἀποθανεῖν. Ἐκ δευτέρου δὲ αὐτῷ περιτυχοῦσα ἐφοβήθη μὲν, ἀλλ' οὐχ ὡς τὸ πρότερον. Ἐκ τρίτου δὲ θεασαμένη αὐτὸν οὕτως κατεθάρσησεν, ὡς καὶ προσελθοῦσα αὐτῷ διαλεχθῆναι.

Ὁ μῦθος δηλοῖ, ὅτι καὶ τὰ φοβερὰ τῶν πραγμάτων ἡ συνήθεια καταπραΰνει.

19. The Ass wearing the Lion's skin.

Ὄνος ἐνδυσάμενος λέοντος δέρμα περιῄει ἐκφοβῶν τὰ ἄλογα ζῶα. Καὶ δὴ θεασάμενος ἀλώπεκα ἐπειρᾶτο καὶ ταύτην δεδίττεσθαι. Ἡ δέ, ἐτύγχανε γὰρ αὐτοῦ φθεγξαμένου προακηκοῦῖα, ἔφη πρὸς αὐτόν· ἀλλ' εὖ ἴσθι, ὡς καὶ ἐγὼ ἄν σε ἐφοβήθην, εἰ μὴ ὀγκωμένου ἤκουσα.

Οὕτως ἔνιοι τῶν ἀπαιδεύτων, τοῖς ἔξωθεν τύφοις δοκοῦντές τινες εἶναι, ὑπὸ τῆς ἰδίας γλωσσαλγίας ἐλέγχονται.

20. The Murderer.

Ἄνθρωπός τις φόνον ποιήσας ἐδιώκετο ὑπὸ τῶν συγγενῶν τοῦ φονευθέντος. Γενόμενος δὲ κατὰ τὸν ποταμὸν τὸν Νεῖλον, λέοντα ἰδὼν καὶ φοβηθεὶς ἀνέβη εἰς δένδρον. Εὗρε δὲ δράκοντα ἐπάνω τοῦ δένδρου, καὶ πάλιν τοῦτον φοβηθεὶς ἔῤῥιψεν ἑαυτὸν εἰς τὸν ποταμόν. Ἐν δὲ τῷ ποταμῷ κροκόδειλος αὐτὸν κατεθοινήσατο.

Ὁ μῦθος δηλοῖ, ὅτι τοὺς φονεῖς τῶν ἀνθρώπων οὔτε γῆ οὔτε ἀὴρ οὔτε ὕδατος στοιχεῖον οὔτε ἄλλος τόπος φυλάττει.

21. The Woman and her Female Servants.

Γυνὴ χήρα φίλεργος θεραπαινίδας ἔχουσα, ταύτας εἰώθει νυκτὸς ἐγείρειν ἐπὶ τὰ ἔργα πρὸς τὰς τῶν ἀλεκτρυόνων ᾠδάς. Αἱ δὲ συνεχῶς τῷ πόνῳ ταλαιπωρούμεναι, ἔγνωσαν δεῖν τὸν ἐπὶ τῆς οἰκίας ἀποκτεῖναι ἀλεκτρυόνα, ὡς ἐκείνου νύκτωρ ἐξανιστάντος τὴν δέσποιναν. Συνέβη δ' αὐταῖς τοῦτο διαπραξαμέναις χαλεπωτέροις περιπεσεῖν τοῖς δεινοῖς. Ἡ γὰρ δεσπότις ἀγνοοὖσα τὴν τῶν ἀλεκτρυόνων ὥραν, ἐννιχώτερον ταύτας ἀνίστη.

Ὁ μῦθος δηλοῖ, ὅτι πολλοῖς ἀνθρώποις τὰ βουλεύματα κακῶν αἴτια γίνεται.

22. The Husbandman and his children.

Γεωργός τις, μέλλων καταλύειν τὸν βίον καὶ βουλόμενος τοὺς ἑαυτοῦ παῖδας πεῖραν λαβεῖν τῆς γεωργίας, προςκαλεσάμενος αὐτοὺς ἔφη· παῖδες ἐμοί, ἐγὼ μὲν ἤδη τοῦ βίου ὑπέξειμι, ὑμεῖς δ᾽, ἅπερ ἐν τῇ ἀμπέλῳ μοι κέκρυπται, ζητήσαντες εὑρήσετε πάντα. Οἱ μὲν οὖν οἰηθέντες θησαυρὸν ἐκεῖ που κατορωρύχθαι πᾶσαν τὴν τῆς ἀμπέλου γῆν μετὰ τὴν ἀποβίωσιν τοῦ πατρὸς κατέσκαψαν· καὶ θησαυρῷ μὲν οὐ περιέτυχον, ἡ δὲ ἄμπελος καλῶς σκαφεῖσα πολλαπλασίονα τὸν καρπὸν ἀνέδωκεν.

Ὁ μῦθος δηλοῖ, ὅτι ὁ κάματος θησαυρός ἐστι τοῖς ἀνθρώποις.

23. The Horse and the Ass.

Ἄνθρωπός τις εἶχεν ἵππον καὶ ὄνον. Ὁδευόντων δέ, ἐν τῇ ὁδῷ εἶπεν ὁ ὄνος τῷ ἵππῳ· ἆρον ἐκ τοῦ ἐμοῦ βάρους, εἰ θέλεις εἶναί με σῶν. Ὁ δὲ οὐκ ἐπείσθη· ὁ δὲ ὄνος πεσὼν ἐκ τοῦ κόπου ἐτελεύτησε. Τοῦ δὲ δεσπότου πάντα ἐπιθέντος αὐτῷ καὶ αὐτὴν τὴν τοῦ ὄνου δοράν, θρηνῶν ὁ ἵππος ἐβόα· οἴμοι τῷ παναθλίῳ, τί μοι συνέβη τῷ παλαιπώρῳ; μὴ θελήσας γὰρ μικρὸν βάρος λαβεῖν, ἰδοὺ ἅπαντα βαστάζω, καὶ τὸ δέρμα.

Ὁ μῦθος δηλοῖ, ὅτι τοῖς μικροῖς οἱ μεγάλοι συγκοινωνοῦντες ἀμφότεροι σωθήσονται ἐν βίῳ.

24. The Ant and the Dove.

Μύρμηξ διψήσας, κατελθὼν εἰς πηγὴν, παρασυρεὶς ὑπὸ τοῦ ῥεύματος ἀπεπνίγετο. Περιστερὰ δὲ τοῦτο θεασαμένη κλῶνα δένδρου περιελοῦσα εἰς τὴν πηγὴν ἔῤῥιψεν, ἐφ' οὗ καὶ καθίσας ὁ μύρμηξ διεσώθη. Ἰξευτὴς δέ τις μετὰ τοῦτο τοὺς καλάμους συνθεὶς ἐπὶ τὸ τὴν περιστερὰν συλλαβεῖν ᾔει. Τοῦτο δὲ ὁ μύρμηξ ἑωρακὼς τὸν τοῦ ἰξευτοῦ πόδα ἔδακεν. Ὁ δὲ ἀλγήσας τούς τε καλάμους ἔῤῥιψε καὶ τὴν περιστερὰν αὐτίκα φυγεῖν ἐποίησεν.

Ὁ μῦθος δηλοῖ, ὅτι δεῖ τοῖς εὐεργέταις χάριν ἀποδιδόναι.

25. The Nightingale and the Hawk.

Ἀηδὼν ἐπί τινος ὑψηλῆς δρυὸς καθημένη κατὰ τὸ σύνηθες ᾖδεν· ἱέραξ δὲ αὐτὴν θεασάμενος, ὡς ἠπόρει τροφῆς, ἐπιπτὰς συνέλαβεν· ἡ δὲ μέλλουσα ἀναιρεῖσθαι ἐδέετο μεθεῖναι αὐτήν, λέγουσα, ὡς οὐχ ἱκανή ἐστιν ἱέρακος γαστέρα αὐτὴ πληρῶσαι· δεῖν δὲ αὐτόν, εἰ τροφῆς ἀπορεῖ, ἐπὶ τὰ μείζονα τῶν ὀρνέων τρέπεσθαι. Καὶ ὃς ὑποτυχὼν εἶπεν· ἀλλ' ἔγωγε ἀπόπληκτος ἂν εἴην, εἰ τὴν ἐν χερσὶν ἑτοίμην βορὰν ἀφεὶς τὰ μηδέπω φαινόμενα διώκοιμι.

Ὁ λόγος δηλοῖ, ὡς οὕτω καὶ τῶν ἀνθρώπων ἀλόγιστοί εἰσιν, οἳ δι' ἐλπίδα μειζόνων τὰ ἐν χερσὶν ὄντα προΐενται.

MYTHOLOGY.

I. General Account of the Gods.

1. Ὁ οὐρανὸς χαλκοῦς ἐστὶ τὰ ἔξω. Ὑπερβάντι δὲ καὶ ἐπὶ τοῦ νώτου γενομένῳ φῶς τε λαμπρότερον φαίνεται καὶ ἥλιος καθαρώτερος καὶ ἄστρα διαυγέστερα καὶ χρυσοῦν τὸ δάπεδον. Εἰςιόντι δὲ πρῶτον μὲν οἰκοῦσιν αἱ Ὧραι· πυλωροῦσι γάρ· ἔπειτα δὲ ἡ Ἶρις καὶ ὁ Ἑρμῆς, ὄντες ὑπηρέται καὶ ἀγγελιαφόροι τοῦ Διός. Ἐξῆς δὲ τοῦ Ἡφαίστου τὸ χαλκεῖον, ἀνάμεστον ἁπάσης τέχνης· μετὰ δὲ αἱ τῶν θεῶν οἰκίαι καὶ τοῦ Διὸς τὰ βασίλεια, ταῦτα πάντως περικαλλῆ, τοῦ Ἡφαίστου κατασκευάσαντος. Οἱ δὲ θεοὶ „πὰρ Ζηνὶ καθήμενοι" εὐωχοῦνται, νέκταρ πίνοντες καὶ ἀμβροσίαν ἐσθίοντες. Πάλαι μὲν οὖν καὶ ἄνθρωποι συνειστιῶντο καὶ συνέπινον αὐτοῖς, ὁ Ἰξίων καὶ ὁ Τάνταλος· ἐπεὶ δὲ ἦσαν ὑβρισταὶ καὶ λάλοι, ἐκεῖνοι μὲν ἔτι καὶ νῦν κολάζονται, ἄβατος δὲ τῷ θνητῶν γένει καὶ ἀπόρρητος ὁ οὐρανός.

2. Οἱ θεοὶ οὔτε σῖτον ἐσθίουσιν οὔτε πίνουσιν οἶνον, ἀλλὰ τὴν ἀμβροσίαν παρατίθενται καὶ τοῦ νέκταρος μεθύσκονται, μάλιστα δὲ ἥδονται σιτούμενοι τὸν ἐκ τῶν θυσιῶν καπνὸν αὐτῇ κνίσσῃ ἀνενηνεγμένον καὶ τὸ αἷμα τῶν ἱερείων, ὃ τοῖς βωμοῖς οἱ θύοντες περιχέουσι.

3. Θυσίας ἄλλοι ἄλλας τοῖς θεοῖς προςάγουσι· βοῦν μὲν ὁ γεωργός, ἄρνα δὲ ὁ ποιμὴν καὶ αἶγα ὁ αἰπόλος· ὁ

δέ τις λιβανωτὸν ἢ πόπανον· ὁ δὲ πένης ἱλάσκεται τὸν θεὸν φιλήσας μόνον τὴν αὑτοῦ δεξιάν.

4. Οἱ πλάσται τὸν μὲν Δία ἀναπλάττουσι γενειήτην καὶ σκῆπτρον ἔχοντα, Ποσειδῶνα κυανοχαίτην, τὴν Ἀθηνᾶν παρθένον καλήν, γλαυκῶπιν, αἰγίδα ἀνεζωσμένην, κόριν φέρουσαν, δόρυ ἔχουσαν, τὴν Ἥραν λευκώλενον, εἰώπιν, εὐείμονα, ςβασιλικήν, ἱδρυμένην ἐπὶ χρυσοῦ θρόνου, Ἀπόλλωνα μειράκιον γυμνὸν ἐν χλαμυδίῳ, τοξότην, διαβεβηκότα τοῖς ποσίν, ὥσπερ θέοντα.

Ἕκαστος τῶν θεῶν τέχνην τινὰ ἔχει ἢ θεοῖς ἢ ἀνθρώποις χρησίμην. Ὁ Ἀπόλλων μαντεύεται· ὁ Ἀσκληπιὸς ἰᾶται· ὁ Ἑρμῆς παλαίειν διδάσκει· ἡ Ἄρτεμις μαιεύεται· οἱ Διόσκουροι τοὺς ἐν θαλάσσῃ χειμαζομένους ναύτας σώζουσιν, ἄλλοι δὲ ἄλλα τοιαῦτα ἐπιτηδεύουσιν.

5. Τοὺς Διὸς ἐκγόνους φασὶ γενέσθαι, θεὰς μέν, Ἀφροδίτην καὶ Χάριτας, πρὸς δὲ ταύταις Εἰλείθυιαν καὶ τὴν ταύτης συνεργὸν Ἄρτεμιν, καὶ τὰς προσαγορευομένας Ὥρας, Εὐνομίαν τε καὶ Δίκην, ἔτι δ' Εἰρήνην· θεοὺς δέ, Ἥφαιστον καὶ Ἄρην καὶ Ἀπόλλωνα, πρὸς δὲ τούτοις Ἑρμῆν. — Τούτων δὲ ἑκάστῳ μυθολογοῦσι τὸν Δία τῶν εὑρεθέντων ὑπ' αὐτοῦ καὶ συντελουμένων ἔργων τὰς ἐπιστήμας καὶ τὰς τιμὰς τῆς εὑρέσεως ἀπονεῖμαι, βουλόμενον αἰώνιον αὐτοῖς περιποιῆσαι μνήμην παρὰ πᾶσιν ἀνθρώποις. Παραδοθῆναι δὲ τῇ μὲν Ἀφροδίτῃ τήν τε τῶν παρθένων ἡλικίαν, ἐν οἷς χρόνοις δεῖ γαμεῖν αὐτάς, καὶ τὴν ἄλλην ἐπιμέλειαν, τὴν ἔτι καὶ νῦν ἐν τοῖς γάμοις γινομένην μετὰ θυσιῶν καὶ σπονδῶν, ἃς ποιοῦσιν ἄνθρωποι τῇ θεῷ ταύτῃ. Ταῖς δὲ Χάρισι δοθῆναι τὴν τῆς ὄψεως κόσμησιν, καὶ τὸ κατάρχειν εὐ-

ἐργεσίας, καὶ πάλιν ἀμείβεσθαι ταῖς προσηκούσαις χάρισι τοὺς εὖ ποιήσαντας.

6. Εἰλείθυιαν δὲ λαβεῖν τὴν περὶ τὰς τικτούσας ἐπιμέλειαν καὶ θεραπείαν τῶν ἐν τῷ τίκτειν κακοπαθουσῶν· διὸ καὶ τὰς ἐν τοῖς τοιούτοις κινδυνευούσας γυναῖκας ἐπικαλεῖσθαι μάλιστα τὴν θεὸν ταύτην. Ἄρτεμιν δέ φασιν εὑρεῖν τὴν τῶν νηπίων παιδίων θεραπείαν καὶ τροφάς τινας ἁρμοζούσας τῇ φύσει τῶν βρεφῶν· ἀφ' ἧς αἰτίας καὶ Κουροτρόφον αὐτὴν ὀνομάζεσθαι. Τῶν δὲ ὀνομαζομένων Ὡρῶν ἑκάστῃ δοθῆναι τὴν ἐπώνυμον τάξιν τε καὶ τοῦ βίου διακόσμησιν ἐπὶ τῇ μεγίστῃ τῶν ἀνθρώπων ὠφελείᾳ· μηδὲν γὰρ εἶναι μᾶλλον δυνάμενον εὐδαίμονα βίον παρασκευάσαι τῆς Εὐνομίας καὶ Δίκης καὶ Εἰρήνης.

7. Ἀθηνᾷ δὲ προσάπτουσι τήν τε τῶν ἐλαιῶν ἡμέρωσιν καὶ φυτείαν παραδοῦναι τοῖς ἀνθρώποις καὶ τὴν τοῦ καρποῦ τούτου κατεργασίαν· πρὸς δὲ τούτοις τὴν τῆς ἐσθῆτος κατασκευὴν καὶ τὴν τεκτονικὴν τέχνην, ἔτι δὲ πολλὰ τῶν ἐν ταῖς ἄλλαις ἐπιστήμαις εἰσηγήσασθαι τοῖς ἀνθρώποις· εὑρεῖν δὲ καὶ τὴν τῶν αὐλῶν κατασκευὴν, καὶ τὴν διὰ τούτων συντελουμένην μουσικήν, καὶ τὸ σύνολον πολλὰ τῶν φιλοτέχνων ἔργων, ἀφ' ὧν Ἐργάνην αὐτὴν προσαγορεύεσθαι.

8. Ταῖς δὲ Μούσαις δοθῆναι παρὰ τοῦ πατρὸς τὴν τῶν γραμμάτων εὕρεσιν, καὶ τὴν τῶν ἐπῶν σύνθεσιν τὴν προσαγορευομένην ποιητικήν. Ἥφαιστον δὲ λέγουσιν εὑρετὴν γενέσθαι τῆς περὶ τὸν σίδηρον ἐργασίας ἁπάσης καὶ τῆς περὶ τὸν χαλκὸν καὶ χρυσὸν καὶ ἄργυρον, καὶ τῶν ἄλλων ὅσα τὴν ἐκ τοῦ πυρὸς ἐργασίαν ἐπιδέχεται. Τὸν Ἄρην δὲ μυθολογοῦσι πρῶτον κατασκευάσαι πανοπλίαν καὶ στρατιώτας καθοπλίσαι, καὶ τὴν ἐν ταῖς μά-

χαις έναγώνιον ένέργειαν είςηγήσασθαι, φονεύοντα τοὺς ἀπειθοῦντας τοῖς θεοῖς.

9. Ἀπόλλωνα δὲ τῆς κιθάρας εὑρετὴν ἀναγορεύουσι καὶ τῆς κατ' αὐτὴν μουσικῆς· ἔτι δὲ τὴν ἰατρικὴν ἐπιστήμην ἐξενεγκεῖν, τὴν διὰ τῆς μαντικῆς τέχνης γινομένην, δι' ἧς τὸ παλαιὸν συνέβαινε θεραπείας τυγχάνειν τοὺς ἀρρωστοῦντας· εὑρετὴν δὲ καὶ τοῦ τόξου γενόμενον διδάξαι τοὺς ἐγχωρίους τὰ περὶ τὴν τοξείαν. Ἀπόλλωνος δὲ καὶ Κορωνίδος Ἀσκληπιὸν γεννηθέντα, καὶ πολλὰ παρὰ τοῦ πατρὸς τῶν εἰς ἰατρικὴν μαθόντα, προςεξευρεῖν τήν τε χειρουργίαν καὶ τὰς τῶν φαρμάκων σκευασίας καὶ ῥιζῶν δυνάμεις, καὶ καθόλου προβιβάσαι τὴν τέχνην ἐπὶ τοσοῦτον, ὥστε ὡς ἀρχηγὸν αὐτῆς καὶ κτίστην τιμᾶσθαι.

10. Τῷ δ' Ἑρμῇ προςάπτουσι τὰς ἐν τοῖς πολέμοις γινομένας ἐπικηρυκείας καὶ διαλλαγὰς καὶ σπονδάς. Φασὶ δ' αὐτὸν καὶ μέτρα καὶ σταθμὰ καὶ τὰ ἐκ τῆς ἐμπορίας κέρδη πρῶτον ἐπινοῆσαι, καὶ τὸ λάθρα τὰ τῶν ἄλλων σφετερίζεσθαι. Εἰςηγητὴν δ' αὐτὸν καὶ παλαίστρας γενέσθαι καὶ τὴν ἀπὸ τῆς χελώνης λύραν ἐπινοῆσαι. Διόνυσον δὲ μυθολογοῦσιν εὑρετὴν γενέσθαι τῆς τ' ἀμπέλου καὶ τῆς περὶ ταύτην ἐργασίας, ἔτι δ' οἰνοποιίας, καὶ τοῦ πολλοὺς τῶν ἐκ τῆς ὀπώρας καρπῶν ἀποθησαυρίζεσθαι.

11. Αἱ Μοῦσαι Διὸς καὶ Μνημοσύνης θυγατέρες εἶναι λέγονται. Ἡσίοδος τὰ ὀνόματα αὐτῶν ἀποφαίνεται οὕτως·

Κλειώ τ' Εὐτέρπη τε, Θάλειά τε Μελπομένη τε,
Τερψιχόρη τ' Ἐρατώ τε, Πολύμνιά τ' Οὐρανίη τε,
Καλλιόπη θ'· ἡ δὲ προφερεστάτη ἐστὶν ἁπασέων.

12. Ὁ πολὺς ὅμιλος, οὓς ἰδιώτας οἱ σοφοὶ καλοῦσιν, Ὁμήρῳ τε καὶ Ἡσιόδῳ πειθόμενοι, τόπον τινὰ ὑπὸ τῇ γῇ πάνυ βαθὺν Ἅιδην ὑπειλήφασι, μέγαν δὲ καὶ πολύχωρον τοῦτον εἶναι καὶ ζοφερὸν καὶ ἀνήλιον. Βασιλεύειν δὲ τοῦ χάσματος ἀδελφὸν τοῦ Διός, Πλούτωνα κεκλημένον. Περιῤῥεῖσθαι δὲ τὴν χώραν αὐτοῦ ποταμοῖς μεγάλοις τε καὶ φοβεροῖς καὶ ἐκ μόνων τῶν ὀνομάτων· Κωκυτοὶ γὰρ καὶ Πυριφλεγέθοντες καὶ τὰ τοιαῦτα κέκληνται. Τὸ δὲ μέγιστον, ἡ Ἀχερουσία λίμνη πρόκειται, πρώτη δεχομένη τοὺς ἀπαντῶντας, ἣν οὐκ ἔνι διαπλεῦσαι ἢ παρελθεῖν ἄνευ τοῦ πορθμέως. Πρὸς δὲ αὐτῇ τῇ καθόδῳ καὶ πύλη ἀδαμαντίνη ἀδελφιδοῦς τοῦ βασιλέως Αἰακὸς ἕστηκε τὴν φρουρὰν ἐπιτετραμμένος, καὶ παρ᾽ αὐτῷ κύων τρικέφαλος. Περαιωθέντας δὲ τὴν λίμνην λειμὼν ὑποδέχεται μέγας καὶ ποτὸν μνήμης πολέμιον· λήθης γοῦν διὰ τοῦτο ὠνόμασται. Ὁ μὲν οὖν Πλούτων καὶ ἡ Περσεφόνη δυναστεύουσιν, ὑπηρετοῦσι δ᾽ αὐτοῖς Ἐριννύες καὶ Φόβοι καὶ Ἑρμῆς. Δικασταὶ δὲ κάθηνται δύο, Μίνως τε καὶ Ῥαδάμανθυς, Κρῆτες ὄντες καὶ υἱοὶ τοῦ Διός. Οὗτοι δὲ τοὺς μὲν ἀγαθοὺς τῶν ἀνδρῶν καὶ δικαίους πέμπουσιν ἐς τὸ Ἠλύσιον πεδίον, τῷ ἀρίστῳ βίῳ συνεσομένους· τοὺς δὲ πονηροὺς ταῖς Ἐριννύσι παραδόντες ἐς τὸν τῆς κολάσεως χῶρον ἐκπέμπουσιν.

13. Ὁ Κέρβερος, ὁ τοῦ ᾅδου φρουρός, εἶχε τρεῖς μὲν κυνῶν κεφαλάς, τὴν δὲ οὐρὰν δράκοντος, κατὰ δὲ τοῦ νώτου παντοίων ὄφεων κεφαλάς. 14. Ὁ Τάρταρος τόπος ἐστὶν ἐρεβώδης ἐν ᾅδου, τοσοῦτον ἀπὸ γῆς ἔχων διάστημα, ὅσον ἀπ᾽ οὐρανοῦ γῆ.

II. Apollo and Artemis (Diana).

1. Λητώ, ἡ τοῦ Κοίου θυγάτηρ, συνελθοῦσα Διὶ κατὰ τὴν γῆν ἅπασαν ὑφ' Ἥρας ἠλαύνετο, μέχρις εἰς Δῆλον ἐλθοῦσα γεννᾷ πρώτην Ἄρτεμιν, ὑφ' ἧς μαιωθεῖσα ὕστερον Ἀπόλλωνα ἐγέννησεν. — Ἄρτεμις μὲν οὖν τὰ περὶ θήραν ἀσκήσασα παρθένος ἔμεινεν· Ἀπόλλων δὲ τὴν μαντικὴν μαθὼν παρὰ τοῦ Πανὸς ἧκεν εἰς Δελφούς, χρησμῳδούσης τότε Θέμιδος. Ὡς δὲ ὁ φρουρῶν τὸ μαντεῖον Πύθων ὄφις ἐκώλυεν αὐτὸν παρελθεῖν ἐπὶ τὸ χάσμα, τοῦτον ἀνελὼν τὸ μαντεῖον παραλαμβάνει.

2. Ἀπόλλων Ἀδμήτῳ, τῷ βασιλεῖ τῶν Φερῶν ἐν Θεσσαλίᾳ, ἐθήτευσε καὶ ᾐτήσατο παρὰ Μοιρῶν, ἵνα, ὅταν Ἄδμητος μέλλῃ τελευτᾶν, ἀπολυθῇ τοῦ θανάτου, ἂν ἑκουσίως τις ὑπὲρ αὐτοῦ θνήσκειν ἕληται. Ὡς δὲ ἦλθεν ἡ τοῦ θνήσκειν ἡμέρα, μήτε τοῦ πατρὸς μήτε τῆς μητρὸς ὑπὲρ αὐτοῦ θνήσκειν θελόντων, Ἄλκηστις ἡ αὐτοῦ ἄλοχος ὑπεραπέθανε. Καὶ αὐτὴν πάλιν ἀνέπεμψεν ἡ Κόρη· ὡς δὲ ἔνιοι λέγουσιν, Ἡρακλῆς μαχεσάμενος τῷ Θανάτῳ.

3. Ἀπόλλων καὶ Ποσειδῶν, τὴν Λαομέδοντος ὕβριν πειράσαι θέλοντες, εἰκασθέντες ἀνθρώποις, ὑπέσχοντο ἐπὶ μισθῷ τειχιεῖν τὸ Πέργαμον· τοῖς δὲ τειχίσασι τὸν μισθὸν οὐκ ἀπεδίδου. Διὰ τοῦτο Ἀπόλλων μὲν λοιμὸν ἔπεμψε, Ποσειδῶν δὲ κῆτος, ὃ τοὺς ἐν τῷ πεδίῳ συνήρπαζεν ἀνθρώποις. Χρησμῶν δὲ λεγόντων, ἀπαλλαγὴν ἔσεσθαι τῶν συμφορῶν, ἐὰν προθῇ Λαομέδων Ἡσιόνην τὴν θυγατέρα αὐτοῦ βορὰν τῷ κήτει, οὗτος προὔθηκε, ταῖς πλησίον τῆς θαλάσσης πέτραις προσαρτήσας αὐτήν. Ταύτην ἰδὼν ἐκκειμένην Ἡρακλῆς ὑπέ-

σχετο σώσειν αὐτήν, εἰ τὰς ἵππους παρὰ Λαομέδοντος λήψεται, ἃς ὁ Ζεὺς ποινὴν τῆς Γανυμήδους ἁρπαγῆς ἔδωκεν αὐτῷ· δώσειν δὲ Λαομέδοντος εἰπόντος, κτείνας τὸ κῆτος Ἡσιόνην ἔσωσε. Μὴ βουλομένου δὲ τὸν μισθὸν ἀποδοῦναι, Ἡρακλῆς αὐτὸν ἀπέκτεινε καὶ τὴν πόλιν εἷλεν.

4. Ταντάλου ἐγένετο Πέλοψ υἱὸς καὶ Νιόβη θυγάτηρ. Αὕτη δ' ἐγέννησεν υἱοὺς ἑπτὰ καὶ θυγατέρας τὰς ἴσας, εὐπρεπείᾳ διαφερούσας. Ἐπὶ δὲ τῷ πλήθει τῶν τέκνων μέγα φρυαττομένη πλεονάκις ἐκαυχᾶτο, καὶ τῆς Λητοῦς ἑαυτὴν εὐτεκνοτέραν ἀπεφαίνετο. Εἶθ' ἡ μὲν Λητὼ χολωσαμένη προςέταξε τῷ μὲν Ἀπόλλωνι κατατοξεῦσαι τοὺς υἱοὺς τῆς Νιόβης, τῇ δ' Ἀρτέμιδι τὰς θυγατέρας. Τούτων δ' ὑπακουσάντων τῇ μητρί, καὶ κατὰ τὸν αὐτὸν καιρὸν κατατοξευσάντων τὰ τέκνα τῆς Νιόβης, συνέβη αὐτὴν ὑφ' ἕνα καιρὸν ὀξέως ἅμα εὔτεκνον καὶ ἄτεκνον γενέσθαι. 5. Νιόβη δὲ Θήβας ἀπολιποῦσα πρὸς τὸν πατέρα Τάνταλον ἧκεν εἰς Σίπυλον τῆς Ἀσίας· κἀκεῖ Διὶ εὐξαμένη τὴν μορφὴν εἰς λίθον μετέβαλε, καὶ χεῖται δάκρυα νύκτωρ καὶ μεθ' ἡμέραν.

6. Ἀκταίων, Αὐτονόης καὶ Ἀρισταίου παῖς, τραφεὶς παρὰ Χείρωνι, κυνηγὸς ἐδιδάχθη, καὶ ὕστερον κατεβρώθη ἐν τῷ Κιθαιρῶνι ὑπὸ τῶν ἰδίων κυνῶν. Καὶ τοῦτον ἐτελεύτησε τὸν τρόπον, ὅτι τὴν Ἄρτεμιν λουομένην εἶδε. Καί φασι, τὴν θεὸν παραχρῆμα αὐτοῦ τὴν μορφὴν εἰς ἔλαφον ἀλλάξαι, καὶ τοῖς ἑπομένοις αὐτῷ πεντήκοντα κυσὶν ἐμβαλεῖν λύσσαν, ὑφ' ὧν κατὰ ἄγνοιαν ἐβρώθη· ἀπολομένου δὲ Ἀκταίονος, οἱ κύνες ἐπιζητοῦντες τὸν δεσπότην κατωρύοντο, καὶ ζήτησιν ποιούμενοι παρεγένοντο ἐπὶ τὸ τοῦ Χείρωνος ἄντρον, ὃς εἴ-

δωλον κατεσκεύασεν Ἀκταίονος, ὃ καὶ τὴν λύπην αὐτῶν ἔπαυσεν.

7. Ἀσκληπιὸς Ἀπόλλωνος παῖς ἦν καὶ Κορωνίδος. Τοῦτον, τῆς αὐτοῦ μητρὸς ἀποθανούσης, ἔτι βρέφος ὄντα, πρὸς Χείρωνα τὸν Κένταυρον ἤνεγκεν Ἀπόλλων, παρ' ᾧ καὶ τὴν ἰατρικὴν καὶ τὴν κυνηγετικὴν τρεφόμενος ἐδιδάχθη. Καὶ γενόμενος χειρουργικὸς καὶ τὴν τέχνην ἀσκήσας ἐπὶ πολύ, οὐ μόνον ἐκώλυέ τινας ἀποθνήσκειν, ἀλλ' ἀνήγειρε καὶ τοὺς ἀποθανόντας. Ζεὺς δὲ φοβηθείς, μὴ λαβόντες οἱ ἄνθρωποι θεραπείαν παρ' αὐτοῦ βοηθῶσιν ἀλλήλοις, ἐκεραύνωσεν αὐτόν· καὶ διὰ τοῦτο ὀργισθεὶς Ἀπόλλων κτείνει Κύκλωπας, τοὺς τὸν κεραυνὸν Διὶ κατασκευάσαντας. Ζεὺς δὲ ἐμέλλησε ῥίπτειν αὐτὸν εἰς Τάρταρον· δεηθείσης δὲ Λητοῦς, ἐκέλευσεν αὐτὸν ἐνιαυτὸν ἀνδρὶ θητεῦσαι. Ὁ δὲ παραγενόμενος εἰς Φερὰς πρὸς Ἄδμητον τὸν Φέρητος τούτῳ λατρεύων ἐποίμαινε, καὶ τὰς θηλείας βόας πάσας διδυματόκους ἐποίησεν.

III. Dionysus (Bacchus).

1. Ζεὺς Σεμέλης ἐρασθεὶς συνωμίλησεν αὐτῇ. Ἡ δέ, κατανεύσαντος αὐτῇ Διὸς πᾶν τὸ αἰτηθὲν ποιήσειν, αἰτεῖται τοιοῦτον αὐτὸν ἐλθεῖν, οἷος ἦλθε μνηστευόμενος Ἥραν. Ζεὺς δέ, μὴ δυνάμενος ἀνανεῦσαι, παραγίγνεται εἰς τὸν θάλαμον αὐτῆς ἐφ' ἅρματος ἀστραπαῖς ὁμοῦ καὶ βρονταῖς, καὶ κεραυνὸν ἵησι. Σεμέλης δὲ διὰ τὸν φόβον ἐκλιπούσης, ὁ θεὸς τὸ αὐτῆς βρέφος ἐκ τοῦ πυρὸς ἁρπάσας, ἐνέρραψε τῷ μηρῷ. Κατὰ δὲ τὸν χρόνον τὸν καθήκοντα Διόνυσον γεννᾷ Ζεύς, λύσας τὰ ῥάμματα, καὶ δίδωσιν Ἑρμῇ· ὁ δὲ κομίζει πρὸς Ἰνὼ καὶ Ἀθάμαντα, καὶ πείθει τρέφειν ὡς κόρην.

2. Ἀγανακτήσασα δὲ Ἥρα μανίαν αὐτοῖς ἐνέβαλε. Καὶ Ἀθάμας μὲν τὸν πρεσβύτερον παῖδα Λέαρχον ὡς ἔλαφον θηρεύσας ἀπέκτεινεν· Ἰνὼ δέ, τὸν Μελικέρτην εἰς πεπυρωμένον λέβητα ῥίψασα, εἶτα βαστάσασα, μετὰ νεκροῦ τοῦ παιδὸς ἥλατο κατὰ βυθῶν· καὶ Λευκοθέα μὲν αὐτὴ καλεῖται, Παλαίμων δὲ ὁ παῖς, οὕτως ὀνομασθέντες ὑπὸ τῶν πλεόντων· τοῖς χειμαζομένοις γὰρ βοηθοῦσιν. Ἐτέθη δὲ ἐπὶ Μελικέρτῃ ἀγὼν τῶν Ἰσθμίων, Σισύφου θέντος.

3. Λυκοῦργος, παῖς Δρύαντος, Ἠδωνῶν βασιλεύων, οἳ Στρυμόνα ποταμὸν παροικοῦσιν, ἐξέβαλε Διόνυσον σὺν ταῖς Βάκχαις εἰς Θρᾴκην ἐλθόντα. Καὶ Διόνυσος μὲν εἰς θάλασσαν πρὸς Θέτιν τὴν Νηρέως κατέφυγε, Βάκχαι δὲ ἐγένοντο αἰχμάλωτοι καὶ τὸ συνεπόμενον Σατύρων πλῆθος αὐτῷ. Αἱ δὲ Βάκχαι ἐλύθησαν ἐξαίφνης, Λυκούργῳ δὲ μανίαν ἐνεποίησε Διόνυσος. Ὁ δὲ μεμηνὼς Δρύαντα τὸν παῖδα, ἀμπέλου νομίζων κλῆμα κόπτειν, πελέκει πλήξας ἀπέκτεινε, καὶ ἀκρωτηριάσας ἑαυτὸν ἐσωφρόνησε. Τῆς δὲ γῆς ἀκάρπου μενούσης, ἔχρησεν ὁ θεός, καρποφορήσειν αὐτήν, ἂν θανατωθῇ Λυκοῦργος. Ἠδωνοὶ δὲ ἀκούσαντες, εἰς τὸ Παγγαῖον αὐτὸν ἀπαγαγόντες ὄρος ἔδησαν· κἀκεῖ κατὰ τὴν Διονύσου βούλησιν ὑφ᾽ ἵππων διαφθαρεὶς ἀπέθανεν.

4. Διελθὼν δὲ Θρᾴκην καὶ τὴν Ἰνδικὴν ἅπασαν, στήλας ἐκεῖ στήσας ἧκεν εἰς Θήβας, καὶ τὰς γυναῖκας ἠνάγκασε καταλιπούσας τὰς οἰκίας βακχεύειν ἐν τῷ Κιθαιρῶνι. Πενθεὺς δέ, Ἐχίονος υἱός, παρὰ Κάδμου εἰληφὼς τὴν βασιλείαν, διεκώλυε ταῦτα γίγνεσθαι, καὶ παραγενόμενος εἰς Κιθαιρῶνα τῶν Βακχῶν κατάσκοπος ὑπὸ τῆς μητρὸς Ἀγαύης κατὰ μανίαν ἐμελείσθη· ἐνόμισε γὰρ αὐτὸν θηρίον εἶναι.

5. Βουλόμενος δὲ ἀπὸ τῆς Ἰκαρίας εἰς Νάξον διακομισθῆναι, Τυῤῥηνῶν ληστρικὴν ἐμισθώσατο τριήρη· οἱ δὲ αὐτὸν ἐνθέμενοι Νάξον μὲν παρέπλεον, ἠπείγοντο δὲ εἰς τὴν Ἀσίαν ἀπεμπολήσοντες. Ὁ δὲ τὸν μὲν ἱστὸν καὶ τὰς κώπας ἐποίησεν ὄφεις, τὸ δὲ σκάφος ἔπλησε κισσοῦ καὶ βοῆς αὐλῶν· οἱ δὲ ἐμμανεῖς γενόμενοι, κατὰ τῆς θαλάσσης ἔφυγον καὶ ἐγένοντο δελφῖνες.

6. Ἰκάριος τὸν Διόνυσον εἰς τὴν Ἀττικὴν ἐλθόντα ὑπεδέξατο, καὶ λαμβάνει παῤ αὐτοῦ κλῆμα ἀμπέλου. Καὶ τὰ περὶ τὴν οἰνοποιίαν μανθάνων καὶ τὰς τοῦ θεοῦ δωρήσασθαι θέλων χάριτας ἀνθρώποις, ἀφικνεῖται πρός τινας ποιμένας, οἳ γευσάμενοι τοῦ ποτοῦ χωρὶς ὕδατος καὶ δι' ἡδονὴν ἀφειδῶς ἑλκύσαντες, πεφαρμάχθαι νομίζοντες, ἀπέκτειναν αὐτόν. Μεθ' ἡμέραν δὲ νοήσαντες ἔθαψαν αὐτόν. Ἠριγόνῃ δὲ τῇ θυγατρὶ τὸν πατέρα μαστευούσῃ κύων συνήθης, ὄνομα Μαῖρα, ᾗ τῷ Ἰκαρίῳ συνείπετο, τὸν νεκρὸν ἐμήνυσε· κἀκείνη ὀδυρομένη τὸν πατέρα ἑαυτὴν ἀνήρτησεν.

IV. Hermes (Mercury).

1. Ἑρμῆς, Μαίας καὶ Διὸς υἱός, ἔτι ἐν σπαργάνοις ὤν, ἐκδὺς εἰς Πιερίαν παραγίγνεται, καὶ κλέπτει βόας, ἃς ἔνεμεν Ἀπόλλων. Ἵνα δὲ μὴ φωραθείη ὑπὸ τῶν ἰχνῶν, ὑποδήματα τοῖς ποσὶ περιέθηκε, καὶ κομίσας εἰς Πύλον εἰς σπήλαιον ἀπέκρυψε. Καὶ ταχέως εἰς Κυλλήνην ᾤχετο, καὶ εὑρίσκει πρὸ τοῦ ἄντρου νεμομένην χελώνην. Ταύτην ἐκκαθάρας, εἰς τὸ κύτος χορδὰς ἐντείνας, λύραν εὗρε καὶ πλῆκτρον. — Ἀπόλλων δὲ τὰς βόας ζητῶν εἰς Πύλον ἀφικνεῖται, καὶ τοὺς κατοικοῦντας ἀνέκρινεν. Οἱ δὲ ἰδεῖν μὲν παῖδα ἐλαύνοντα ἔφασκον, οὐκ ἔχειν δὲ εἰπεῖν, ποῖ ποτε ἠλάθησαν, διὰ τὸ μὴ εὑρεῖν

ἴχνος δύνασθαι. Μαθὼν δὲ ἐκ τῆς μαντικῆς τὸν κεκλοφότα πρὸς Μαῖαν εἰς Κυλλήνην παραγίγνεται, καὶ τὸν Ἑρμῆν ᾐτιᾶτο· ἡ δὲ ἀπέδειξεν αὐτὸν ἐν τοῖς σπαργάνοις. Ἀπόλλων δὲ αὐτὸν τὸν παῖδα πρὸς Δία κομίσας τὰς βόας ἀπῄτει. Διὸς δὲ κελεύοντος ἀποδοῦναι, ἠρνεῖτο. Μὴ πείθων δὲ ἄγει τὸν Ἀπόλλωνα εἰς Πύλον, καὶ τὰς βόας ἀποδίδωσιν. — Ἀκούσας δὲ τῆς λύρας ὁ Ἀπόλλων, ἀντιδίδωσι τὰς βόας. Ἑρμῆς δὲ ταύτας νέμων, σύριγγα πηξάμενος ἐσύριζεν. Ἀπόλλων δὲ καὶ ταύτην βουλόμενος λαβεῖν, τὴν χρυσῆν ῥάβδον ἐδίδου αὐτῷ, ἣν ἐκέκτητο βουκολῶν, καὶ τὴν μαντικὴν ἐδιδάξατο αὐτόν. Ζεὺς δὲ αὐτὸν κήρυκα ἑαυτοῦ καὶ θεῶν ὑποχθονίων τίθησιν.

V. Athena.

1. Κέκροψ αὐτόχθων, συμφυὲς ἔχων σῶμα ἀνδρὸς καὶ δράκοντος, τῆς Ἀττικῆς ἐβασίλευσε πρῶτος, καὶ τὴν γῆν πρότερον λεγομένην Ἀκτὴν ἀφ' ἑαυτοῦ Κεκροπίαν ὠνόμασεν. Ἐπὶ τούτου, φασίν, ἔδοξε τοῖς θεοῖς πόλεις καταλαβέσθαι, ἐν αἷς ἔμελλον ἔχειν τιμὰς ἰδίας ἕκαστος. Ἧκεν οὖν πρῶτος Ποσειδῶν ἐπὶ τὴν Ἀττικήν, καὶ πλήξας τῇ τριαίνῃ κατὰ μέσην τὴν ἀκρόπολιν ἀνέφηνε θάλασσαν, ἣν νῦν Ἐρεχθηΐδα καλοῦσι. Μετὰ δὲ τοῦτον ἧκεν Ἀθηνᾶ, καὶ ἐφύτευσεν ἐλαίαν, ἣ νῦν ἐν τῷ Πανδροσίῳ δείκνυται. Γενομένης δὲ ἔριδος ἀμφοῖν περὶ τῆς χώρας, Ἀθηνᾶν καὶ Ποσειδῶνα διαλύσας Ζεὺς κριτὰς ἔδωκε θεοὺς τοὺς δώδεκα. Καὶ τούτων δικαζόντων, ἡ χώρα τῆς Ἀθηνᾶς ἐκρίθη, Κέκροπος μαρτυρήσαντος, ὅτι πρῶτον τὴν ἐλαίαν ἐφύτευσεν. Ἀθηνᾶ μὲν οὖν ἀφ' ἑαυτῆς τὴν πόλιν ἐκάλεσεν Ἀθήνας· Ποσειδῶν

δὲ θυμῷ ὀργισθεὶς τὸ Θριάσιον πεδίον ἐπέκλυσε καὶ τὴν Ἀττικὴν ὕφαλον ἐποίησεν.

2. Ἦν παρὰ Θηβαίοις μάντις Τειρεσίας, Εὐήρους καὶ Χαρικλοῦς νύμφης, γενόμενος τυφλὸς τοὺς ὀφθαλμούς. Οὐ περὶ τῆς πηρώσεως καὶ μαντικῆς λόγοι λέγονται διάφοροι. Ἄλλοι μὲν γὰρ αὐτὸν ὑπὸ τῶν θεῶν φασὶ τυφλωθῆναι, ὅτι τοῖς ἀνθρώποις, ἃ κρύπτειν ἤθελον, ἐμήνυεν· ἄλλοι δέ, ὑπὸ Ἀθηνᾶς αὐτὸν τυφλωθῆναι, ὅτι αὐτὴν γυμνὴν ἐν λουτρῷ εἶδε. Χαρικλοῦς δὲ δεομένης τὴν θεόν (ἦν δὲ προσφιλὴς τῇ Ἀθηνᾷ ἡ Χαρικλώ) ἀποκαταστῆσαι πάλιν τοὺς ὀφθαλμούς, ἡ θεὸς μὴ δυναμένη τοῦτο ποιῆσαι, τὰς ἀκοὰς διακαθάρασα, πᾶσαν ὀρνίθων φωνὴν ἐποίησε συνιέναι, καὶ σκῆπτρον αὐτῷ ἐδωρήσατο, ὃ φέρων ὁμοίως τοῖς βλέπουσιν ἐβάδιζεν.

VI. Herakles (Hercules).

1. Πρῶτα μὲν ἐν Νεμέᾳ βριαρὸν κατέπεφνε λέοντα.
Δεύτερον ἐν Λέρνῃ πολυαύχενον ἔκτανεν ὕδραν.
Τὸ τρίτον αὖτ' ἐπὶ τοῖς Ἐρυμάνθιον ἔκτανε κάπρον.
Χρυσόκερων ἔλαφον μετὰ ταῦτ' ἤγρευσε τέταρτον.
Πέμπτον δ' ὄρνιθας Στυμφαλίδας ἐξεδίωξεν.
Ἕκτον Ἀμαζονίδος κόμισε ζωστῆρα φαεινόν.
Ἕβδομον Αὐγείου πολλὴν κόπρον ἐξεκάθηρεν.
Ὄγδοον ἐκ Κρήτηθε πυρίπνοον ἤλασε ταῦρον.
Εἴνατον ἐκ Θρῄκης Διομήδεος ἤγαγεν ἵππους.
Γηρυόνου δέκατον βόας ἤλασεν ἐξ Ἐρυθείης.
Ἑνδέκατον κύνα Κέρβερον ἤγαγεν ἐξ Ἀΐδαο.
Δωδέκατον δ' ἤνεγκεν ἐς Ἑλλάδα χρύσεα μῆλα.

2. Ἡρακλέα μυθολογοῦσιν ἐκ Διὸς γενέσθαι. Οὗτος ῥώμῃ σώματος πολὺ τῶν ἁπάντων διενέγκας ἐπῆλθε τὴν

οἰκουμένην, κολάζων μὲν τοὺς ἀδίκους, ἀναιρῶν δὲ τὰ τὴν χώραν ἀοίκητον ποιοῦντα θηρία· πᾶσι δ' ἀνθρώποις τὴν ἐλευθερίαν περιποιήσας ἀήττητος μὲν ἐγένετο καὶ ἄτρωτος, διὰ δὲ τὰς εὐεργεσίας ἀθανάτου τιμῆς ἔτυχε παρ' ἀνθρώποις.

3. Ἡρακλέους παιδὸς ὄντος ὀκταμηνιαίου, δύο δράκοντας ὑπερμεγέθεις Ἥρα ἐπὶ τὴν αὐτοῦ εὐνὴν ἔπεμψε, διαφθαρῆναι τὸ βρέφος θέλουσα. Ἐπιβοωμένης δὲ Ἀλκμήνης Ἀμφιτρύωνα, Ἡρακλῆς διαναστὰς ἄγχων ἑκατέραις ταῖς χερσὶν αὐτοὺς διέφθειρεν. 4. Εὐρυσθεὺς ἐπέταξε τῷ Ἡρακλεῖ τοῦ Νεμέου λέοντος τὴν δορὰν κομίζειν. Τοῦτο δὲ ζῶον ἦν ἄτρωτον, ἐκ Τυφῶνος γεγεννημένον. Πορευόμενος οὖν ἐπὶ τὸν λέοντα καὶ εἰς τὴν Νεμέαν ἀφικόμενος, τὸν λέοντα ἐτόξευσε πρῶτον. Ὡς δὲ ἔμαθεν ἄτρωτον ὄντα, ἀνατεινάμενος τὸ ῥόπαλον ἐδίωκε. Φυγόντος δὲ τοῦ λέοντος εἰς ἀμφίστομον σπήλαιον αὐτοῦ, Ἡρακλῆς τὴν ἑτέραν ἀπῳκοδόμησεν εἴσοδον, διὰ δὲ τῆς ἑτέρας ἐπεισῆλθε τῷ θηρίῳ, καὶ περιθεὶς τὴν χεῖρα τῷ τραχήλῳ κατέσχεν ἄγχων, ἕως ἔπνιξε, καὶ θέμενος ἐπὶ τῶν ὤμων ἐκόμιζεν εἰς Μυκήνας. 5. Ἕκτον ἐπέταξεν ἆθλον αὐτῷ τὰς Στυμφαλίδας ὄρνιθας ἐκδιῶξαι. Ἦν δὲ ἐν Στυμφάλῳ, πόλει τῆς Ἀρκαδίας, Στυμφαλὶς λεγομένη λίμνη, πολλῇ συνηρεφὴς ὕλῃ. Εἰς ταύτην ὄρνεις συνέφυγον ἄπλετοι. Ἀμηχανοῦντος οὖν Ἡρακλέους, πῶς ἐκ τῆς ὕλης τὰς ὄρνιθας ἐκβάλῃ, χάλκεα κρόταλα δίδωσιν αὐτῷ Ἀθηνᾶ παρ' Ἡφαίστου λαβοῦσα. Ταῦτα κρούων ἐπί τινος ὄρους τῇ λίμνῃ παρακειμένου τὰς ὄρνιθας ἐφόβει. Αἱ δὲ τὸν δοῦπον οὐχ ὑπομένουσαι μετὰ δέους ἀνίπταντο, καὶ τοῦτον τὸν τρόπον Ἡρακλῆς ἐτόξευσεν αὐτάς.

6. Λιβύης ἐβασίλευε παῖς Ποσειδῶνος, Ἀνταῖος,

ὃς τοὺς ξένους ἀναγκάζων παλαίειν ἀνῄρει. Τούτῳ δὲ παλαίειν ἀναγκαζόμενος Ἡρακλῆς, ἀράμενος ἅμμασι μετέωρον ἀπέκτεινε· ψαύοντα γὰρ γῆς ἰσχυρότατον συνέβη γίγνεσθαι. Διὸ καὶ Γῆς τινὲς ἔφασαν τοῦτον εἶναι παῖδα. 7. Μετὰ Λιβύην Ἡρακλῆς Αἴγυπτον διεξῄει. Ταύτης ἐβασίλευε Βούσιρις, Ποσειδῶνος παῖς. Οὗτος τοὺς ξένους ἔθυεν ἐπὶ βωμῷ Διὸς κατά τι λόγιον. Ἐννέα γὰρ ἔτη ἀφορία τὴν Αἴγυπτον κατέλαβε. Φρασίος δὲ ἐλθὼν ἐκ Κύπρου, μάντις τὴν ἐπιστήμην, ἔφη τὴν ἀφορίαν παύσεσθαι, ἐὰν ξένον ἄνδρα τῷ Διὶ σφάξωσι κατ᾽ ἔτος. Βούσιρις δὲ ἐκεῖνον πρῶτον σφάξας τὸν μάντιν πάντας τοὺς κατιόντας ξένους ἔσφαζε. Συλληφθεὶς οὖν καὶ Ἡρακλῆς τοῖς βωμοῖς προςεφέρετο· τὰ δὲ δεσμὰ διαῤῥήξας τόν τε Βούσιριν καὶ τὸν ἐκείνου παῖδα Ἀμφιδάμαντα ἀπέκτεινεν.

8. Μεταστάντος δὲ Ἡρακλέους εἰς θεούς, οἱ παῖδες αὐτοῦ φυγόντες Εὐρυσθέα ἦλθον εἰς Ἀθήνας, καὶ καθεσθέντες ἐπὶ τὸν Ἐλέου βωμὸν ἠξίουν βοηθεῖσθαι. Εὐρυσθέως δὲ ἐκείνους ἐκδιδόναι λέγοντος καὶ πόλεμον ἀπειλοῦντος, οἱ Ἀθηναῖοι οὐκ ἐκδιδόντες αὐτοὺς πόλεμον πρὸς αὐτὸν ὑπέστησαν. Καὶ τοὺς μὲν παῖδας αὐτοῦ ἀπέκτειναν· αὐτὸν δὲ Εὐρυσθέα φεύγοντα ἐφ᾽ ἅρματος κτείνει διώξας Ὕλλος, καὶ τὴν μὲν κεφαλὴν ἀποτεμὼν Ἀλκμήνῃ δίδωσιν· ἡ δὲ κερκίσι τοὺς ὀφθαλμοὺς ἐξώρυξεν αὐτοῦ.

VII. The Argonautic Expedition.

1. Φρίξον τὸν Ἀθάμαντος μυθολογοῦσι διὰ τὰς ἀπὸ τῆς μητρυιᾶς ἐπιβουλὰς ἀναλαβόντα τὴν ἀδελφὴν Ἕλλην φυγεῖν ἐκ τῆς Ἑλλάδος. Περαιουμένων δὲ αὐτῶν κατά τινα θεῶν πρόνοιαν ἐκ τῆς Εὐρώπης εἰς τὴν Ἀσίαν

ἐπὶ κριοῦ χρυσομάλλου, τὴν μὲν παρθένον ἀποπεσεῖν εἰς τὴν θάλασσαν, ἣν ἀπ' ἐκείνης Ἑλλήσποντον ὀνομασθῆναι, τὸν δὲ Φρῖξον εἰς τὸν Πόντον πορευθέντα καταχθῆναι μὲν πρὸς τὴν Κολχίδα, κατὰ δέ τι λόγιον θύσαντα τὸν κριὸν ἀναθεῖναι τὸ δέρας εἰς τὸ τοῦ Ἄρεος ἱερόν. Μετὰ δὲ ταῦτα βασιλεύοντι τῆς Κολχίδος Αἰήτῃ χρησμὸν ἐκπεσεῖν, ὅτι τότε καταστρέψει τὸν βίον, ὅταν ξένοι καταπλεύσαντες τὸ χρυσόμαλλον δέρας ἀπενέγκωσι. Διὰ δὴ ταύτας τὰς αἰτίας καὶ διὰ τὴν ἰδίαν ὠμότητα καταδεῖξαι θύειν τοὺς ξένους, ἵνα, διαδοθείσης τῆς φήμης εἰς ἅπαντα τόπον περὶ τῆς Κόλχων ἀγριότητος, μηδεὶς τῶν ξένων ἐπιβῆναι τολμήσῃ τῆς χώρας.

2. Τῷ Πελίᾳ, τῆς Ἰωλκοῦ ἐν Θεσσαλίᾳ βασιλεῖ, ἐθέσπισεν ὁ θεός, τὸν μονοσάνδαλον φυλάξασθαι. Τὸ μὲν οὖν πρῶτον ἠγνόει τὸν χρησμόν· ὕστερον δὲ αὐτὸν ἔγνω. Τελῶν γὰρ ἐπὶ τῇ θαλάσσῃ Ποσειδῶνι θυσίαν, ἄλλους τε πολλοὺς ἐπὶ ταύτῃ καὶ τὸν Ἰάσονα μετεπέμψατο. Ὁ δὲ πόθῳ γεωργίας ἐν τοῖς χωρίοις διατελῶν, ἔσπευσεν ἐπὶ τὴν θυσίαν. Διαβαίνων δὲ ποταμὸν Ἄναυρον ἐξῆλθε μονοσάνδαλος, τὸ ἕτερον ἀπολέσας ἐν τῷ ῥείθρῳ πέδιλον. Θεασάμενος δὲ Πελίας αὐτὸν καὶ τὸν χρησμὸν συμβαλών, ἠρώτα προςελθών, τί ἂν ἐποίησεν ἐξουσίαν ἔχων, εἰ λόγιον ἦν αὐτῷ πρός τινος φονευθήσεσθαι τῶν πολιτῶν; Ὁ δὲ ἔφη· τὸ χρυσόμαλλον δέρας προςέταττον ἂν φέρειν αὐτῷ. Τοῦτο Πελίας ἀκούσας, εὐθὺς ἐπὶ τὸ δέρας ἐλθεῖν ἐκέλευσεν αὐτόν. Τοῦτο δὲ ἐν Κόλχοις ἦν, ἐν Ἄρεος ἄλσει κρεμάμενον ἐκ δρυός, ἐφρουρεῖτο δὲ ὑπὸ δράκοντος ἀΰπνου. — Ἐπὶ τοῦτο πεμπόμενος Ἰάσων, Ἄργον παρεκάλεσε τὸν Φρίξου· κἀκεῖνος, Ἀθηνᾶς ὑποθεμένης, πεντηκόντορον

ναῦν κατεσκεύασε, τὴν προςαγορευθεῖσαν ἀπὸ τοῦ κατασκευάσαντος Ἀργώ· κατὰ δὲ τὴν πρώραν ἐνήρμοσεν Ἀθηνᾶ φωνῆεν φηγοῦ τῆς Δωδωνίδος ξύλον· ὡς δὲ ἡ ναῦς κατεσκευάσθη, χρωμένῳ ὁ θεὸς πλεῖν ἐπέτρεψε συναθροίσαντι τοὺς ἀρίστους τῆς Ἑλλάδος.

3. Οὗτοι ναυαρχοῦντος Ἰάσονος ἀναχθέντες καταντῶσιν εἰς τὴν τῆς Θρᾴκης Σαλμυδησσόν, ἔνθα ᾤκει Φινεὺς μάντις τὰς ὄψεις πεπηρωμένος. Τοῦτον οἱ μὲν Ἀγήνορος εἶναι λέγουσιν, οἱ δὲ Ποσειδῶνος υἱόν· καὶ πηρωθῆναί φασιν αὐτόν, οἱ μὲν ὑπὸ θεῶν, ὅτι προύλεγε τοῖς ἀνθρώποις τὰ μέλλοντα, οἱ δέ, ὑπὸ Βορέου καὶ τῶν Ἀργοναυτῶν, ὅτι πεισθεὶς μητρυιᾷ τοὺς ἰδίους ἐτύφλωσε παῖδας. Ἔπεμψαν δὲ αὐτῷ καὶ τὰς Ἁρπυίας οἱ θεοί. Πτερωταὶ δὲ ἦσαν αὗται, καὶ ἐπειδὴ τῷ Φινεῖ παρετίθετο τράπεζα, ἐξ οὐρανοῦ καθιπτάμεναι, τὰ μὲν πλείονα ἀνήρπαζον, ὀλίγα δὲ ὅσα ὀσμῆς ἀνάπλεα κατέλειπον, ὥστε μὴ δύνασθαι προςενέγκασθαι. Βουλομένοις δὲ τοῖς Ἀργοναύταις τὰ περὶ τοῦ πλοῦ μαθεῖν ὑποθήσεσθαι τὸν πλοῦν ἔφη, ἐὰν τῶν Ἁρπυιῶν αὐτὸν ἀπαλλάξωσιν. Οἱ δὲ παρέθεσαν αὐτῷ τράπεζαν ἐδεσμάτων. Ἅρπυιαι δὲ ἐξαίφνης σὺν βοῇ καταπτᾶσαι τὴν τροφὴν ἥρπαζον. Θεασάμενοι δὲ οἱ Βορέου παῖδες, Ζήτης καὶ Κάλαϊς, ὄντες πτερωτοί, σπασάμενοι τὰ ξίφη δι᾽ ἀέρος ἐδίωκον. Ἦν δὲ ταῖς Ἁρπυίαις χρεὼν τεθνάναι ὑπὸ τῶν Βορέου παίδων, τοῖς δὲ Βορέου παισὶ τότε τελευτήσειν, ὅταν διώκοντες μὴ καταλάβωσι. Διωκομένων δὲ τῶν Ἁρπυιῶν, ἡ μὲν εἰς ποταμόν τινα ἐμπίπτει, ἡ δὲ ἑτέρα μέχρις Ἐχινάδων ἦλθε νήσων, αἳ νῦν ἀπ᾽ ἐκείνης Στροφάδες καλοῦνται· ἐστράφη γάρ, ὡς ἦλθεν ἐπὶ ταύτας, καὶ γενομένη κατὰ τὴν ἠϊόνα ὑπὸ καμάτου πίπτει σὺν τῷ διώκοντι. Ἀπολλώνιος δὲ ἕως

Στροφάδων νήσων φησὶν αὐτὰς διωχθῆναι, καὶ μηδὲν παθεῖν, δούσας ὅρκον, τὸν Φινέα μηκέτι ἀδικήσειν.

4. Ἀπαλλαγεὶς δὲ τῶν Ἁρπυιῶν Φινεὺς ἐμήνυσε τὸν πλοῦν τοῖς Ἀργοναύταις, καὶ περὶ τῶν Συμπληγάδων ὑπέθετο πετρῶν τῶν κατὰ τὴν τοῦ Πόντου εἴςοδον. Ἦσαν δὲ ὑπερμεγέθεις αὗται, συγκρουόμεναι δὲ ἀλλήλαις ὑπὸ τῆς τῶν πνευμάτων βίας τὸν διὰ θαλάσσης πόρον ἀπέκλειον. Ἐφέρετο δὲ πολλὴ μὲν ἀπ' αὐτῶν ὀμίχλη, πολὺς δὲ πάταγος· ἦν δὲ ἀδύνατον καὶ τοῖς πετεινοῖς δι' αὐτῶν ἐλθεῖν. Εἶπεν οὖν αὐτοῖς ἀφεῖναι πελειάδα διὰ τῶν πετρῶν, καὶ ταύτην ἐὰν μὲν ἴδωσι σωθεῖσαν, διαπλεῖν καταφρονοῦντας· ἐὰν δὲ ἀπολομένην, μὴ πλεῖν βιάζεσθαι. Ταῦτα ἀνήγοντο ἀκούσαντες, καί, ὡς πλησίον ἦσαν τῶν πετρῶν, ἀφιᾶσιν ἐκ τῆς πρώρας πελειάδα· τῆς δὲ ἱπταμένης τὰ ἄκρα τῆς οὐρᾶς ἡ σύμπτωσις τῶν πετρῶν ἀπεθέρισεν. Ἀναχωρούσας οὖν ἐπιτηρήσαντες τὰς πέτρας, μετ' εἰρεσίας ἐντόνου, συλλαβομένης Ἥρας, διῆλθον, τὰ ἄκρα τῶν ἀφλάστων τῆς νεὼς περικοπείσης. Αἱ μὲν οὖν Συμπληγάδες ἔκτοτε ἔστησαν· χρεὼν γὰρ ἦν αὐταῖς, νεὼς περαιωθείσης, στῆναι παντελῶς.

5. Οἱ δὲ Ἀργοναῦται παραπλεύσαντες Θερμώδοντα καὶ Καύκασον ἐπὶ Φᾶσιν ποταμὸν ἦλθον. Οὗτος τῆς Κολχικῆς ἐστὶ γῆς. Καθορμισθείσης δὲ τῆς νεώς, ἧκε πρὸς Αἰήτην Ἰάσων, καὶ τὰ ἐπιταγέντα ὑπὸ Πελίου λέγων παρεκάλει δοῦναι τὸ δέρας αὐτῷ, ὃ δώσειν ὑπέσχετο, ἐὰν τοὺς χαλκόποδας ταύρους μόνος καταζεύξῃ· ἦσαν δὲ ἄγριοι παρ' αὐτῷ οὗτοι οἱ ταῦροι δύο, μεγέθει διαφέροντες, δῶρον Ἡφαίστου, οἳ χαλκοῦς μὲν εἶχον πόδας, πῦρ δὲ ἐκ στομάτων ἐφύσων. Τούτους αὐτῷ ζεύξαντι ἐπετάσσετο σπείρειν δράκοντος ὀδόντας· εἶχε

γὰρ λαβὼν παρ' Ἀθηνᾶς τοὺς ἡμίσεις ὧν Κάδμος ἔσπειρεν ἐν Θήβαις.

6. Ἀποροῦντος δὲ τοῦ Ἰάσονος, πῶς ἂν δύναιτο τοὺς ταύρους καταζεῦξαι, Μήδεια αὐτοῦ ἔρωτα ἴσχει· ἦν δὲ αὕτη θυγάτηρ Αἰήτου καὶ Ἰδυίας τῆς Ὠκεανοῦ, φαρμακίς. Δεδοικυῖα δέ, μὴ πρὸς τῶν ταύρων διαφθαρῇ, κρύφα τοῦ πατρὸς συνεργήσειν αὐτῷ πρὸς τὴν κατάζευξιν τῶν ταύρων ἐπηγγείλατο καὶ τὸ δέρας ἐγχειριεῖν, ἐὰν ὀμόσῃ αὐτὴν ἕξειν γυναῖκα, καὶ εἰς Ἑλλάδα σύμπλουν ἀγάγηται. Ὀμόσαντος δὲ Ἰάσονος, φάρμακον δίδωσιν, ᾧ καταζευγνύναι μέλλοντα τοὺς ταύρους ἐκέλευσε χρῖσαι τήν τε ἀσπίδα καὶ τὸ δόρυ καὶ τὸ σῶμα· τούτῳ γὰρ χρισθέντα, ἔφη, πρὸς μίαν ἡμέραν μήτε ὑπὸ πυρὸς ἀδικηθήσεσθαι μήτε ὑπὸ σιδήρου. Ἐδήλωσε δὲ αὐτῷ, σπειρομένων τῶν ὀδόντων, ἐκ γῆς ἄνδρας μέλλειν ἀναδύεσθαι ἐπ' αὐτὸν καθωπλισμένους, οὓς ἐπειδὰν ἀθρόους θεάσηται, ἐκέλευσε βάλλειν εἰς μέσον λίθους ἄποθεν· ὅταν δὲ ὑπὲρ τούτου μάχωνται πρὸς ἀλλήλους, τότε κτείνειν αὐτούς.

7. Ἰάσων δὲ τοῦτο ἀκούσας καὶ χρισάμενος τῷ φαρμάκῳ, παραγενόμενος εἰς τὸ τοῦ νεὼ ἄλσος ἐμάστευσε τοὺς ταύρους, καὶ σὺν πολλῷ πυρὶ ὁρμήσαντας αὐτοῖς κατέζευξε. Σπείροντος δὲ αὐτοῦ τοὺς ὀδόντας, ἀνέτελλον ἐκ τῆς γῆς ἄνδρες ἔνοπλοι· ὁ δέ, ὅπου πλείονας ἑώρα, βάλλων ἐξ ἀφανοῦς λίθους πρὸς αὐτούς, μαχομένοις πρὸς ἀλλήλους προσιὼν ἀνῄρει. Κατεζευγμένων δὲ τῶν ταύρων, οὐκ ἐδίδου τὸ δέρας Αἰήτης· ἐβούλετο δὲ τήν τε Ἀργὼ καταφλέξαι καὶ κτεῖναι τοὺς ἐμπλέοντας. Φθάσασα δὲ Μήδεια τὸν Ἰάσονα νυκτὸς ἐπὶ τὸ δέρας ἤγαγε, καὶ τὸν φυλάσσοντα δράκοντα κατακοιμίσασα τοῖς φαρμάκοις, μετὰ Ἰάσονος, ἔχουσα τὸ

δέρας, ἐπὶ τὴν Ἀργὼ παρεγένετο. Συνείπετο δὲ αὐτῇ καὶ ὁ ἀδελφὸς Ἄψυρτος. Οἱ δὲ νυκτὸς μετὰ τούτων ἀνήχθησαν.

8. Πελίας δὲ ἀπογνοὺς τὴν ὑποστροφὴν τῶν Ἀργοναυτῶν Αἴσονα τὸν Ἰάσονος πατέρα κτεῖναι ἤθελεν· ὁ δέ, αἰτησάμενος ἑαυτὸν ἀνελεῖν, θυσίαν ἐπιτελῶν, ἀδεῶς τοῦ ταύρου αἷμα σπασάμενος ἀπέθανεν. Ἡ δὲ Ἰάσονος μήτηρ ἐπαρασαμένη Πελίᾳ, νήπιον ἀπολιποῦσα παῖδα Πρόμαχον, ἑαυτὴν ἀνήρτησε· Πελίας δὲ καὶ τὸν καταλειφθέντα παῖδα ἀπέκτεινεν αὐτῆς. Ὁ δὲ Ἰάσων κατελθὼν τὸ μὲν δέρας ἔδωκε· περὶ ὧν δὲ ἠδικήθη, μετελθεῖν ἐθέλων καιρὸν ἐξεδέχετο. Καὶ τότε μὲν εἰς Ἰσθμὸν μετὰ τῶν ἀριστέων πλεύσας, ἀνέθηκε τὴν ναῦν Ποσειδῶνι· αὖθις δὲ Μήδειαν παρακαλεῖ ζητεῖν, ὅπως Πελίας αὐτῷ δίκας ὑπόσχῃ. Ἡ δὲ εἰς τὰ βασίλεια τοῦ Πελίου παρελθοῦσα πείθει τὰς θυγατέρας αὐτοῦ τὸν πατέρα κρεουργῆσαι καὶ καθεψῆσαι, διὰ φαρμάκων αὐτὸν ἐπαγγελλομένη ποιήσειν νέον· καὶ τοῦ πιστεῦσαι χάριν κριὸν μελίσασα καὶ καθεψήσασα ἐποίησεν ἄρνα. Αἱ δὲ πιστεύσασαι τὸν πατέρα κρεουργοῦσι καὶ καθέψουσιν. Ἄκαστος δὲ μετὰ τῶν τὴν Ἰωλκὸν οἰκούντων τὸν πατέρα θάπτει, τὸν δὲ Ἰάσονα μετὰ τῆς Μηδείας τῆς Ἰωλκοῦ ἐκβάλλει.

VIII. Orpheus.

Ὀρφεύς, Καλλιόπης Μούσης καὶ Οἰάγρου υἱός, ᾄδων ἐκίνει λίθους τε καὶ δένδρα. Ἀποθανούσης δὲ Εὐρυδίκης, τῆς γυναικὸς αὐτοῦ, δηχθείσης ὑπὸ ὄφεως, κατῆλθεν εἰς ᾅδου καὶ Πλούτωνα ἔπεισεν ἀναπέμψαι αὐτήν. Ὁ δὲ ὑπέσχετο τοῦτο ποιήσειν, ἂν μὴ πορευό-. μενος Ὀρφεὺς ἐπιστραφῇ, πρὶν εἰς τὴν οἰκίαν αὑτοῦ παραγενέσθαι. Ὁ δὲ ἀπιστῶν ἐπιστραφεὶς ἐθεάσατο τὴν γυναῖκα· ἡ δὲ πάλιν ὑπέστρεψεν.

IX. Phaethon.

Πολλοὶ τῶν ποιητῶν φασὶ Φαέθοντα τὸν Ἡλίου μὲν υἱόν, παῖδα δὲ τὴν ἡλικίαν ὄντα, πεῖσαι τὸν πατέρα, μίαν ἡμέραν παραχωρῆσαι τοῦ τεθρίππου. Συγχωρηθέντος δὲ αὐτῷ τούτου, τὸν μὲν Φαέθοντα ἐλαύνοντα τὸ τέθριππον μὴ δύνασθαι κρατεῖν τῶν ἡνιῶν, τοὺς δὲ ἵππους καταφρονήσαντας τοῦ παιδὸς ἐξενεχθῆναι τοῦ συνήθους δρόμου· καὶ τὸ μὲν πρῶτον κατὰ τὸν οὐρανὸν πλανωμένους ἐκπυρῶσαι τοῦτον, καὶ ποιῆσαι τὸν νῦν γαλαξίαν καλούμενον κύκλον· μετὰ δὲ ταῦτα πολλὴν τῆς οἰκουμένης κατακαίειν χώραν. Διὸ καὶ τὸν Δία ἀγανακτήσαντα ἐπὶ τοῖς γεγενημένοις κεραυνῶσαι μὲν τὸν Φαέθοντα, ἀποκαταστῆσαι δὲ τὸν Ἥλιον ἐπὶ τὴν συνήθη πορείαν. Τοῦ δὲ Φαέθοντος πεσόντος πρὸς τὰς ἐκβολὰς τοῦ νῦν Πάδου καλουμένου ποταμοῦ, τὸ δὲ παλαιὸν Ἠριδανοῦ προςαγορευομένου, θρηνῆσαι μὲν τὰς ἀδελφὰς αὐτοῦ τὴν τελευτήν, διὰ δὲ τὴν ὑπερβολὴν τῆς λύπης μετασχηματισθῆναι τὴν φύσιν, γενομένας αἰγείρους. Ταύτας δὲ κατ᾽ ἐνιαυτὸν κατὰ τὴν αὐτὴν ὥραν δάκρυον ἀφιέναι, καὶ τοῦτο πηγνύμενον ἀποτελεῖν τὸ καλούμενον ἤλεκτρον.

X. Prometheus.

Προμηθεύς, Ἰαπετοῦ καὶ Ἀσίας υἱός, ἐξ ὕδατος καὶ γῆς ἀνθρώπους πλάσας, ἔδωκεν αὐτοῖς καὶ πῦρ λάθρα Διός, ἐν νάρθηκι κρύψας. Ὡς δὲ ᾔσθετο Ζεύς, ἐπέταξεν Ἡφαίστῳ τῷ Καυκάσῳ ὄρει τὸ σῶμα αὐτοῦ προςηλῶσαι. Τοῦτο δὲ Σκυθικὸν ὄρος ἐστίν. Ἐν δὲ τούτῳ προςηλωθεὶς Προμηθεὺς πολλῶν ἐτῶν ἀριθμὸν διετέλεσε. Καθ᾽ ἑκάστην δὲ ἡμέραν ἀετὸς ἐφιπτάμενος τὸ ἧπαρ αὐτοῦ ἐνέμετο, αὐξανόμενον διὰ νυκτός. Καὶ Προμηθεὺς μὲν πυρὸς κλαπέντος δίκην ἔτινε ταύτην, μέχρις Ἡρακλῆς αὐτὸν ἔλυσεν.

XI. Deucalion and Pyrrha.

Προμηθέως δὲ παῖς Δευκαλίων ἐγένετο. Οὗτος βασιλεύων τῶν περὶ τὴν Φθίαν τόπων γαμεῖ Πύρραν, τὴν Ἐπιμηθέως καὶ Πανδώρας, ἣν ἔπλασαν οἱ θεοὶ πρώτην γυναῖκα. Ἐπεὶ δὲ ἀφανίσαι Ζεὺς τὸ χαλκοῦν γένος ἠθέλησεν, ὑποθεμένου Προμηθέως, Δευκαλίων τεκτηνάμενος λάρνακα καὶ τὰ ἐπιτήδεια ἐνθέμενος, εἰς ταύτην μετὰ Πύρρας εἰσέβη. Ζεὺς δὲ πολὺν ὑετὸν ἀπ᾽ οὐρανοῦ χέας τὰ πλεῖστα μέρη τῆς Ἑλλάδος κατέκλυσεν, ὥστε διαφθαρῆναι πάντας ἀνθρώπους, ὀλίγων χωρίς, οἳ συνέφυγον εἰς τὰ πλησίον ὑψηλὰ ὄρη. Δευκαλίων δὲ ἐν τῇ λάρνακι διὰ τῆς θαλάσσης φερόμενος ἐφ᾽ ἡμέρας ἐννέα καὶ νύκτας ἴσας, τῷ Παρνασσῷ προςίσχει, κἀκεῖ τῶν ὄμβρων παῦλαν λαβόντων, ἐκβὰς ἔθυσε Διὶ Φυξίῳ. Ζεὺς δὲ πέμψας Ἑρμῆν πρὸς αὐτόν, ἐπέτρεψεν αἰτεῖσθαι ὅ τι βούλεται· ὁ δὲ αἱρεῖται ἀνθρώπους αὐτῷ γενέσθαι. Καὶ Διὸς εἰπόντος, ὑπὲρ κεφαλῆς αἴρων ἔβαλλε λίθους, καὶ οὓς μὲν ἔβαλλε Δευκαλίων, ἄνδρες ἐγένοντο, οὓς δὲ Πύρρα, γυναῖκες. Ὅθεν καὶ λαοὶ μεταφορικῶς ὠνομάσθησαν ἀπὸ τοῦ λᾶας, ὁ λίθος.

XII. Salmoneus.

Σαλμωνεὺς διὰ τὴν ἀσέβειαν ἐκολάσθη. Ἔλεγε γὰρ ἑαυτὸν εἶναι Δία, καὶ τὰς ἐκείνου ἀφελόμενος θυσίας

ἑαυτῷ προςέτασσε θύειν· καὶ βύρσας μὲν ἐξηραμμένας
ἐξ ἅρματος μετὰ λεβήτων χαλκῶν σύρων, ἔλεγε βροντᾶν· βάλλων δὲ εἰς οὐρανὸν αἰθομένας λαμπάδας, ἔλεγεν ἀστράπτειν. Ζεὺς δὲ αὐτὸν κεραυνώσας, τὴν κτισθεῖσαν ὑπ' αὐτοῦ πόλιν καὶ τοὺς οἰκήτορας ἠφάνισε
πάντας.

XIII. The Daughters of Danaus.

Βῆλος, ὁ Αἰγύπτου βασιλεύς, παῖδας εἶχε διδύμους, Αἴγυπτον καὶ Δαναόν. Αἰγύπτῳ μὲν ἐγένοντο
παῖδες πεντήκοντα, θυγατέρες δὲ Δαναῷ πεντήκοντα.
Στασιασάντων δὲ αὐτῶν πρὸς ἀλλήλους περὶ τῆς ἀρχῆς
ὕστερον, Δαναὸς τοὺς Αἰγύπτου παῖδας δεδοικώς, ὑποθεμένης Ἀθηνᾶς αὐτῷ, ναῦν κατεσκεύασε πεντηκόντορον, καὶ τὰς θυγατέρας ἐνθέμενος ἔφυγεν εἰς Ἄργος.
Οἱ δὲ Αἰγύπτου παῖδες καὶ αὐτοὶ εἰς Ἄργος ἐλθόντες
τῆς τε ἔχθρας παύσασθαι παρεκάλουν τὸν Δαναόν, καὶ
τὰς θυγατέρας αὐτοῦ γαμεῖν ἠξίουν. Δαναὸς δὲ ἅμα
μὲν ἀπιστῶν αὐτῶν τοῖς ἐπαγγέλμασιν, ἅμα δὲ καὶ
μνησικακῶν περὶ τῆς φυγῆς, ὡμολόγει τοὺς γάμους καὶ
διεκλήρου τὰς κόρας· ὡς δὲ ἐκληρώσαντο τοὺς γάμους,
ἑστιάσας ἐγχειρίδια δίδωσι ταῖς θυγατράσιν· αἱ δὲ κοιμωμένους τοὺς νυμφίους ἀπέκτειναν, πλὴν Ὑπερμνήστρας. Αὕτη δὲ Λυγκέα τὸν ἑαυτῆς νυμφίον διέσωσε·
διὸ καθείρξας αὐτὴν Δαναὸς ἐφρούρει. Αἱ δὲ ἄλλαι
τῶν Δαναοῦ θυγατέρων τὰς μὲν κεφαλὰς τῶν νυμφίων
ἐν τῇ Λέρνῃ κατώρυξαν, τὰ δὲ σώματα πρὸ τῆς πόλεως ἐκήδευσαν. Καὶ αὐτὰς ἐκάθηραν Ἀθηνᾶ τε καὶ
Ἑρμῆς, Διὸς κελεύσαντος. Δαναὸς δὲ ὕστερον Ὑπερμνήστραν Λυγκεῖ συνῴκισε· τὰς δὲ λοιπὰς θυγατέρας
εἰς γυμνικὸν ἀγῶνα τοῖς νικῶσιν ἔδωκεν.

XIV. Minos.

Μίνως θαλασσοκρατῶν ἐπολέμησε στόλῳ τὰς Ἀθήνας, καὶ Μέγαρα εἷλε, Νίσου βασιλεύοντος, τοῦ Πανδίονος. Ἀπέθανε δὲ ὁ Νῖσος διὰ θυγατρὸς προδοσίαν. Ἔχοντι γὰρ αὐτῷ πορφυρέαν ἐν μέσῃ τῇ κεφαλῇ τρίχα, ἧς ἀφαιρεθείσης αὐτὸν μοῖρα ἦν τελευτᾶν, ἡ θυγάτηρ αὐτοῦ Σκύλλα, ἐρασθεῖσα Μίνωος, ἐξεῖλε τὴν τρίχα κοιμωμένῳ. Μίνως δὲ Μεγάρων κρατήσας ἀπέπλευσε, καὶ τὴν Σκύλλαν τῆς πρύμνης τῶν ποδῶν ἐκδήσας ὑποβρύχιον ἐποίησεν.

XV. The Sphinx.

Σφίγγα μυθολογοῦσι, θηρίον δίμορφον, παραγενομένην εἰς τὰς Θήβας αἴνιγμα προτιθέναι τῷ δυναμένῳ λῦσαι, καὶ πολλοὺς ὑπ' αὐτῆς δι' ἀπορίαν ἀναιρεῖσθαι. Ἦν δὲ τὸ προτεθὲν ὑπὸ τῆς Σφιγγός· τί ἐστι τὸ αὐτὸ δίπουν, τρίπουν, καὶ τετράπουν·
ἀλλ' ὁπόταν βαίνῃ πλείστοισι πόδεσσι,
ἔνθα μένος γυίοισιν ἀφαυρότατον πέλει αὐτοῦ.
Ἀπορουμένων δὲ τῶν ἄλλων, ὁ Οἰδίπους ἀπεφήνατο, ἄνθρωπον εἶναι τὸ προβληθέν· νήπιον μὲν γὰρ αὐτὸν ὑπάρχοντα τετράπουν εἶναι· αὐξήσαντα δὲ δίπουν· γηράσαντα δὲ τρίπουν, βακτηρίᾳ χρώμενον διὰ τὴν ἀσθένειαν. Ἐνταῦθα τὴν μὲν Σφίγγα ἑαυτὴν κατακρημνίσαι, τὸν δὲ Οἰδίπουν γῆμαι τὴν ἀγνοουμένην ὑφ' ἑαυτοῦ μητέρα, τῷ λύσαντι ἔπαθλον προτιθεμένην.

XVI. Helen.

Ἑλένη, Λήδας καὶ Τυνδάρεω θυγάτηρ, ὡς δὲ ἄλλοι λέγουσι, Διός, κάλλει ἦν διαπρεπής. Παρεγένοντο δὲ εἰς Σπάρτην ἐπὶ τὸν αὐτῆς γάμον πολλοὶ τῶν βασιλευόντων Ἑλλάδος. Τούτων ὁρῶν τὸ πλῆθος Τυνδάρεως ἐδεδοίκει, μή, κριθέντος ἑνός, στασιάσωσιν οἱ λοιποί· ὑποθεμένου δὲ τοῦ Ὀδυσσέως ἐξορκίζει τοὺς μνηστῆρας βοηθήσειν, ἐὰν ὁ προκριθεὶς νυμφίος ὑπὸ ἄλλου τινὸς ἀδικῆται περὶ τὸν γάμον, καὶ αἱρεῖται τὸν Μενέλαον νυμφίον, καὶ τὴν βασιλείαν τῆς Σπάρτης αὐτῷ παραδίδωσιν.

XVII. Thetis.

Ἡ Θέτις ἐκ Πηλέως βρέφος ἐγέννησε, τὸν Ἀχιλλέα. Ἀθάνατον δὲ θέλουσα ποιῆσαι τοῦτο, κρύφα Πηλέως εἰς τὸ πῦρ ἐγκρυβοῦσα τῆς νυκτός, ἔφθειρεν ὃ ἦν αὐτῷ θνητὸν πατρῷον· μεθ᾽ ἡμέραν δὲ ἔχριεν ἀμβροσίᾳ. Πηλεὺς δὲ ἐπιτηρήσας καὶ ἀσπαίροντα τὸν παῖδα ἰδὼν ἐπὶ τοῦ πυρός, ἐβόησε· καὶ Θέτις κωλυθεῖσα τὴν προαίρεσιν τελειῶσαι, νήπιον τὸν παῖδα ἀπολιποῦσα, πρὸς Νηρηίδας ᾤχετο. Κομίζει δὲ τὸν παῖδα πρὸς Χείρωνα Πηλεύς. Ὁ δὲ λαβὼν αὐτὸν ἔτρεφε σπλάγχνοις λεόντων καὶ συῶν ἀγρίων καὶ ἄρκτων μυελοῖς.

XVIII. Aeacus.

Αἰακός, ὁ Διὸς ἔκγονος, τοσοῦτον διήνεγκεν, ὥστε, γενομένων αὐχμῶν ἐν τοῖς Ἕλλησι καὶ πολλῶν ἀνθρώπων διαφθαρέντων, ἐπειδὴ τὸ μέγεθος τῆς συμφορᾶς ὑπερέβαλεν, ἦλθον οἱ προεστῶτες τῶν πόλεων ἱκετεύοντες αὐτόν, νομίζοντες διὰ τῆς συγγενείας καὶ τῆς εὐσεβείας τῆς ἐκείνου τάχιστ᾽ ἂν εὑρέσθαι παρὰ τῶν θεῶν τῶν παρόντων κακῶν ἀπαλλαγήν. Σωθέντες δὲ καὶ τυχόντες ὧν ἐδεήθησαν, ἱερὸν ἐν Αἰγίνῃ κατεστήσαντο κοινὸν τῶν Ἑλλήνων, οὗπερ ἐκεῖνος ἐποιήσατο τὴν εὐχήν. Καὶ κατ᾽ ἐκεῖνον μὲν τὸν χρόνον ἕως ἦν μετ᾽ ἀνθρώπων, μετὰ καλλίστης δόξης ὧν διετέλεσεν· ἐπειδὴ δὲ μετήλλαξε τὸν βίον, λέγεται παρὰ Πλούτωνι καὶ Κόρῃ τιμὰς μεγίστας ἔχων παρεδρεύειν ἐκείνοις. — Τούτου δὲ παῖδες ἦσαν Τελαμὼν καὶ Πηλεύς. Ὧν ὁ μὲν ἕτερος μεθ᾽ Ἡρακλέους ἐπὶ Λαομέδοντα στρατευσάμενος, τῶν ἀριστείων ἔτυχε· Πηλεὺς δὲ ἔν τε τῇ μάχῃ τῇ πρὸς Κενταύροις ἀριστεύσας, καὶ κατὰ πολλοὺς ἄλλους κινδύνοις εὐδοκιμήσας, Θέτιδι τῇ Νηρέως, θνητὸς ὢν ἀθανάτῳ, συνῴκησε, καὶ μόνου τούτου φασὶ τῶν προγεγενημένων ὑπὸ θεῶν ἐν τοῖς γάμοις ὑμέναιον ᾀσθῆναι. Τούτοιν δ᾽ ἑκατέρου, Τελαμῶνος μὲν Αἴας καὶ Τεῦκρος ἐγενέσθην, Πηλέως δ᾽ Ἀχιλλεύς, οἳ μέγιστον καὶ σαφέστατον ἔλεγχον ἔδοσαν τῆς αὐτῶν ἀρετῆς. Οὐ γὰρ ἐν ταῖς αὐτῶν πόλεσιν ἐπρώτευσαν μόνον οὐδὲ ἐν τοῖς τόποις, ἐν οἷς κατῴκουν· ἀλλὰ στρατείας τοῖς Ἕλλησιν ἐπὶ τοὺς βαρβάρους γενομένης, καὶ πολλῶν μὲν ἑκατέρωθεν ἀθροισθέντων, οὐδενὸς δὲ τῶν ὀνομαστῶν ἀπολειφθέντος, ἐν τούτοις τοῖς κινδύνοις Ἀχιλλεὺς μὲν ἁπάντων διήνεγκεν, Αἴας δὲ μετ᾽ ἐκεῖνον ἠρίστευσε· Τεῦκρος δὲ τῆς τε τούτων συγγενείας ἄξιος καὶ τῶν ἄλλων οὐδενὸς χείρων γενόμενος, ἐπειδὴ Τροίαν συνεξεῖλεν, ἀφικόμενος εἰς Κύπρον Σαλαμῖνα κατῴκισεν.

XIX. Theseus.

Θησεὺς ὁ Αἰγέως, Λαπίθαις σύμμαχος γενόμενος καὶ στρατευσάμενος ἐπὶ Κενταύρους τοὺς διφυεῖς, οἳ καὶ τάχει καὶ ῥώμῃ καὶ τόλμῃ διέφερον, τούτους μάχῃ νικήσας, εὐθὺς μὲν τὴν ὕβριν αὐτῶν ἔπαυσεν, οὐ πολλῷ δ᾽ ὕστερον χρόνῳ τὸ γένος ἐξ ἀνθρώπων ἠφάνισεν. — Κατὰ δὲ τοὺς αὐτοὺς χρόνοις οἱ Ἀθηναῖοι τῷ Μινωταύρῳ, τῷ ἐν Κρήτῃ τραφέντι, δασμὸν ἀπέστειλαν δὶς ἑπτὰ παῖδας, οὓς ἰδὼν ἀγομένους, οὕτως ἠγανάκτησεν, ὥσθ᾽ ἡγήσατο κρεῖττον εἶναι τεθνάναι, ἢ ζῆν ἄρχων τῆς πόλεως τῆς οὕτως οἰκτρὸν τοῖς ἐχθροῖς φόρον ὑποτελεῖν ἠναγκασμένης. Σύμπλους δὲ γενόμενος, καὶ κρατήσας φύσεως ἐξ ἀνδρὸς καὶ ταύρου μεμιγμένης, τοὺς μὲν παῖδας τοῖς γονεῦσιν ἀπέδωκε, τὴν δὲ πατρίδα οὕτως δεινοῦ προςτάγματος ἠλευθέρωσεν.

GRECIAN HISTORY.

I. Codrus.

Ἀθηναίοις καὶ Πελοποννησίοις πόλεμος ἦν. Ὁ δὲ θεὸς ἔχρησε νικᾶν Ἀθηναίοις, εἰ ὁ βασιλεὺς αὐτῶν ἀποθάνοι ὑπ' ἀνδρὸς Πελοποννησίου· ἦν δὲ τότε βασιλεὺς Ἀθηναίων Κόδρος. Τοῖς οὖν πολεμίοις τὸ λόγιον εἰδόσι κοινὸν ἦν παράγγελμα ἐν ταῖς μάχαις ἀπέχεσθαι Κόδρου. Ὁ δὲ (ἦν γὰρ ἑσπέρα) σχῆμα φρυγανιστῆρος λαβών, τοῦ χάρακος προελθών, ἔτεμνε τὴν ὕλην. Ἔτυχον δὲ καὶ Πελοποννήσιοι ἄνδρες μετὰ φρυγανισμὸν ἥκοντες· τούτοις μάχεται Κόδρος, ὥστε καὶ τὸ δρέπανον ἐπ' αὐτοὺς ἀνατεινάμενος ἔτρωσέ τινα αὐτῶν. Οἱ δὲ φθάσαντες κατακτείνουσιν αὐτὸν τοῖς δρεπάνοις καὶ ἀπηλλάγησαν, ὡς δὴ ἀγαθόν τι πεποιηκότες. Τηνικαῦτα παιανίσαντες οἱ Ἀθηναῖοι, ὡς τοῦ λογίου τετελεσμένου, θυμῷ καὶ ῥώμῃ πλείονι πορεύονται ἐς μάχην, καὶ πρὸ τῆς μάχης κήρυκα πέμψαντες ᾔτησαν ἀναίρεσιν τοῦ βασιλέως. Οἱ οὖν Πελοποννήσιοι, συνέντες τὸ γεγονός, ἔφυγον.

II. Victory of the Athenians at Marathon, B. C. 490.

Δᾶτις καὶ Ἀρταφέρνης μετὰ τριάκοντα μυριάδων ἐν Μαραθῶνι ἐστρατοπεδεύσατο, Ἀθηναῖοι δὲ ἐννακιςχιλίους έπεμψαν μετὰ χιλίων Πλαταιῶν, στρατηγοὺς αὐτοῖς δόντες Καλλίμαχον, Κυναίγειρον, Μιλτιάδην. Συμβληθείσης δὲ τῆς παρατάξεως, τὸ μὲν μέσον ἐνίκων οἱ βάρβαροι, καὶ ῥήξαντες ἐδίωκον ἐς τὴν μεσόγαιαν· τὸ δὲ κέρας ἑκάτερον ἐνίκων Ἀθηναῖοί τε καὶ Πλαταιεῖς. Νικῶντες δὲ τὸ μὲν τετραμμένον τῶν βαρβάρων φεύγειν εἴων, τοῖς δὲ τὸ μέσον ῥήξασιν αὐτῶν συναγαγόντες τὰ κέρα ἀμφότερα ἐμάχοντο, καὶ ἐνίκων. Φεύγουσι δὲ τοῖς Πέρσαις εἴποντο κόπτοντες, ἕως ἐπὶ τὴν θάλασσαν ἀφικόμενοι ἐπελαμβάνοντο τῶν νεῶν. — Τῶν Ἀθηναίων Καλλίμαχος μέν, ἀνὴρ γενόμενος ἀγαθός, πολλοῖς πεπαρμένος δόρασι, διεφθάρη· Κυναίγειρος δέ, ἐπιλαβόμενος τῶν ἀφλάστων νεὼς ἀναγομένης, ἀμφοτέρας τὰς χεῖρας ἀποκοπεὶς πελέκει ἔπεσε· τοῦ δὲ Μιλτιάδου ἡ δόξα κατὰ πᾶσαν τὴν Ἑλλάδα διεβοήθη.

III. Leonidas and his three hundred Spartans, B. C. 480.

Περσῶν μετὰ πεντακοσίων μυριάδων ἐπὶ τὴν Ἑλλάδα φερομένων, Λακεδαιμόνιοι τριακοσίους εἰς Θερμοπύλας ἔπεμψαν, στρατηγὸν αὐτοῖς δόντες Λεωνίδαν. Λέγοντος δέ τινος, ἀπὸ τῶν ὀϊστευμάτων τῶν βαρβάρων οὐδὲ τὸν ἥλιον ἰδεῖν ἔστιν, Οὐκοῦν, ἔφη, χαρίεν, εἰ ὑπὸ σκιὰν αὐτοῖς μαχεσόμεθα; — Μετὰ δὲ ταῦτα μετὰ Τραχινίου τινὸς Πέρσαι δισμύριοι περιελθόντες τὰς δυσχωρίας ἄφνω τοὺς περὶ τὸν Λεωνίδαν ἀνέλαβον εἰς τὸ μέσον, οἱ δὲ Λακεδαιμόνιοι τὴν σωτηρίαν ἀπογνόντες, τὴν δ' εὐδοξίαν ἑλόμενοι, μιᾷ φωνῇ τὸν ἡγούμενον ἠξίουν ἄγειν ἐπὶ τοὺς πολεμίους πρὶν ἢ γνῶναι τοὺς Πέρσας τὴν τῶν ἰδίων περίοδον. Λεωνίδας δὲ τὴν ἑτοιμότητα τῶν στρατιωτῶν ἀποδεξάμενος, τούτοις παρήγγειλε ταχέως ἀριστοποιεῖσθαι, ὡς ἐν Ἅιδου δειπνησομένοις. Ἔπειτα δὲ νυκτὸς εἰςέπεσον εἰς τὴν τῶν Περσῶν στρατοπεδείαν ἡγουμένου τοῦ Λεωνίδου. Οἱ δὲ βάρβαροι διά τε τὸ παράδοξον καὶ τὴν ἄγνοιαν μετὰ πολλοῦ θορύβου συνέτρεχον ἐκ τῶν σκηνῶν ἀτάκτως, καὶ νομίσαντες, τοὺς μετὰ τοῦ Τραχινίου πορευομένους ἀπολωλέναι, καὶ τὴν δύναμιν ἅπασαν τῶν Ἑλλήνων παρεῖναι, κατεπλάγησαν. Διὸ καὶ πολλοὶ μὲν ὑπὸ τῶν περὶ τὸν Λεωνίδαν ἀνῃροῦντο, πλείους δὲ ὑπὸ τῶν ἰδίων ὡς ὑπὸ πολεμίων διὰ τὴν ἄγνοιαν ἀπώλοντο· ἥ τε γὰρ νὺξ ἀφῄρητο τὴν ἀληθινὴν ἐπίγνωσιν, καὶ ἡ ταραχὴ καθ' ὅλην οὖσα τὴν στρατοπεδείαν εὐλόγως πολὺν ποίει φόνον. Ἔκτεινον γὰρ ἀλλήλους, οὐ διδούσης τῆς περιστάσεως τὸν ἐξετασμὸν ἀκριβῆ διὰ τὸ μήτε ἡγεμόνος παραγγελίαν μήτε συνθήματος ἐρώτησιν μήτε ὅλως διανοίας κατάστασιν ὑπάρχειν. Εἰ μὲν οὖν ὁ βασιλεὺς ἔμεινεν ἐπὶ τῆς βασιλικῆς σκηνῆς, ῥᾳδίως ἂν καὶ αὐτὸς ὑπὸ τῶν Ἑλλήνων ἀνῄρητο, καὶ ὁ πόλεμος ἅπας ταχείας ἂν ἐτετυχήκει καταλύσεως· ἀλλ' ὁ μὲν Ξέρξης ἦν ἐκπεπηδηκὼς πρὸς τὴν ταραχήν, οἱ δ' Ἕλληνες εἰςπεσόντες εἰς τὴν σκηνὴν τοὺς ἐγκαταλειφθέντας ἐν αὐτῇ σχεδὸν ἅπαντας ἐφόνευσαν. Τῆς δὲ νυκτὸς καθεστώσης ἐπλανῶντο καθ' ὅλον τὸ στρατόπεδον ζητοῦντες τὸν Ξέρξην εὐλόγως· ἡμέρας δὲ γενομένης καὶ τῆς ὅλης περιστάσεως δηλωθείσης, οἱ μὲν Πέρσαι, θεωροῦντες ὀλίγους ὄντας τοὺς Ἕλληνας, κατεφρόνησαν αὐτῶν, καὶ κατὰ στόμα μὲν οὐ συνεπλέκοντο, φοβούμενοι τὰς ἀρετὰς αὐτῶν, ἐκ δὲ τῶν πλαγίων καὶ ἐξόπισθεν περιστάμενοι καὶ πανταχόθεν τοξεύοντες καὶ ἀκοντίζοντες ἅπαντας ἀπέκτειναν.

Οἱ οὖν μετὰ Λεωνίδου τὰς ἐν Θερμοπύλαις παρὁδοῖς τιροῦντες τοιοῦτον ἔσχον τοῦ βίου τὸ τέλος· ὧν τὰς ἀρετὰς τίς οὐκ ἂν θαυμάσειεν; οἵ τινες μιᾷ γνώμῃ χρησάμενοι τὴν μὲν ἀφωρισμένην τάξιν ὑπὸ τῆς Ἑλλάδος οὐκ ἔλιπον, τὸν ἑαυτῶν δὲ βίον προθύμως ἐπέδωκαν εἰς τὴν κοινὴν τῶν Ἑλλήνων σωτηρίαν, καὶ μᾶλλον εἵλοντο τελευτᾶν καλῶς ἢ ζῆν αἰσχρῶς.

IV. Building of the Walls of Athens by Themistocles, B. C. 479.

1. Ἀθῆναι τρόπῳ τοιῷδε περιετειχίσθησαν· ἐπειδὴ Μῆδοι ἀνεχώρησαν ἐκ τῆς Εὐρώπης, νικηθέντες καὶ ναυσὶ καὶ πεζῷ ὑπὸ Ἑλλήνων, καὶ οἱ καταφυγόντες αὐτῶν ταῖς ναυσὶν ἐς Μυκάλην διεφθάρησαν, Λεωτυχίδης μὲν ὁ βασιλεὺς τῶν Λακεδαιμονίων, ὅσπερ ἡγεῖτο τῶν ἐν Μυκάλῃ Ἑλλήνων, ἀπεχώρησεν ἐπ᾽ οἴκου, ἔχων τοὺς ἀπὸ Πελοποννήσου ξυμμάχους· οἱ δὲ Ἀθηναῖοι, καὶ οἱ ἀπὸ Ἰωνίας καὶ Ἑλλησπόντου ξύμμαχοι, ἤδη ἀφεστηκότες ἀπὸ βασιλέως ὑπομείναντες Σηστὸν ἐπολιόρκουν, Μήδων ἐχόντων καὶ ἐπιχειμάσαντες εἷλον αὐτήν, ἐκλιπόντων τῶν βαρβάρων· καὶ μετὰ τοῦτο ἀπέπλευσαν ἐξ Ἑλλησπόντου ὡς ἕκαστοι κατὰ πόλεις. — 2. Ἀθηναίων δὲ τὸ κοινόν, ἐπειδὴ αὐτοῖς οἱ βάρβαροι ἐκ τῆς χώρας ἀπῆλθον, διεκομίζοντο εὐθύς, ὅθεν ὑπεξέθεντο, παῖδας καὶ γυναῖκας, καὶ τὴν πόλιν ἀνοικοδομεῖν παρεσκευάζοντο καὶ τὰ τείχη· τοῦ τε γὰρ περιβόλου βραχέα εἰστήκει, καὶ οἰκίαι αἱ μὲν πολλαὶ ἐπεπτώκεσαν, ὀλίγαι δὲ περιῆσαν, ἐν αἷς αὐτοὶ ἐσκήνησαν οἱ δυνατοὶ τῶν Περσῶν. — 3. Λακεδαιμόνιοι δὲ αἰσθόμενοι τὸ μέλλον ἦλθον πρεσβείᾳ, τὰ μὲν καὶ αὐτοὶ ἥδιον ἂν ὁρῶντες μήτε ἐκείνους, μήτ᾽ ἄλλον μηδένα τεῖχος ἔχοντα· τὸ δὲ πλέον, τῶν ξυμμάχων ἐξοτρυνόντων

καὶ φοβουμένων τοῦ τε ναυτικοῦ αὐτῶν τὸ πλῆθος, ὁ πρὶν οὐχ ὑπῆρχε, καὶ τὴν ἐς τὸν Μηδικὸν πόλεμον τόλμαν γενομένην. — 4. Ἠξίουν τε αὐτοὺς μὴ τειχίζειν, ἀλλὰ καὶ τῶν ἔξω Πελοποννήσου μᾶλλον, ὅσοις ξυνειστήκει περίβολος, ξυγκαθελεῖν μετὰ σφῶν τοὺς περιβόλους· τὴν ἀληθῆ γνώμην οὐ δηλοῦντες ἐς τοὺς Ἀθηναίους, ἀλλὰ φάσκοντες κελεύειν ταῦτα, ἵνα ὁ βάρβαρος, εἰ αὖθις ἐπέλθοι, μὴ ἔχοι ἀπ' ἐχυροῦ τινος τόπου, ὥςπερ νῦν ἐκ τῶν Θηβῶν, ὁρμᾶσθαι· τήν τε Πελοπόννησον πᾶσιν ἔφασαν ἱκανὴν εἶναι ἀναχώρησίν τε καὶ ἀφορμήν. — 5. Οἱ δ' Ἀθηναῖοι, Θεμιστοκλέους γνώμῃ, τοὺς μὲν Λακεδαιμονίους ταῦτ' εἰπόντας, ἀποκρινάμενοι, ὅτι πέμψουσιν ὡς αὐτοὺς πρέσβεις περὶ ὧν λέγουσιν, εὐθὺς ἀπήλλαξαν· ἑαυτὸν δ' ἐκέλευεν ὡς τάχιστα ὁ Θεμιστοκλῆς ἐς τὴν Λακεδαίμονα, ἄλλους δὲ πρὸς ἑαυτῷ ἑλομένους πρέσβεις μὴ εὐθὺς ἐκπέμπειν, ἀλλ' ἐπισχεῖν μέχρι τοσούτου, ἕως ἂν ἱκανὸν τὸ τεῖχος ἄρωσιν, ὥστε ἀπομάχεσθαι, εἰ δέοι· τειχίζειν δὲ πάντας πανδημεὶ τοὺς ἐν τῇ πόλει, καὶ αὐτοὺς καὶ γυναῖκας καὶ παῖδας, φειδομένους μήτε ἰδίου μήτε δημοσίου οἰκοδομήματος, ὅθεν τις ὠφέλεια ἔσται ἐς τὸ ἔργον, ἀλλὰ καθαιροῦντας πάντα. — 6. Καὶ ὁ μέν, ταῦτα διδάξας καὶ ὑπειπών, τἆλλα ὅτι αὐτὸς τἀκεῖ πράξοι, ᾤχετο. Καὶ ἐς Λακεδαίμονα ἐλθὼν οὐ προςῄει πρὸς τὰς ἀρχάς, ἀλλὰ διῆγε καὶ προὐφασίζετο. Καὶ ὁπότε τις αὐτὸν ἔροιτο τῶν ἐν τέλει ὄντων, ὅ τι οὐκ ἐπέρχεται ἐπὶ τὸ κοινόν, ἔφη, τοὺς ξυμπρέσβεις ἀναμένειν, ἀσχολίας δέ τινος οὔσης αὐτοὺς ὑπολειφθῆναι· προςδέχεσθαι μέντοι, ἐν τάχει ἥξειν, καὶ θαυμάζειν, ὡς οὔπω πάρεισιν. — 7. Οἱ δὲ ἀκούοντες τῷ μὲν Θεμιστοκλεῖ ἐπείθοντο διὰ φιλίαν αὐτοῦ· τῶν δὲ ἄλλων ἀφικνουμένων καὶ σαφῶς κατηγορούντων, ὅτι τειχίζεταί τε καὶ ἤδη ὕψος λαμβάνει, οὐκ εἶχον ὅπως χρὴ ἀπιστῆσαι. Ἰνοὺς δὲ ἐκεῖνος κελεύει αὐτοὺς μὴ λόγοις μᾶλλον παράγεσθαι, ἢ πέμψαι σφῶν αὐτῶν ἄνδρας οἵτινες χρηστοὶ καὶ πιστῶς ἀπαγγελοῦσι σκεψάμενοι. — 8. Ἀποστέλλουσιν οὖν· καὶ περὶ αὐτῶν ὁ Θεμιστοκλῆς τοῖς Ἀθηναίοις κρύφα πέμπει, κελεύων, ὡς ἥκιστα ἐπιφανῶς κατασχεῖν καὶ μὴ ἀφιέναι, πρὶν ἂν αὐτοὶ πάλιν κομισθῶσιν· (ἤδη γὰρ καὶ ἧκον αὐτῷ οἱ ξυμπρέσβεις, Ἀβρώνιχός τε ὁ Λυσικλέους, καὶ Ἀριστείδης ὁ Λυσιμάχου, ἀγγέλλοντες ἔχειν ἱκανῶς τὸ τεῖχος)· ἐφοβεῖτο γάρ, μὴ οἱ Λακεδαιμόνιοι σφᾶς, ὁπότε σαφῶς ἀκούσειαν, οὐκέτι ἀφῶσιν. — 9. Οἵ τε οὖν Ἀθηναῖοι τοὺς πρέσβεις, ὥςπερ ἐπεστάλη, κατεῖχον· καὶ ὁ Θεμιστοκλῆς ἐπελθὼν τοῖς Λακεδαιμονίοις ἐνταῦθα δὴ φανερῶς εἶπεν, ὅτι ἡ μὲν πόλις σφῶν τετείχισται ἤδη, ὥστε ἱκανὴ εἶναι σώζειν τοὺς ἐνοικοῦντας· εἰ δέ τι βούλονται Λακεδαιμόνιοι ἢ οἱ ξύμμαχοι πρεσβεύεσθαι παρὰ σφᾶς, ὡς πρὸς διαγιγνώσκοντας τὸ λοιπὸν ἰέναι τά τε σφίσιν αὐτοῖς ξύμφορα καὶ τὰ κοινά. — 10. Τήν τε γὰρ πόλιν ὅτε ἐδόκει ἐκλιπεῖν ἄμεινον εἶναι, καὶ ἐς τὰς ναῦς ἐςβῆναι, ἄνευ ἐκείνων γνόντες τολμῆσαι· δοκεῖν οὖν σφίσι καὶ νῦν ἄμεινον εἶναι τὴν ἑαυτῶν πόλιν τεῖχος ἔχειν, καὶ ἰδίᾳ τοῖς πολίταις καὶ ἐς τοὺς πάντας ξυμμάχους ὠφελιμώτερον ἔσεσθαι. — 11. Οἱ δὲ Λακεδαιμόνιοι ἀκούσαντες ὀργὴν μὲν φανερὰν οὐκ ἐποιοῦντο τοῖς Ἀθηναίοις· οὐδὲ γὰρ ἐπὶ κωλύμῃ, ἀλλὰ γνώμης παραινέσει δῆθεν τῷ κοινῷ ἐπρεσβεύσαντο· ἅμα δὲ καὶ προσφιλεῖς ὄντες ἐν τῷ τότε διὰ τὴν ἐς τὸν Μῆδον προθυμίαν τὰ μάλιστα αὐτοῖς ἐτύγχανον· τῆς μέντοι βουλήσεως ἁμαρτάνοντες ἀδήλως ἤχθοντο. Οἵ τε πρέσβεις ἑκατέρων ἀπῆλθον ἐπ᾽ οἴκου ἀνεπικλήτως. — 12. Τούτῳ τῷ τρόπῳ οἱ Ἀθηναῖοι τὴν πόλιν ἐτείχισαν ἐν ὀλίγῳ χρόνῳ· καὶ δήλη ἡ οἰκοδομία ἔτι καὶ νῦν ἐστιν ὅτι κατὰ σπουδὴν ἐγένετο. Οἱ γὰρ θεμέλιοι παντοίων λίθων ὑπόκεινται καὶ οὐ ξυνειργασμένων ἔστιν ᾗ, ἀλλ᾽ ὡς ἕκαστοί ποτε προςέφερον· πολλαί τε στῆλαι ἀπὸ σημάτων καὶ λίθοι εἰργασμένοι ἐγκατελέγησαν· μείζων γὰρ ὁ περίβολος πανταχῇ ἐξήχθη τῆς πόλεως καὶ διὰ τοῦτο πάντα ὁμοίως κινοῦντες ἠπείγοντο.

V. Treachery and Death of Pausanias, B.C. 471.

1. Ἐπειδὴ Παυσανίας ὁ Λακεδαιμόνιος τὸ πρῶτον μεταπεμφθεὶς ὑπὸ Σπαρτιατῶν ἀπὸ τῆς ἀρχῆς τῆς ἐν Ἑλλησπόντῳ καὶ κριθεὶς ὑπ᾽ αὐτῶν, ἀπελύθη μὴ ἀδικεῖν, δημοσίᾳ μὲν οὐκέτι ἐξεπέμφθη, ἰδίᾳ δὲ αὐτὸς τριήρη λαβὼν Ἑρμιονίδα ἄνευ Λακεδαιμονίων ἀφικνεῖται ἐς Ἑλλήςποντον, τῷ μὲν λόγῳ ἐπὶ τὸν Ἑλληνικὸν πόλεμον, τῷ δὲ ἔργῳ τὰ πρὸς βασιλέα πράγματα πράσσειν, ὥςπερ καὶ τὸ πρῶτον ἐπεχείρησεν, ἐφιέμενος τῆς Ἑλληνικῆς ἀρχῆς. — 2. Εὐεργεσίαν δὲ ἀπὸ τοῦδε πρῶτον ἐς βασιλέα κατέθετο καὶ τοῦ παντὸς πράγματος ἀρχὴν ἐποιήσατο. Βυζάντιον γὰρ ἑλὼν τῇ προτέρᾳ παρουσίᾳ μετὰ τὴν ἐκ Κύπρου ἀναχώρησιν, βασιλέως προςήκοντάς τινας καὶ ξυγγενεῖς ἔλαβε· τότε δὲ τούτοις ἀποπέμπει βασιλεῖ κρύφα τῶν ἄλλων ξυμμάχων· τῷ δὲ λόγῳ ἀπέδρασαν αὐτόν. Ἔπρασσε δὲ ταῦτα μετὰ Γογγύλου τοῦ Ἐρετριέως, ᾧπερ ἐπέτρεψε τότε Βυζάντιον καὶ τοὺς αἰχμαλώτους. — 3. Ἔπεμψε δὲ καὶ ἐπιστολὴν τὸν Γόγγυλον φέροντα αὐτῷ· ἐνεγέγραπτο δὲ τάδε ἐν αὐτῇ, ὡς ὕστερον ἀνευρέθη· „Παυσανίας ὁ ἡγεμὼν τῆς Σπάρτης τούςδε τέ σοι χαρίζεσθαι βουλόμενος ἀπο-

πέμπει δορὶ ἑλών· καὶ γνώμην ποιοῦμαι, εἰ καὶ σοὶ δοκεῖ, θυγατέρα τε τὴν σὴν γῆμαι, καί σοι Σπάρτην καὶ τὴν ἄλλην Ἑλλάδα ὑποχείριον ποιῆσαι. Δυνατὸς δὲ δοκῶ εἶναι ταῦτα πρᾶξαι, μετὰ σοῦ βουλευόμενος· εἰ οὖν τί σε τούτων ἀρέσκει, πέμπε ἄνδρα πιστὸν ἐπὶ θάλασσαν, δι' οὗ τὸ λοιπὸν τοὺς λόγοις ποιησόμεθα."

4. Τοσαῦτα μὲν ἡ γραφὴ ἐδήλου· Ξέρξης δὲ ἥσθη τε τῇ ἐπιστολῇ καὶ ἀποστέλλει Ἀρτάβαζον τὸν Φαρνάκου ἐπὶ θάλασσαν, καὶ κελεύει αὐτὸν τήν τε Δασκυλῖτιν σατραπείαν παραλαβεῖν, Μεγαβάτην ἀπαλλάξαντα, ὃς πρότερον ἦρχε· καὶ παρὰ Παυσανίαν ἐς Βυζάντιον ἐπιστολὴν ἀντεπετίθει αὐτῷ ὡς τάχιστα διαπέμψαι καὶ τὴν σφραγῖδα ἀποδεῖξαι, καὶ ἤν τι αὐτῷ Παυσανίας παραγγέλλῃ περὶ τῶν ἑαυτοῦ πραγμάτων, πράσσειν ὡς ἄριστα καὶ πιστότατα. — 5. Ὁ δὲ ἀφικόμενος τά τε ἄλλα ἐποίησεν, ὥσπερ εἴρητο, καὶ τὴν ἐπιστολὴν διέπεμψεν· ἀντεγέγραπτο δὲ τάδε· „Ὧδε λέγει βασιλεὺς Ξέρξης Παυσανίᾳ· Καὶ τῶν ἀνδρῶν οὕς μοι πέραν θαλάσσης ἐκ Βυζαντίου ἔσωσας, κεῖταί σοι εὐεργεσία ἐν τῷ ἡμετέρῳ οἴκῳ ἐς ἀεὶ ἀνάγραπτος, καὶ τοῖς λόγοις τοῖς ἀπὸ σοῦ ἀρέσκομαι. Καί σε μήτε νὺξ μήθ' ἡμέρα ἐπισχέτω, ὥστε ἀνεῖναι πράσσειν τι ὧν ἐμοὶ ὑπισχνῇ, μηδὲ χρυσοῦ καὶ ἀργύρου δαπάνῃ κεκωλύσθω, μηδὲ στρατιᾶς πλήθει, εἴ ποι δεῖ παραγίγνεσθαι· ἀλλὰ μετ' Ἀρταβάζου ἀνδρὸς ἀγαθοῦ, ὃν σοι ἔπεμψα, πρᾶσσε θαρσῶν καὶ τὰ ἐμὰ καὶ τὰ σά, ὅπῃ κάλλιστα καὶ ἄριστα ἕξει ἀμφοτέροις."

6. Ταῦτα λαβὼν ὁ Παυσανίας τὰ γράμματα, ὢν καὶ πρότερον ἐν μεγάλῳ ἀξιώματι ὑπὸ τῶν Ἑλλήνων διὰ τὴν Πλαταιᾶσιν ἡγεμονίαν, πολλῷ τότε μᾶλλον ἦρτο, καὶ οὐκέτι ἠδύνατο ἐν τῷ καθεστηκότι τρόπῳ

βιοτεύειν, αλλά σκευάς τε Μηδικάς ενδυόμενος εκ τοι Βυζαντίου εξήει, και διά της Θράκης πορευόμενον αυτόν Μηδοι και Αιγύπτιοι εδορυφόρουν, τράπεζάν τε Περσικήν παρετίθετο, και κατέχειν την διάνοιαν ουκ ηδύνατο, αλλ᾽ έργοις βραχέσι προϋδήλου, ἃ τῇ γνώμῃ μειζόνως ές έπειτα έμελλε πράξειν. — 7. Δυςπρόςοδόν τε αυτόν παρείχε, και τῇ οργῇ ούτω χαλεπῇ εχρητο ες πάντας ομοίως, ώστε μηδένα δύνασθαι προςιέναι· διόπερ και προς τους Αθηναίους ουχ ήκιστα ἡ ξυμμαχία μετέστη.

8. Οι δε Λακεδαιμόνιοι αισθόμενοι τό τε πρώτον δι᾽ αυτά ταύτα ανεκάλεσαν αυτόν, και επειδή τῇ Ἑρμιονίδι νηῒ τὸ δεύτερον εκπλεύσας οὐ κελευσάντων αυτών τοιαύτα εφαίνετο ποιών, και εκ Βυζαντίου βίᾳ ὑπ᾽ Αθηναίων εκπολιορκηθείς ες μεν την Σπάρτην ουκ επανεχώρει, ες δε Κολωνάς τας Τρῳάδας ιδρυθείς, πράσσων τε εξηγγέλλετο αὐτοῖς προς τους βαρβάρους και ουκ επ᾽ αγαθῷ την μονήν ποιούμενος, ούτω δη ουκέτι επέσχον, αλλά πέμψαντες κήρυκα και σκυτάλην οι έφοροι είπον του κήρυκος μη λείπεσθαι, ει δε μή, πόλεμον αυτῷ Σπαρτιάτας προαγορεύειν. — 9. Ο δε βουλόμενος ως ήκιστα ύποπτος είναι και πιστεύων, χρήμασι διαλύσειν την διαβολήν, ανεχώρει το δεύτερον ες Σπάρτην. Και ες μεν την ειρκτήν εςπίπτει τὸ πρώτον ὑπὸ τών εφόρων (έξεστι δε τοις εφόροις τον βασιλέα δρᾶσαι τούτο), έπειτα διαπραξάμενος ύστερον εξήλθε, και καθίστησιν εαυτόν ες κρίσιν τοις βουλομένοις περί αυτόν ελέγχειν. — 10. Και φανερόν μεν είχον ουδέν οι Σπαρτιάται σημείον ούτε ἡ πάσα πόλις, ότῳ ἂν πιστεύσαντες βεβαίως ετιμωρούντο άνδρα γένους τε του βασιλείου όντα και εν τῷ παρόντι τιμήν

ἔχοντα (Πλείσταρχον γὰρ τὸν Λεωνίδου ὄντα βασιλέα καὶ νέον ἔτι ἀνεψιὸς ὢν ἐπετρόπευεν)· ὑποψίας δὲ πολλὰς παρεῖχε τῇ τε παρανομίᾳ καὶ ζηλώσει τῶν βαρβάρων μὴ ἴσος βούλεσθαι εἶναι τοῖς παροῦσι, τά τε ἄλλα αὐτοῦ ἀνεσκόπουν, εἴ τί που ἐξεδεδιῄτητο τῶν καθεστώτων νομίμων, καὶ ὅτι ἐπὶ τὸν τρίποδά ποτε τὸν ἐν Δελφοῖς, ὃν ἀνέθεσαν οἱ Ἕλληνες ἀπὸ τῶν Μήδων ἀκροθίνιον, ἠξίωσεν ἐπιγράψασθαι αὐτὸς ἰδίᾳ τὸ ἐλεγεῖον τόδε,

Ἑλλήνων ἀρχηγὸς ἐπεὶ στρατὸν ὤλεσε Μήδων,
Παυσανίας Φοίβῳ μνῆμ᾽ ἀνέθηκε τόδε.

11. Τὸ μὲν οὖν ἐλεγεῖον οἱ Λακεδαιμόνιοι ἐξεκόλαψαν εὐθὺς τότε ἀπὸ τοῦ τρίποδος τοῦτο καὶ ἐπέγραψαν ὀνομαστὶ τὰς πόλεις, ὅσαι ξυγκαθελοῦσαι τὸν βάρβαρον ἔστησαν τὸ ἀνάθημα· τοῦ μέντοι Παυσανίου ἀδίκημα καὶ τοῦτ᾽ ἐδόκει εἶναι, καὶ ἐπειδὴ ἐν τούτῳ καθειστήκει, πολλῷ μᾶλλον παρόμοιον πραχθῆναι ἐφαίνετο τῇ παρούσῃ διανοίᾳ. Ἐπυνθάνοντο δὲ καὶ ἐς τοὺς Εἵλωτας πράσσειν τι αὐτόν, καὶ ἦν δὲ οὕτως· ἐλευθέρωσίν τε γὰρ ὑπισχνεῖτο αὐτοῖς καὶ πολιτείαν, ἢν ξυνεπαναστῶσι καὶ τὸ πᾶν ξυγκατεργάσωνται. — 12. Ἀλλ᾽ οὐδ᾽ ὣς οὐδὲ τῶν Εἱλώτων μηνυταῖς τισι πιστεύσαντες ἠξίωσαν νεώτερόν τι ποιεῖν εἰς αὐτόν, χρώμενοι τῷ τρόπῳ ᾧπερ εἰώθασιν ἐς σφᾶς αὐτούς, μὴ ταχεῖς εἶναι περὶ ἀνδρὸς Σπαρτιάτου ἄνευ ἀναμφισβητήτων τεκμηρίων βουλεῦσαί τι ἀνήκεστον, πρίν γε δὴ αὐτοῖς, ὡς λέγεται, ὁ μέλλων τὰς τελευταίας βασιλεῖ ἐπιστολὰς πρὸς Ἀρτάβαζον κομιεῖν ἀνὴρ Ἀργίλιος, παιδικά ποτε ὢν αὐτοῦ καὶ πιστότατος ἐκείνῳ, μηνυτὴς γίγνεται, δείσας κατὰ ἐνθύμησίν τινα, ὅτι οὐδείς πω τῶν πρὸ ἑαυτοῦ ἀγγέλων πάλιν ἀφίκετο· καὶ παραποιησά-

μενος τὴν σφραγῖδα, ἵνα, ἢν ψευσϑῇ τῆς δόξι,ς, ἢ καὶ
ἐκεῖνός τι μεταγράψαι αἰτήσῃ, μὴ ἐπιγνῷ, λύει τὰς
ἐπιστολάς, ἐν αἷς ὑπονοήσας τι τοιοῦτο προςεπεστάλ-
ϑαι καὶ αὐτὸν εὗρεν ἐγγεγραμμένον κτείνειν.
13. Τότε δὲ οἱ ἔφοροι, δείξαντος αὐτοῦ τὰ γράμ-
ματα, μᾶλλον μὲν ἐπίστευσαν, αὐτήκοοι δὲ βουληϑέν-
τες ἔτι γενέσϑαι αὐτοῦ Παυσανίου τι λέγοντος, ἀπὸ
παρασκευῆς τοῦ ἀνϑρώπου ἐπὶ Ταίναρον ἱκέτου οἰχο-
μένου καὶ σκηνησαμένου διπλῆν διαφράγματι καλύβην,
ἐς ἣν τῶν ἐφόρων ἐντός τινας ἔκρυψε, καὶ Παυσανίου
ὡς αὐτὸν ἐλϑόντος καὶ ἐρωτῶντος τὴν πρόφασιν τῆς
ἱκετείας, ᾔσϑοντο πάντα σαφῶς· ᾐτιᾶτο γὰρ ὁ ἄνϑρω-
πος τά τε περὶ αὐτοῦ γραφέντα καὶ τἆλλ' ἀπέφαινε
καϑ' ἕκαστον, ὡς οὐδὲν πώποτε αὐτὸν ἐν ταῖς πρὸς
βασιλέα διακονίαις παραβάλοιτο, προτιμηϑείη δ' ἐν
ἴσῳ τοῖς πολλοῖς τῶν διακόνων ἀποϑανεῖν, κἀκεῖνος
αὐτὰ ταῦτα ξυνωμολόγει καὶ περὶ τοῦ παρόντος οὐκ εἴα
ὀργίζεσϑαι, ἀλλὰ πίστιν ἐκ τοῦ ἱεροῦ ἐδίδου τῆς ἀνα-
στάσεως καὶ ἠξίου ὡς τάχιστα πορεύεσϑαι καὶ μὴ τὰ
πρασσόμενα διακωλύειν. — 14. Ἀκούσαντες δὲ ἀκρι-
βῶς τότε μὲν ἀπῆλϑον οἱ ἔφοροι, βεβαίως δὲ ἤδη εἰ-
δότες ἐν τῇ πόλει τὴν ξύλληψιν ἐποιοῦντο. Λέγεται
δ' αὐτὸν μέλλοντα ξυλληφϑήσεσϑαι ἐν τῇ ὁδῷ, ἑνὸς μὲν
τῶν ἐφόρων τὸ πρόσωπον προσιόντος ὡς εἶδε, γνῶναι
ἐφ' ᾧ ἐχώρει, ἄλλου δὲ νεύματι ἀφανεῖ χρησαμένου καὶ
δηλώσαντος εὐνοίᾳ, πρὸς τὸ ἱερὸν τῆς Χαλκιοίκου χω-
ρῆσαι δρόμῳ καὶ προκαταφυγεῖν· ἦν δὲ ἐγγὺς τὸ τέμε-
νος. — 15. Καὶ ἐς οἴκημα οὐ μέγα, ὃ ἦν τοῦ ἱεροῦ,
ἐςελϑών, ἵνα μὴ ὑπαίϑριος ταλαιπωροίη, ἡσύχαζεν.
Οἱ δὲ τὸ παραυτίκα μὲν ὑστέρησαν τῇ διώξει, μετὰ δὲ
τοῦτο τοῦ τε οἰκήματος τὸν ὄροφον ἀφεῖλον καὶ τὰς

θύρας, ἔνδον ὄντα τηρήσαντες αὐτὸν καὶ ἀπολαβόντες εἴσω, ἀπῳκοδόμησαν, προςκαθεζόμενοί τε ἐξεπολιόρκησαν λιμῷ. — 16. Καὶ μέλλοντος αὐτοῦ ἀποψύχειν ὥσπερ εἶχεν ἐν τῷ οἰκήματι, αἰσθόμενοί τε ἐξάγουσιν ἐκ τοῦ ἱεροῦ ἔτι ἔμπνουν ὄντα, καὶ ἐξαχθεὶς ἀπέθανε παραχρῆμα.

VI. The Fate of Themistocles, B. C. 471—464.

1. Τοῦ μηδισμοῦ τοῦ Παυσανίου οἱ Λακεδαιμόνιοι, πρέσβεις πέμψαντες παρὰ τοὺς Ἀθηναίους, ξυνεπῃτιῶντο καὶ τὸν Θεμιστοκλέα, ὡς εὕρισκον ἐκ τῶν περὶ Παυσανίαν ἐλέγχων· ἠξίουν τε τοῖς αὐτοῖς κολάζεσθαι αὐτόν· οἱ δὲ πεισθέντες (ἔτυχε γὰρ ὠστρακισμένος καὶ ἔχων δίαιταν μὲν ἐν Ἄργει, ἐπιφοιτῶν δὲ καὶ ἐς τὴν ἄλλην Πελοπόννησον) πέμπουσι μετὰ τῶν Λακεδαιμονίων ἑτοίμων ὄντων, ἄνδρας, οἷς εἴρητο ἄγειν, ὅπου ἂν περιτύχωσιν. — 2. Ὁ δὲ Θεμιστοκλῆς προαισθόμενος φεύγει ἐκ Πελοποννήσου ἐς Κέρκυραν, ὧν αὐτῶν εὐεργέτης. Δεδιέναι δὲ φασκόντων τῶν Κερκυραίων ἔχειν αὐτόν, ὥστε Λακεδαιμονίοις καὶ Ἀθηναίοις ἀπεχθέσθαι, διακομίζεται ὑπ' αὐτῶν ἐς τὴν ἤπειρον τὴν καταντικρύ. — 3. Καὶ διωκόμενος ὑπὸ τῶν προςτεταγμένων κατὰ πύστιν ᾗ χωροίη, ἀναγκάζεται παρὰ Ἄδμητον τὸν Μολοσσῶν βασιλέα, ὄντα αὐτῷ οὐ φίλον, καταλῦσαι. Καὶ ὁ μὲν οὐκ ἔτυχεν ἐπιδημῶν· ὁ δέ, τῆς γυναικὸς ἱκέτης γενόμενος, διδάσκεται ὑπ' αὐτῆς τὸν παῖδα σφῶν λαβὼν καθέζεσθαι ἐπὶ τὴν ἑστίαν. — 4. Καὶ ἐλθόντος οὐ πολὺ ὕστερον τοῦ Ἀδμήτου, δηλοῖ τε ὅς ἐστι, καὶ οὐκ ἀξιοῖ, εἴ τι ἄρα αὐτὸς ἀντεῖπεν αὐτῷ Ἀθηναίων δεομένῳ, φεύγοντα τιμωρεῖσθαι. Ἅμα δ' αὐτῷ εἶπεν, ὑφ' ὧν καὶ ἐφ' ᾧ διώ-

κεται· ὁ δὲ ἀκούσας ἀνίστησί τε αὐτὸν μετὰ τοῦ ἑαυτοῦ υἱέος, ὥσπερ καὶ ἔχων αὐτὸν ἐκαθέζετο· καὶ μέγιστον ἦν ἱκέτευμα τοῦτο. — 5. Καὶ ὕστερον οὐ πολλῷ τοῖς τε Λακεδαιμονίοις καὶ Ἀθηναίοις ἐλθοῦσι καὶ πολλὰ εἰποῦσιν οὐκ ἐκδίδωσιν, ἀλλ' ἀποστέλλει, βουλόμενον ὡς βασιλέα πορευθῆναι, ἐπὶ τὴν ἑτέραν θάλασσαν πεζῇ, ἐς Πύδναν τὴν Ἀλεξάνδρου. — 6. Ἐν ᾗ ὁλκάδος τυχὼν ἀναγομένης ἐπ' Ἰωνίας καὶ ἐπιβάς, καταφέρεται χειμῶνι ἐς τὸ Ἀθηναίων στρατόπεδον, ὃ ἐπολιόρκει Νάξον· καὶ (ἦν γὰρ ἀγνὼς τοῖς ἐν τῇ νηΐ) δείσας φράζει τῷ ναυκλήρῳ, ὅστις ἐστί, καὶ δι' ἃ φεύγει· καί, εἰ μὴ σώσει αὐτόν, ἔφη ἐρεῖν, ὅτι χρήμασι πεισθεὶς αὐτὸν ἄγει· τὴν δὲ ἀσφάλειαν εἶναι, μηδένα ἐκβῆναι ἐκ τῆς νεὼς μέχρι ἂν πλοῦς γένηται· πειθομένῳ δ' αὐτῷ χάριν ἀπομνήσεσθαι ἀξίαν. Ὁ δὲ ναύκληρος ποιεῖ τε ταῦτα, καὶ ἀποσαλεύσας ἡμέραν καὶ νύκτα ὑπὲρ τοῦ στρατοπέδου, ὕστερον ἀφικνεῖται ἐς Ἔφεσον. — 7. Καὶ ὁ Θεμιστοκλῆς ἐκεῖνόν τε ἐθεράπευσε χρημάτων δόσει (ἦλθε γὰρ αὐτῷ ὕστερον ἔκ τε Ἀθηνῶν παρὰ τῶν φίλων, καὶ ἐξ Ἄργους, ἃ ὑπεξέκειτο), καὶ μετὰ τῶν κάτω Περσῶν τινος πορευθεὶς ἄνω, ἐςπέμπει γράμματα ἐς βασιλέα Ἀρταξέρξην τὸν Ξέρξου, νεωστὶ βασιλεύσαντα. — 8. Ἐδήλου δὲ ἡ γραφή, ὅτι „Θεμιστοκλῆς ἥκω παρὰ σέ, ὃς κακὰ μὲν πλεῖστα Ἑλλήνων εἴργασμαι τὸν ὑμέτερον οἶκον, ὅσον χρόνον τὸν σὸν πατέρα ἐπιόντα ἐμοὶ ἀνάγκη ἠμυνόμην· πολὺ δ' ἔτι πλείω ἀγαθά, ἐπειδὴ ἐν τῷ ἀσφαλεῖ μὲν ἐμοί, ἐκείνῳ δὲ ἐν ἐπικινδύνῳ πάλιν ἡ ἀποκομιδὴ ἐγίγνετο. Καί μοι εὐεργεσία ὀφείλεται" (γράψας τήν τε ἐκ Σαλαμῖνος προάγγελσιν τῆς ἀναχωρήσεως, καὶ τὴν τῶν γεφυρῶν, ἣν ψευδῶς προςεποιήσατο, τότε δι' αυτὸν οὐ διάλυσιν) „καὶ νῦν ἔχων σε μεγάλα ἀγαθὰ δρᾶσαι πάρειμι, διωκόμενος ὑπὸ τῶν Ἑλλήνων διὰ τὴν σὴν φιλίαν. Βούλομαι δ' ἐνιαυτὸν ἐπισχών, αὐτός σοι περὶ ὧν ἥκω δηλῶσαι."

9. Βασιλεὺς δέ, ὡς λέγεται, ἐθαύμασέ τε αὐτοῦ τὴν διάνοιαν καὶ ἐκέλευσε ποιεῖν οὕτως. Ὁ δ' ἐν τῷ χρόνῳ, ὃν ἐπέσχε, τῆς τε Περσίδος γλώσσης ὅσα ἠδύνατο κατενόησε καὶ τῶν ἐπιτηδευμάτων τῆς χώρας. — 10. Ἀφικόμενος δὲ μετὰ τὸν ἐνιαυτόν, γίγνεται παρ' αὐτῷ μέγας καὶ ὅσος οὐδείς πω Ἑλλήνων, διά τε τὴν προϋπάρχουσαν ἀξίωσιν καὶ τοῦ Ἑλληνικοῦ ἐλπίδα, ἣν ἐπετίθει αὐτῷ δουλώσειν· μάλιστα δὲ ἀπὸ τοῦ πεῖραν διδοὺς ξυνετὸς φαίνεσθαι. — 11. Ἦν γὰρ ὁ Θεμιστοκλῆς βεβαιότατα δὴ φύσεως ἰσχὺν δηλώσας, καὶ διαφερόντως τι ἐς αὐτὸ μᾶλλον ἑτέρου ἄξιος θαυμάσαι. Οἰκείᾳ γὰρ ξυνέσει, καὶ οὔτε προμαθὼν ἐς αὐτὴν οὐδέν, οὔτ' ἐπιμαθών, τῶν τε παραχρῆμα δι' ἐλαχίστης βουλῆς κράτιστος γνώμων, καὶ τῶν μελλόντων ἐπὶ πλεῖστον τοῦ γενησομένου ἄριστος εἰκαστής· καὶ ἃ μὲν μετὰ χεῖρας ἔχοι, καὶ ἐξηγήσασθαι οἷός τε· ὧν τε ἄπειρος εἴη, κρῖναι ἱκανῶς οὐκ ἀπήλλακτο· τό τε ἄμεινον ἢ χεῖρον ἐν τῷ ἀφανεῖ ἔτι ὂν προεώρα μάλιστα, καὶ τὸ ξύμπαν εἰπεῖν, φύσεως μὲν δυνάμει, μελέτης δὲ βραχύτητι, κράτιστος δὴ οὗτος αὐτοσχεδιάζειν τὰ δέοντα ἐγένετο. — 12. Νοσήσας δὲ τελευτᾷ τὸν βίον. Λέγουσι δέ τινες καὶ ἑκούσιον φαρμάκῳ ἀποθανεῖν αὐτόν, ἀδύνατον νομίσαντα εἶναι ἐπιτελέσαι βασιλεῖ ἃ ὑπέσχετο. Μνημεῖον μὲν οὖν αὐτοῦ ἐν Μαγνησίᾳ ἐστὶ τῇ Ἀσιανῇ ἐν τῇ ἀγορᾷ· ταύτης γὰρ ἦρχε τῆς χώρας, δόντος βασιλέως αὐτῷ, Μαγνησίαν μὲν ἄρτον, ἣ προςέφερε πεντήκοντα τάλαντα τοῦ ἐνιαυτοῦ· Λάμψακον δὲ

οἶνον (ἐδόκει γὰρ πολυοινότατον τῶν τότε εἶναι)· Μυοῦντα δὲ ὄψον. — 13. Τὰ δὲ ὀστᾶ κομισθῆναι αὐτοῦ οἱ προςήκοντες οἴκαδε κελεύσαντος ἐκείνου καὶ τεθῆναι κρύφα Ἀθηναίων ἐν τῇ Ἀττικῇ. Οὐ γὰρ ἐξῆν θάπτειν, ὡς ἐπὶ προδοσίᾳ φεύγοντος. Τὰ μὲν κατὰ Παυσανίαν τὸν Λακεδαιμόνιον καὶ Θεμιστοκλέα τὸν Ἀθηναῖον, λαμπροτάτους γενομένους τῶν καθ᾽ ἑαυτοὺς Ἑλλήνων, οὕτως ἐτελεύτησεν.

Conquest and Destruction of Thebes by Alexander the Great, B. C. 335.

1. Ἐν τούτῳ τῶν φυγάδων τινὲς τῶν ἐκ Θηβῶν φευγόντων παρελθόντες νύκτωρ ἐς τὰς Θήβας, ἐπαγομένων τινῶν αὐτοὺς ἐπὶ νεωτερισμῷ ἐκ τῆς πόλεως, Ἀμύνταν μὲν καὶ Τιμόλαον τῶν τὴν Καδμείαν ἐχόντων οὐδὲν πολέμιον ὑποτοπήσαντας ἔξω τῆς Καδμείας ἀπέκτειναν ξυλλαβόντες· ἐς δὲ τὴν ἐκκλησίαν παρελθόντες ἐπῆραν τοὺς Θηβαίους ἀποστῆναι ἀπὸ Ἀλεξάνδρου, ἐλευθερίαν τε προϊσχόμενοι, καὶ τῆς βαρύτητος τῶν Μακεδόνων ἤδη ποτὲ ἀπαλλαγῆναι. — 2. Πιθανώτεροι δὲ ἐς τὸ πλῆθος ἐφαίνοντο, τεθνηκέναι Ἀλέξανδρον ἰσχυριζόμενοι ἐν Ἰλλυριοῖς· καὶ γὰρ καὶ πολὺς ὁ λόγος οὗτος καὶ παρὰ πολλῶν ἐφοίτα, ὅτι τε χρόνον ἀπῆν οὐκ ὀλίγον, καὶ ὅτι οὐδεμία ἀγγελία παρ᾽ αὐτοῦ ἀφῖκτο· ὥστε (ὅπερ φιλεῖ ἐν τοῖς τοιοῖσδε), οὐ γινώσκοντες τὰ ὄντα, τὰ μάλιστα καθ᾽ ἡδονὴν σφισιν εἴκαζον. — 3. Πυθομένῳ δὲ Ἀλεξάνδρῳ τὰ τῶν Θηβαίων οὐδαμῶς ἐδόκει ἀμελητέα εἶναι, τήν τε τῶν Ἀθηναίων πόλιν δι᾽ ὑποψίας ἐκ πολλοῦ ἔχοντι, καὶ τῶν Θηβαίων τὸ τόλμημα οὐ φαῦλον ποιουμένῳ, εἰ Λακεδαιμόνιοί τε πάλαι ἤδη ταῖς γνώμαις ἀφεστηκότες, καί τινες καὶ

ἄλλοι τῶν ἐν Πελοποννήσῳ καὶ Αἰτωλοὶ οὐ βέβαιοι ὄντες συνεπιλήψονται τοῦ νεωτερισμοῦ τοῖς Θηβαίοις. — 4. Ἄγων δὴ παρὰ τὴν Ἐορδαίαν τε καὶ τὴν Ἐλυμιῶτιν καὶ παρὰ τὰ τῆς Στιμφαίας καὶ Παρναίας ἄκρα, ἑβδομαῖος ἀφικνεῖται ἐς Πελλίναν τῆς Θετταλίας. Ἔνθεν δὲ ὁρμηθεὶς ἕκτῃ ἡμέρᾳ ἐςβάλλει ἐς Βοιωτίαν, ὥστε οὐ πρόσθεν οἱ Θηβαῖοι ἔμαθον εἴσω Πυλῶν παρεληλυθότα αὐτόν, πρὶν ἐν Ὀγχηστῷ γενέσθαι ξὺν τῇ στρατιᾷ πάσῃ. — 5. Καὶ τότε δὲ οἱ πράξαντες τὴν ἀπόστασιν στράτευμα ἐκ Μακεδονίας Ἀντιπάτρου ἀφῖχθαι ἔφασκον, αὐτὸν δὲ Ἀλέξανδρον τεθνάναι ἰσχυρίζοντο, καὶ τοῖς ἀπαγγέλλουσιν, ὅτι οὗτος αὐτὸς προςάγει Ἀλέξανδρος, χαλεπῶς εἶχον· ἄλλον γάρ τινα ἥκειν Ἀλέξανδρον τὸν Ἀερόπου. — 6. Ὁ δὲ Ἀλέξανδρος ἐξ Ὀγχηστοῦ ἄρας τῇ ὑστεραίᾳ προςῆγε πρὸς τὴν πόλιν τῶν Θηβαίων κατὰ τὸ τοῦ Ἰολάου τέμενος. Οὗ δὴ καὶ ἐστρατοπέδευσεν, ἐνδιδοὺς ἔτι τοῖς Θηβαίοις τριβήν, εἰ μεταγνόντες ἐπὶ τοῖς κακῶς ἐγνωσμένοις πρεσβεύσαιντο παρ' αὐτόν. — 7. Οἱ δὲ τοσούτου ἐδέησαν ἐνδόσιμόν τι παρασχεῖν ἐς ξύμβασιν, ὥστε ἐκθέοντες ἐκ τῆς πόλεως οἵ τε ἱππεῖς καὶ τῶν ψιλῶν οὐκ ὀλίγοι ἔςτε ἐπὶ τὸ στρατόπεδον ἠκροβολίζοντο ἐς τὰς προφυλακάς, καί τινας καὶ ἀπέκτειναν οὐ πολλοὺς τῶν Μακεδόνων. Καὶ Ἀλέξανδρος ἐκπέμπει τῶν ψιλῶν καὶ τοξοτῶν, ὥστε αὐτῶν ἀναστεῖλαι τὴν ἐκδρομήν· καὶ οὗτοι οὐ χαλεπῶς ἀνέστειλαν ἤδη τῷ στρατοπέδῳ αὐτῷ προςφερομένους. — 8. Τῇ δὲ ὑστεραίᾳ ἀναλαβὼν τὴν στρατιὰν πᾶσαν καὶ περιελθὼν κατὰ τὰς πύλας τὰς φερούσας ἐπ' Ἐλευθεράς τε καὶ τὴν Ἀττικήν, οὐδὲ τότε προςέμιξε τοῖς τείχεσιν αὐτοῖς, ἀλλ' ἐστρατοπέδευσεν οὐ πολὺ ἀπέχων τῆς Καδμείας, ὥςτε ἐγγὺς εἶναι ὠφέλειαν τῶν Μακεδόνων τοῖς τὴν Καδμείαν ἔχουσιν. — 9. Οἱ γὰρ Θηβαῖοι τὴν Καδμείαν διπλῷ χάρακι ἐφρούροιν ἀποτειχίσαντες, ὡς μήτε ἔξωθέν τινα τοῖς ἐγκατειλημμένοις δύνασθαι ἐπωφελεῖν, μήτε αὐτοὺς ἐκθέοντας βλάπτειν τι σφᾶς, ὁπότε τοῖς ἔξω πολεμίοις προςφέροιντο. Ἀλέξανδρος δὲ (ἔτι γὰρ τοῖς Θηβαίοις διὰ φιλίας ἐλθεῖν μᾶλλόν τι ἢ διὰ κινδύνου ἤθελε) διέτριβε πρὸς τῇ Καδμείᾳ κατεστρατοπεδευκώς. — 10. Ἔνθα δὴ τῶν Θηβαίων οἱ μὲν τὰ βέλτιστα ἐς τὸ κοινὸν γιγνώσκοντες ἐξελθεῖν ὥρμηντο παρ' Ἀλέξανδρον καὶ εὑρέσθαι συγγνώμην τῷ πλήθει τῶν Θηβαίων τῆς ἀποστάσεως· οἱ δὲ φυγάδες καὶ ὅσοι τοὺς φυγάδας ἐπικεκλημένοι ἦσαν, οὐδενὸς φιλανθρώπου τυχεῖν ἂν παρ' Ἀλεξάνδρου ἀξιοῦντες, ἄλλως τε καὶ βοιωταρχοῦντες ἔστιν οἳ αὐτῶν παντάπασιν ἐνῆγον τὸ πλῆθος ἐς τὸν πόλεμον· Ἀλέξανδρος δὲ οὐδ' ὣς τῇ πόλει προςέβαλεν. — 11. Ἀλλὰ Περδίκκας προτεταγμένος τῆς φυλακῆς τοῦ στρατοπέδου σὺν τῇ αὑτοῦ τάξει, καὶ τοῦ χάρακος τῶν πολεμίων οὐ πολὺ ἀφεστηκώς, οὐ προςμείνας παρ' Ἀλεξάνδρου τὸ ἐς τὴν μάχην ξύνθημα αὐτὸς πρῶτος προςέμιξε τῷ χάρακι· καὶ διασπάσας αὐτὸν ἐνέβαλεν ἐς τῶν Θηβαίων τὴν προφυλακήν. — 12. Τούτῳ δὲ ἑπόμενος Ἀμύντας ὁ Ἀνδρομένους, ὅτι καὶ ξυντεταγμένος τῷ Περδίκκᾳ ἦν, ἐπήγαγε καὶ αὐτὸς τὴν αὑτοῦ τάξιν, ὡς εἶδε τὸν Περδίκκαν προεληλυθότα εἴσω τοῦ χάρακος. Ταῦτα δὲ ἰδὼν Ἀλέξανδρος, ὡς μὴ μόνοι ἀπολειφθέντες πρὸς τῶν Θηβαίων κινδυνεύσειαν, ἐπῆγε τὴν ἄλλην στρατιάν. Καὶ τοὺς μὲν τοξότας καὶ τοὺς Ἀγριᾶνας ἐκδραμεῖν ἐσήμηνεν εἴσω τοῦ χάρακος, τὰ δὲ ἀγήματα καὶ τοὺς ὑπασπιστὰς ἔτι ἔξω κατεῖχεν. — 13. Ἔνθα δὴ Περδίκκας μὲν τοῦ δευτέρου χάρακος εἴσω παρελθεῖν βιαζόμενος, αὐτὸς μὲν βληθεὶς πίπτει αὐτοῦ καὶ ἀποκομίζεται κακῶς ἔχων ἐπὶ τὸ στρατόπεδον· καὶ χαλεπῶς ἐσώθη ἀπὸ τοῦ τραύματος. Τοὺς μέντοι Θηβαίους ἐς τὴν κοίλην ὁδὸν τὴν κατὰ τὸ Ἡράκλειον φέρουσαν οἱ ἅμα αὐτῷ εἰςπεσόντες ὁμοῦ τοῖς παρ' Ἀλεξάνδρῳ τοξόταις συνέκλεισαν. — 14. Καὶ ἔςτε μὲν ἐπὶ τὸ Ἡράκλειον ἀναχωροῦσιν εἵποντο τοῖς Θηβαίοις· ἐντεῦθεν δὲ ἐπιστρεψάντων αὖθις σὺν βοῇ τῶν Θηβαίων φυγὴ τῶν Μακεδόνων γίγνεται· καὶ Εὐρυβώτας τε Κρὴς πίπτει ὁ τοξάρχης, καὶ αὐτῶν τῶν τοξοτῶν ἐς ἑβδομήκοντα· οἱ δὲ λοιποὶ κατέφυγον πρὸς τὸ ἄγημα τὸ τῶν Μακεδόνων καὶ τοὺς ὑπασπιστὰς τοὺς βασιλικούς. — 15. Κἀν τούτῳ Ἀλέξανδρος τοὺς μὲν αὑτοῦ φεύγοντας κατιδών, τοὺς Θηβαίους δὲ λελυκότας ἐν τῇ διώξει τὴν τάξιν, ἐμβάλλει ἐς αὐτοὺς συντεταγμένῃ τῇ φάλαγγι. Οἱ δὲ ὠθοῦσι τοὺς Θηβαίους εἴσω τῶν πυλῶν· καὶ τοῖς Θηβαίοις ἐς τοσόνδε ἡ φυγὴ φοβερὰ ἐγίγνετο, ὥστε διὰ τῶν πυλῶν ὠθούμενοι ἐς τὴν πόλιν οὐκ ἔφθησαν συγκλείσαντες τὰς πύλας· ἀλλὰ συνειςπίπτουσι γὰρ αὐτοῖς εἴσω τοῦ τείχους, ὅσοι τῶν Μακεδόνων ἐγγὺς φευγόντων εἴχοντο, ἅτε καὶ τῶν τειχῶν διὰ τὰς προφυλακὰς τὰς πολλὰς ἐρήμων ὄντων. — 16. Καὶ προελθόντες εἰς τὴν Καδμείαν οἱ μὲν ἐκεῖθεν κατὰ τὸ Ἀμφεῖον σὺν τοῖς κατέχουσι τὴν Καδμείαν ἐξέβαινον ἐς τὴν ἄλλην πόλιν, οἱ δὲ κατὰ τὰ τείχη ἐχόμενα ἤδη πρὸς τῶν συνειςπεσόντων τοῖς φεύγουσιν ὑπερβάντες ἐς τὴν ἀγορὰν δρόμῳ ἐφέροντο. — 17. Καὶ ὀλίγον μέν τινα χρόνον ἔμειναν οἱ τεταγμένοι τῶν Θηβαίων κατὰ τὸ Ἀμφεῖον· ὡς δὲ πανταχόθεν αὐτοῖς οἱ Μακεδόνες καὶ Ἀλέξανδρος ἄλλοτε ἄλλῃ ἐπιφαινόμενος προςέκειντο, οἱ μὲν ἱππεῖς τῶν Θηβαίων διεκπεσόντες διὰ τῆς πόλεως ἐς τὸ πεδίον ἐξέπιπτον, οἱ δὲ πεζοί, ὡς ἑκάστοις προὐχώρει, ἐσώζοντο. — 18. Ἔνθα δὴ ὀργῇ οὐχ οὕτω τι οἱ Μακεδόνες, ἀλλὰ Φωκεῖς τε καὶ Πλαταιεῖς καὶ οἱ ἄλλοι δὲ Βοιωτοὶ οὐδὲ ἀμυνομένους ἔτι τοὺς Θηβαίους οὐδενὶ κόσμῳ ἔκτεινον, τοὺς μὲν ἐν ταῖς οἰκίαις εἰςπίπτοντες, τοὺς δὲ καὶ ἐς ἀλκὴν τετραμμένους, τοὺς δὲ καὶ πρὸς ἱεροῖς ἱκετεύοντας, οὔτε γυναικῶν οὔτε παίδων φειδόμενοι.

19. Καὶ τὸ πάθος τοῦτο μεγέθει τε τῆς ἁλούσης πόλεως καὶ ὀξύτητι τοῦ ἔργου, οὐχ ἥκιστα δὲ τῷ παραλόγῳ ἔς τε τοὺς παθόντας καὶ τοὺς δράσαντας, οὐ μεῖόν τι τοὺς ἄλλους Ἕλληνας ἢ καὶ αὐτοὺς τοὺς μετασχόντας τοῦ ἔργου ἐξέπληξεν. — 20. Τὰ μὲν γὰρ περὶ Σικελίαν Ἀθηναίοις ξυνενεχθέντα, εἰ καὶ πλήθει τῶν ἀπολομένων οὐ μείονα τὴν ξυμφορὰν τῇ πόλει ἤνεγκεν, ἀλλὰ τῷ τε πόρρω ἀπὸ τῆς οἰκείας διαφθαρῆναι αὐτοῖς τὸν στρατὸν καὶ τὸν πολὺν ξυμμαχικὸν μᾶλλον ἢ οἰκεῖον ὄντα, καὶ τῷ τὴν πόλιν αὐτοῖς περιλειφθῆναι, ὡς καὶ ἐς ὕστερον ἐπὶ πολὺ τῷ πολέμῳ ἀντισχεῖν Λακεδαιμονίοις τε καὶ τοῖς ξυμμάχοις καὶ μεγάλῳ βασιλεῖ πολεμοῦντας, οὔτε αὐτοῖς τοῖς παθοῦσιν ἴσην τὴν αἴσθησιν τῆς ξυμφορᾶς προςέθηκεν, οὔτε τοῖς ἄλλοις Ἕλλησι τὴν ἐπὶ τῷ πάθει ἔκπληξιν ὁμοίαν παρέσχεν. — 21. Καὶ τὸ ἐν Αἰγὸς ποταμοῖς αὖθις Ἀθηναίων πταῖσμα ναυτικόν τε ἦν, καὶ ἡ πόλις, καίπερ τῶν μακρῶν τειχῶν καθαιρέσει καὶ νεῶν τῶν πολλῶν παραδόσει καὶ στερήσει τῆς ἀρχῆς ἐς ταπεινότητα ἀφικομένη, τό τε σχῆμα τὸ πάτριον ὅμως ἐφύλαξε, καὶ τὴν δύναμιν οὐ διὰ μακροῦ τὴν παλαιὰν ἔλαβεν· ὡς τά τε μακρὰ τείχη ἐκτειχίσαι, καὶ τῆς θαλάσσης αὖθις ἐπικρατῆσαι, καὶ τοὺς τότε φοβεροὺς σφισιν Λακεδαι-

μονίους καὶ παρ' ὀλίγον ἐλθόντας ἀφανίσαι τὴν πόλιν αὐτοὺς ἐν τῷ μέρει ἐκ τῶν ἐσχάτων κινδύνων διασώσασθαι. — 22. Λακεδαιμονίων τε αὖ τὸ κατὰ Λεῦκτρα καὶ Μαντίνειαν πταῖσμα τῷ παραλόγῳ μᾶλλόν τι τῆς ξυμφορᾶς ἢ τῷ πλήθει τῶν ἀπολομένων τοὺς Λακεδαιμονίους ἐξέπληξεν· ἥ τε ξὺν Ἐπαμεινώνδᾳ Βοιωτῶν καὶ Ἀρκάδων γενομένη προσβολὴ πρὸς τὴν Σπάρτην καὶ αὐτὴ τῷ ἤθει τῆς ὄψεως μᾶλλον ἢ τῇ ἀκριβείᾳ τῶν κινδύνων αὐτούς τε τοὺς Λακεδαιμονίους καὶ τοὺς ξυμμετασχόντας αὐτοῖς τῶν τότε πραγμάτων ἐφόβησεν. — 23. Θηβαίοις δὲ τὰ τῆς ἀποστάσεως ὀξέα καὶ ξὺν οὐδενὶ λογισμῷ γενόμενα, καὶ ἡ ἅλωσις δι' ὀλίγου τε καὶ οὐ ξὺν πόνῳ τῶν ἑλόντων ξυνενεχθεῖσα, καὶ ὁ πολὺς φόνος, οἷα δὴ ἐξ ὁμοφύλων τε καὶ παλαιὰς ἀπεχθείας ἐπεξιόντων, καὶ ὁ τῆς πόλεως παντελὴς ἀνδραποδισμός, δυνάμει τε καὶ δόξῃ ἐς τὰ πολέμια τῶν τότε προεχούσης ἐν τοῖς Ἕλλησιν, οὐκ ἔξω τοῦ εἰκότος εἰς μῆνιν τοῦ θείου ἀνηνέχθη. — 24. Ἐνομίζοντο γὰρ οἱ Θηβαῖοι τῆς τε ἐν τῷ Μηδικῷ πολέμῳ προδοσίας τῶν Ἑλλήνων διὰ μακροῦ ταύτην δίκην ἐκτίσαντες, καὶ τῆς Πλαταιέων ἔν τε ταῖς σπονδαῖς καταλήψεως καὶ τοῦ παντελοῦς ἀνδραποδισμοῦ τῆς πόλεως καὶ τοῦ χωρίου τῆς ἐρημώσεως, ἐν ᾧ οἱ Ἕλληνες παραταξάμενοι Μήδους ἀπεώσαντο τῆς Ἑλλάδος τὸν κίνδυνον· καὶ ὅτι Ἀθηναίους αὐτοὶ τῇ ψήφῳ ἀπώλλυον, ὅτε ὑπὲρ ἀνδραποδισμοῦ τῆς πόλεως γνώμη προὐτέθη ἐν τοῖς Λακεδαιμονίων ξυμμάχοις. — 25. Τοῖς δὲ μετασχοῦσι τοῦ ἔργου ξυμμάχοις, οἷς δὴ καὶ ἐπέτρεψεν Ἀλέξανδρος τὰ κατὰ τὰς Θήβας διαθεῖναι, τὴν μὲν Καδμείαν φρουρᾷ κατέχειν ἔδοξε, τὴν πόλιν δὲ κατασκάψαι εἰς ἔδαφος, καὶ τὴν χώραν κατανεῖμαι τοῖς ξυμμάχοις, ὅση μὴ ἱερὰ αὐτῆς· παῖδας δὲ καὶ γυναῖκας, καὶ ὅσοι ὑπελείποντο Θηβαίων, πλὴν τῶν ἱερέων τε καὶ ἱερειῶν καὶ ὅσοι ξένοι Φιλίππου ἢ Ἀλεξάνδρου ἢ ὅσοι πρόξενοι Μακεδόνων ἐγένοντο, ἀνδραποδίσαι. — 26. Καὶ τὴν Πινδάρου δὲ τοῦ ποιητοῦ οἰκίαν καὶ τοὺς ἀπογόνους τοῦ Πινδάρου λέγουσιν, ὅτι διεφύλαξεν Ἀλέξανδρος αἰδοῖ τῇ Πινδάρου· ἐπὶ τούτοις Ὀρχόμενόν τε καὶ Πλαταιὰς ἀναστῆσαί τε καὶ τειχίσαι οἱ ξύμμαχοι ἔγνωσαν.

THE CHIEF DATES IN GRECIAN HISTORY.

N.B. Those in brackets [ ] are mythical dates computed by the ancients; but they are of no chronological authority.—Literary names are printed in *Italics.*

I. MYTHICAL AGE.

B. C.
- [1856] Inachus founds Argos and Sicyon.
- [1796] The Deluge of Ogyges.
- [1550] The Deluge of Deucalion.
  The Hellenes begin to displace the Pelasgians.
  Cecrops leads a colony from Saïs, in Egypt to Attica.
  Cadmus, the Phœnician, founds Thebes, and introduces the alphabet.
- [1500] Danaus arrives in Argolis.
- [1383] Erechtheus, a native Ionian, founds the worship of Athena at Athens.
- [1283] Pelops migrates from Lydia to the Peloponnesus.
  Naval power and legislation of Minos, King of Crete.
- [1225] The Argonautic expedition.
  Age of *Orpheus,* the Musician.
- [1213] Expedition of the Seven against Thebes.
- [1198] Thebes destroyed by the Epigoni.
- [1183] Destruction of Troy.
- [1104] Return of the Heraclids, and Dorian settlement of the Peloponnesus.
- [1045] Death of Codrus, last King of Athens.
  Perpetual Archons at Athens, till B. C. 753.
- [1044] The Great Ionian Migration to Asia.
- [1040] Institution of the Amphictyons.
- [1000] Period of the transition from patriarchal monarchies to aristocratic republics.
- [807] Legislation of Lycurgus at Sparta.

II. HISTORICAL AGE.

776 Beginning of the Olympiads, from the victory of the Elean Coroebus in the foot-race at Olympia.
752 Decennial Archons at Athens, till B. C. 683.

CHIEF DATES IN GRECIAN HISTORY.

B. C.
748 Phidon, tyrant of Argos, flourishes, he coined money at Aegina, and introduced the Aeginetan standards of weights and measures.
745 The Bacchiadae rule at Corinth, by an annual Prytanis (or Council).
743 The First Messenian War: to B. C. 723.
735 Colonies founded in Sicily and Italy.
712 *Callinus*, of Ephesus, poet, fl.
700 Corinth powerful at sea.
693 *Simonides*, of Amorgos, poet.
 Glaucus, of Chios, statuary in metal.
687 *Archilochus*, of Paros, poet, fl.
685 Second Messenian War, till B. C. 668.
 (According to other accounts 679—662).
683 Creon, the first annual archon at Athens.
 Tyrtaeus, the Athenian poet, animates the Spartans in the Messenian War.
672 *Alcman*, of Lydia, lyric poet at Sparta.
664 The most ancient sea-fight on record, between the Corinthians and Corcyraeans.
662 Zaleucus, the lawgiver at Locri in Italy.
657 Byzantium founded by the Megarians.
655 Cypselus, tyrant of Corinth, till B. C. 625.
625 Peisander succeeds Cypselus at Corinth, reigns to B. C. 585.
621 Legislation of Draco at Athens.
620 Conspiracy of Cylon at Athens.
611 Pittacus overthrows tyranny at Mytilene in Lesbos.—Age of the "Seven Sages" of Greece.
 Sappho and *Alcaeus*, lyric poets in Lesbos.
596 Epimenides, the Cretan, visits Athens.
595 The "Sacred War" about Cirrha, to B. C. 586.
594 Legislation of Solon at Athens.
586 Epoch of the Isthmian and Pythian Games.
566 The Panathenaic festival instituted at Athens.
560 Usurpation of Peisistratus at Athens.
 His tyranny lasts to B. C. 527.
559 Cyrus founds the Persian Empire.
 The lyric poet *Anacreon* fl.
548 The temple at Delphi burnt.
546 Cyrus takes Sardis and conquers the Lydian empire in Asia Minor.
538 Babylon taken by Cyrus.
535 *Thespis*, the Athenian, first exhibits tragedy.
532 Polycrates tyrant of Samos.
531 *Pythagoras*, philosopher fl.
529 Death of Cyrus: he is succeeded by Cambyses.
527 Death of Peisistratus: his sons Hippias and Hipparchus joint tyrants of Athens.
525 Cambyses conquers Egypt.
 Birth of the tragic poet *Aeschylus*.
522 Polycrates, tyrant of Samos, put to death.
521 Death of Cambyses: usurpation of the Magian Smerdis: and

CHIEF DATES IN GRECIAN HISTORY.

B. C.
accession of Darius, the son of Hystaspes, as King of Persia.
518 Birth of the lyric poet *Pindar*, of Thebes.
514 Hipparchus slain by Harmodius and Aristogeiton
510 Hippias and all the Peisistratids expelled from Athens (in the same year as the expulsion of the Tarquins from Rome).
Cleisthenes reforms the constitution of Athens.
499 Revolt of the Ionians from Persia: aided by the Athenians, they burn Sardis.
Aeschylus (aged 25) first exhibits tragedy.
497 Death of the philosopher *Pythagoras*.
495 Birth of the tragedian *Sophocles*.
492 First Persian Invasion of Greece.
Mardonius conquers Macedonia.
491 Darius demands earth and water of the Greeks.
War between Athens and Aegina.
490 Second Persian Invasion. Datis, and Artaphernes defeated Marathon.
485 Death of Darius: he is succeeded by Xerxes.
484 Birth of the historian *Herodotus*.
483 Ostracism of Aristeides.
Administration of Themistocles at Athens.
480 Third Persian Invasion, under Xerxes.
Battles of Thermopylae, Artemisium, and Salamis.
Birth of the tragedian *Euripides*.
479 Battles of Plataeae in Boeotia and Mycale in Asia Minor, the same day (Sept. 25).
478 The Greeks take Sestos.
The walls of Athens built.
477 Beginning of the Athenian supremacy.
471 Ostracism of Themistocles.
Treason and death of Pausanias.
468 Birth of *Socrates*.
First tragic victory of *Sophocles*.
466 Revolt and subjugation of Naxos.
Double victory of Cimon at the river Eurymedon.
465 Death of Xerxes: he his succeeded by Artaxerxes I. Longimanus
461 Ostracism of Cimon.
460 Revolt of Egypt from Persia.
The Athenians aid the Egyptians.
457 The Athenians at war in Peloponnesus.
455 *Euripides* first gains the tragic prize.
454 *Cratinus*, the comic poet, fl.
450 Five years' truce between the Athenians and Peloponnesians.
449 Death of Cimon. End of the Wars with Persia.
448 Athenian power at its height. Sacred War between the Delphians and Phocians: leading to war between the Athenians and Lacedaemonians.
447 The Athenians defeated by the Boeotians at Coronea.

B. C.
445 Thirty years' truce.
444 Administration of Pericles.
435 War between the Corinthians and Corcyraeans.
431 Beginning of the Peloponnesian War.
430 The Great Plague at Athens.
429 Death of Pericles.
427 The Peloponnesians take Plataeae.
Aristophanes first exhibits comedy.
425 Success of Cleon at Sphacteria.
Death of Artaxerxes I. Longimanus, King of Persia: brief reigns of Xerxes II. and Sogdianus; accession of Darius II. Nothus.
424 Campaign in Thrace about Amphipolis.
423 Banishment of the historian *Thucydides*.
422 Deaths of Brasidas and Cleon.
421 Truce for fifty years: but the war does not cease.
420 Alcibiades becomes a political leader at Athens.
415 Athenian expedition to Sicily.
Flight of Alcibiades to Sparta.
413 Destruction of the Athenians in Sicily.
411 Democracy abolished at Athens.
406 Naval victory of the Athenians at the Arginusae.
Deaths of *Euripides* and *Sophocles*.
405 Destruction of the Athenian fleet at Aegospotami.
Darius II. succeeded by Artaxerxes II. Mnemon.
404 Athens taken by Lysander.
End of the Peloponnesian War.
The Thirty Tyrants at Athens.
403 The oligarchy overthrown by Thrasybulus.
401 The Expedition *(Anabasis)* of Cyrus the younger.
400 Return of the Ten Thousand Greeks.
399 Condemnation and death of Socrates.
396 Agesilaus fights in Asia against the Persians.
394 Greek confederacy against Sparta.
Agesilaus, recalled, gains the battle of Coronea.
Naval victory of Conon at Cnidus.
Banishment of *Xenophon*.
393 Conon rebuilds the Long Walls of Athens.
389 *Plato* (aged 40) goes to Sicily.
387 The Peace of Antalcidas.
384 Birth of *Aristotle*.
382 Birth of *Demosthenes*.
378 War of Thebes and Athens against Sparta.
371 The Thebans excluded from the peace of Sparta. Battle of Leuctra. Foundation of Megalopolis.
367 Death of Dionysius I., tyrant of Syracuse, after a reign of 38 years
362 Death of Epaminondas at Mantinea.
Conclusion of *Xenophon's* Greek History.
361 General peace: Lacedaemon excluded.
Death of Agesilaus in Egypt.

CHIEF DATES IN GRECIAN HISTORY.

B. C.
359 Accession of Philip II., the Great, in Macedonia.
  Death of Artaxerxes II. Mnemon: he is succeeded by Artaxerxes III. Ochus.
358 Philip takes Amphipolis.
357 The Athenian Allies revolt.
  The Social and Sacred Wars begin.
356 Birth of Alexander the Great.
  Dionysius II. expelled from Syracuse.
355 End of the Social War.
  The Allies of Athens independent.
353 Death of Dion, tyrant of Syracuse.
352 Progress of Philip in Northern Greece.
  He is repulsed from Thermopylae.
  "First Philippic" of Demosthenes.
349 Philip attacks Olynthus.
  The "Olynthiacs" of Demosthenes.
347 Philip takes and destroys Olynthus
  Death of *Plato*, aged 82.
346 Peace between Philip and the Athenians.
  Philip ends the Sacred War.
342 Aristotle at the court of Philip.
  Death of the comic poet *Menander*.
341 Birth of the philosopher *Epicurus*.
340 *Isocrates* (aged 96) completes his Panathenaic Oration.
338 Philip chosen general of the Amphictyons.
  His victory at Chaeronea. Death of *Isocrates*.
  Extinction of liberty in Greece.
  Congress at Corinth: Philip named general of the Greeks for the war with Persia.
  Ochus, King of Persia, succeeded by Arses.
336 Assassination of Philip: accession of Alexander the Great. Murder of Arses: accession of Darius III. Codomannus, last King of Persia.
335 Revolt and destruction of Thebes.
334 Alexander marches against Persia.
  His victory at the Granicus.
333 He defeats Darius at Issus.
332 He takes Tyre, and conquers Egypt.
331 His decisive victory at Arbela.
  Agis III. defeated and slain by Antipater.
330 Alexander in Central Asia.
  Murder of Darius Codomannus by Bessus.
  Pacification of Greece by Antipater.
  Speeches of *Aeschines* and *Demosthenes* "On the Crown"
329 Alexander's campaign in India.
323 Death of Alexander, and division of his empire.
  Ptolemy I. founds the Greek Kingdom of Egypt.
322 Deaths of Demosthenes and Aristotle.
321 *Menander* first exhibits Comedy.

CHIEF DATES IN GRECIAN HISTORY.

B. C.
- 318 Phocion put to death at Athens.
- 316 Death of Eumenes. Antigonus master of Asia.
- 312 Seleucus I. Nicator founds the Greek kingdom of Syria. Era of the Seleucidae.
- 306 *Epicurus* settles at Athens.
- 301 Battle of Ipsus and death of Antigonus: end of the wars of Alexander's successors.
- 295 Athens taken by Demetrius Poliorcetes.
- 288 Death of Agathocles, King of Sicily.
- 280 Pyrrhus crosses into Italy.
- 279 The Gauls under Brennus invade Greece, and are repulsed at Delphi.
- 272 Death of Pyrrhus.
- 251 Rise of the Achaean League.
- 241 Attempted reform, and death, of Agis IV., King of Sparta.
- 225 Reforms of Cleomenes III. at Sparta.
- 220 Philip V. King of Macedonia.
  Power of the Actolian League.
  The Social War begins; ends B. C. 217.
- 215 Treaty of Philip with Hannibal.
- 213 Murder of Aratus by Philip.
- 212 Syracuse taken by the Romans.
  Death of the mathematician *Archimedes*.
- 211 Treaty of Rome with the Actolians.
- 208 Philopoemen general of the Achaean League.
- 200 War between Philip and Rome.
- 197 Defeat of Philip at Cynoscephalae.
- 196 Liberation of Greece by T. Quinctius Flamininus.
- 191 Antiochus III. the Great defeated by the Romans at Thermopylae.
- 183 Death of Philopoemen.
- 179 Death of Philip V.: he is succeeded by Perseus.
- 171 War between Perseus and Rome.
- 168 Perseus defeated and taken at Pydna by Aemilius Paulus.
- 147 Macedonia made a Roman province.
  War between the Romans and Achaeans.
- 146 Destruction of Corinth by Mummius.
  Greece made a Roman province.

A SHORT INTRODUCTION

TO THE

POLITICAL AND MILITARY ANTIQUITIES OF GREECE.

CHAPTER I.

THE HELLENIC STATES.

The name of *Greece* was first brought into use by the Romans.

The native name of *Hellas* included all the settlements of the people called *Hellenes*.

A. IN GREECE PROPER.

Subdivided into the *Peloponnesus* and *Northern Greece*.

There were four chief races, speaking distinct dialects: the *Achaeans* and *Ionians*, the *Aeolians* and *Dorians;* these pairs indicating their nearer affinities. But, in the historic age, the four dialects were *Aeolic, Doric, Ionic* and *Attic,* the last having sprung from the *old Ionic*.

I. *In the Mythical and Homeric Age.*

The **Achaeans** were the dominant race, occupying the southern and eastern parts of Peloponnesus.

The **Ionians** held the N. coast of the Peloponnesus (afterwards Achaea) and the peninsula of Attica.

The **Aeolians** prevailed widely in the W. of Peloponnesus, the adjacent islands, and the greater part of Northern Greece.

The **Dorians** are said to have had for their original seat a small region in Northern Greece.

II. *In Historical Times.*

The **Dorians** became the dominant race in Peloponnesus, in the former settlements of the Achaeans; and in large portions of Northern Greece.

The **Achaeans**, displaced by the Dorians, occupied Achaea, driving out the Ionians.

The **Ionians** in Attica became the chief people of Northern Greece: the rest of them emigrated to Asia Minor.

The **Aeolians** held their ground in the W. of Peloponnesus, and in parts of Northern Greece and the islands: but many of them emigrated to Asia Minor.

The **Arcadians**, in the centre of Peloponnesus, were a primitive pastoral people, supposed to be more ancient than any of these four. Remnants of older races (e. g. the **Pelasgians**) were also found in other parts of Greece.

Epirus, the N. W. country of Greece, had also a population older than the other races.

Macedonia, whose Kings became ultimately the masters of Greece, was outside of the Hellenic world.

B. THE HELLENIC COLONIES.

These were spread over the following regions.

1. *Asia Minor:* on the western shores and the adjacent islands.

i. **Aeolis**, to the north, on the coast of Mysia, with the islands of Lesbos and Tenedos.

ii. **Ionia**, in the centre, on the coast of Lydia, with the islands of Chios and Samos.

iii. **Doris**, at the S. W. angle, with the islands of Rhodes and Cos.

Nearly all of these belong to the prehistoric age.

2. *Sicily,* and the *Southern part of Italy,* called *Magna Graecia,* and the W. parts of the Mediterranean.

Some of these colonies belong to the mythical period, but most of them were founded in the 8th century B. C. Of the extreme western colonies, the most important was **Massalia** (Marseille) founded B. C. 600.

3. *The N. coast of Libya or Africa :* **Cyrene** (about B. C. 630) and the neighbouring cities.

4. The shores of *Epirus, Macedonia, Thrace,* and the *Euxine* (Black Sea). Of these the most important was **Byzantium** (afterwards Constantinople).

CHAPTER II.

Their Political Constitution.

A. Independence of the Cities.

A **City** *(Polis),* with its immediate territory, formed a Grecian state: not a whole country, nor even (at least in early times) a considerable district.

Each colony was a city, carrying with it the complete constitution of the mother city *(Metropolis).*

B. Their Federations.

1. The cities inhabited by the same race, and in the same region, formed leagues for mutual defence and common interests, and held periodical meetings at the temple of their chief god. Such were the Federations of the Twelve cities of Ionia *(Dodecapolis),* and of the Six cities of Doris *(Hexapolis);* and other cases *(Tripoleis, Pentapoleis,* &c.).

2. *The Peloponnesian Confederacy.* After the Dorian Conquest of the Peloponnesus, the prevalence of a common blood, as well as their geographical position, led the states of Peloponnesus to meet for the decision of common questions, especially war and peace, by a majority of votes, usually at the Isthmus or at Sparta. It was such a Congress that began the Peloponnesian War.

C. Territorial States.

In some cases a powerful city swallowed up the political being of the smaller cities about it, either by attraction or conquest. Thus **Athens** ruled over Attica, and **Sparta** over Laconia and Messenia (though in different ways); while **Thebes** only partially succeeded in becoming the head of the Bocotian cities.

D. Imperial Alliances.

Peculiar circumstances raised particular cities to a supremacy *(Hegemonia)*, over a number of allied states, more or less subject to it.

1. *The old Argive Supremacy.* In the legends of the Trojan War, the Argive house of the Atridae hold a sort of headship of the united Greeks, in virtue of which Agamemnon, King of Mycenae, is commander in chief of the expedition.

2. *The Lacedaemonian Supremacy.* The necessity of common action in the Persian War brought the united Greeks to a voluntary admission of the headship of Sparta, till, disgusted by the arrogance of Pausanias, they transferred the Hegemony to Athens.

3. *The Athenian Supremacy.* This was gradually transformed into the absolute rule of Athens over her maritime allies as subjects, whose attempts to secede were punished as rebellion. Their successful revolts at length led to the fall of Athens in the Peloponnesian War, B. C. 404.

4. From that time there was always one dominant state in Greece, maintaining its power by wars and alliances, but always resisted by some of the states. This sort of supremacy was held by **Sparta** (B. C. 404—371), and **Thebes** (B. C. 371—361); till Philip the Great raised his power on the dissensions of the states, and brought Greece under the **Macedonian Empire** (B. C. 338).

E. Hellenic Unity.

From the earliest times, the independent states of Greece were united, not only by a common blood, language and religion, but by common institutions.

1. The Mythical Traditions of the *Argonautic Voyage* and the *Siege of Troy* testify to united action, like that of the *Persian Wars* in the historical age. The *Peloponnesian War* professed to aim at bringing back one overweening state to its due relation to the rest.

2. *The Ampictyonies and Amphictyonic Council.* The *Amphictyonies* were associations of neighbouring cities or tribes for common religious rites. The greatest of these

was the *Amphictyonic Council* of Northern Greece, representing 12 tribes, and holding its meetings at Delphi. As guardian of the sanctity of the great national god, it assumed the right to call for aid from all the Grecian states. The election of Philip as its general was the formal act which led to the subjugation of Greece.

3. The *Delphic Oracle*, of which the Amphictyons were the guardians, was itself a great instrument of Hellenic unity. There were several oracles in Greece, which were consulted on all great occasions of public and private life: but the most celebrated oracle was that of Apollo at Delphi. Its ancient name was Pytho. In the centre of the temple there was a small opening ($\chi\acute{\alpha}\sigma\mu\alpha$) in the ground, from which, from time to time, an intoxicating smoke arose, which was believed to come from the spring of Cassotis, which vanished into the ground close by the sanctuary. Over this chasm there stood a high tripod, on which the *Pythia*, led into the temple by the 'prophet' ($\pi\rho o\varphi\acute{\eta}\tau\eta\varsigma$), took her seat whenever the oracle was to be consulted. The smoke rising from under the tripod affected her brain in such a manner that she fell into a state of delirious intoxication, and the sounds which she uttered in this state were believed to contain the revelations of Apollo. These sounds were carefully written down by the prophet, and afterwards communicated to the persons who had come to consult the oracle. The Delphians, or, more properly speaking, the noble families of Delphi, had the superintendence of the oracle. Most of the oracular answers which are extant are in hexameters, and in the Ionic dialect. Sometimes, however, Doric forms also were used. The Delphic oracle had at all times a leaning in favour of the Greeks of the Dorian race, and at the time of the Peloponnesian War the Athenians began to lose all reverence and esteem for it, and the oracle became a mere instrument in the hands of a political party.

4. *The four Great National Festivals.* I. The *Olympia*, or Olympic Games, were celebrated every four years at Olympia in Elis, a small plain to the west of Pisa, on the banks of the river Alpheus. Olympia does not appear to have been a town, but rather a collection of temples and public build-

ings, the chief of which was that of Zeus Olympius. The festival was of very great antiquity. It is said to have been revived by Iphitus, with the assistance of Lycurgus, the Spartan lawgiver. The interval of four years between each celebration of the festival was called an *Olympiad;* but the Olympiads were not employed as a chronological era till the victory of Coroebus in the foot-race, B. C. 776. A stop was put to all warfare for the month in which the games were celebrated, and this was called the *sacred month.* No one was allowed to contend in the games but persons of pure Hellenic blood. Deputies ($\vartheta\varepsilon\omega\varrho\omicron\iota$) were sent to represent the various states of Greece. The Olympic festival was celebrated on the first full moon after the summer solstice. It lasted, after all the contests had been introduced, five days, from the 11th to the 15th days of the month inclusive, the 14th being the day of the full moon.—The contests consisted of various trials of strength and skill, which were increased in number from time to time. There were in all twenty-four contests; eighteen in which men took part, and six in which boys engaged; though they were never all exhibited at one festival. The most important were: 1. The foot-race ($\delta\varrho\omicron\mu\omicron\varsigma$), which was the only contest during the first 13 Olympiads. 2. The $\delta\iota\alpha\upsilon\lambda\omicron\varsigma$, or foot-race in which the stadium was traversed twice, first introduced in Ol. 14. 3. The $\delta\omicron\lambda\iota\chi\omicron\varsigma$, a still longer foot-race than the $\delta\iota\alpha\upsilon\lambda\omicron\varsigma$, introduced in Ol. 15. 4. Wrestling ($\pi\alpha\lambda\eta$), and, 5. The Pentathlum ($\pi\varepsilon\nu\tau\alpha\vartheta\lambda\omicron\nu$), which consisted of five exercises, both introduced in Ol. 18. 6. Boxing ($\pi\upsilon\gamma\mu\eta$), introduced in Ol. 23. 7. The chariot-race, with four full-grown horses ($\iota\pi\pi\omega\nu$ $\tau\varepsilon\lambda\varepsilon\iota\omega\nu$ $\delta\varrho\omicron\mu\omicron\varsigma$, $\alpha\varrho\mu\alpha$), introduced in Ol. 25. 8. The Pancratium ($\pi\alpha\gamma\kappa\varrho\alpha\tau\iota\omicron\nu$) and 9. The horse-race ($\iota\pi\pi\omicron\varsigma$ $\kappa\varepsilon\lambda\eta\varsigma$), both introduced in Ol. 33.—The judges in the Olympic Games, called *Hellanodicae* ($\text{'}E\lambda\lambda\alpha\nu\omicron\delta\iota\kappa\alpha\iota$), were appointed by the Eleans, who had the regulation of the whole festival. The only prize given to the conqueror was a garland of wild olive ($\kappa\omicron\tau\iota\nu\omicron\varsigma$), cut from a sacred olive tree which grew in the sacred grove called Altis, in Olympia. Palm branches, the common tokens of victory on other occasions, were placed in his hands. The name of the victor, and that of his father and of his country, were then proclaimed by a herald before the representatives of assembled Greece. A conqueror usually had immunities and privileges conferred upon him by the gratitude of his fellow-citizens. On his return home the victor entered the city in a triumphal procession, in which his praises were celebrated, frequently in the loftiest strains of poetry. As persons from all parts of the Hellenic world were assembled together at the Olympic Games, it was the best opportunity which the artist and the writer possessed of making their works known. Herodotus is said to have read his history at this festival; and there are numerous other writers who thus published their works, as the sophist Hippias, Prodicus of Ceos, Anaximenes, the orator Lysias, Dion Chrysostom, &c.

II. The *Pythia*, or Pythian Games, were celebrated in the Crissaean plain in the neighbourhood of Delphi, anciently called Pytho, in honour of Apollo, Artemis, and Leto. The Pythian Games are said to have been instituted by Apollo himself, and to have been at first only a musical contest, in honour of the Pythian god; but gradually all the various contests were introduced, which occur in the Olympic Games. In the third year of Ol. 48, after the Crissaean war, the Amphictyons took the management under their care. Previous to this date the Pythian Games had been celebrated at the end of every eighth year; but now, like the Olympia, they were held at the end of every fourth year; and a Pythiad, therefore, from the time that it was used as an era, comprehended a space of four years, commencing with the third year of every Olympiad. They were in all probability held in the spring.

III. The *Nemea*, or Nemean Games, were held at Nemea, in Argolis, and were said to have been originally instituted by the Seven against Thebes in commemoration of the death of Opheltes, afterwards called Archemorus. The games were revived by Hercules, after he had slain the Nemean lion; and were from this time celebrated in honour of Zeus. They were at first of a warlike character, and only warriors and their sons were allowed to take part in them; subsequently, however, they were thrown open to all the Greeks. The prize given to the victors was at first a chaplet of olive-branches, but afterwards a chaplet of green parsley. The presidency of these games, and the management of them, belonged at different times to Cleonae, Corinth, and Argos. They were celebrated twice in every Olympiad, namely at the commencement of every second Olympic year, in the winter, and soon after the commencement of every fourth Olympic year, in the summer.

IV. The *Isthmia*, or Isthmian Games, derived their name from the Corinthian Isthmus, where the festival was held in honour of Poseidon. The celebration of the Isthmia was conducted by the Corinthians, but Theseus, their reputed founder, had reserved for his Athenians some honourable distinctions. In times of war between the two states a sacred truce was concluded. These games were celebrated every other year, in the first and third years of each Olympiad. The contests and games of the Isthmia were the same as those at Olympia. The prize of a victor in the Isthmian games consisted at first of a garland of pine-leaves, and afterwards of a wreath of ivy.

CHAPTER III.

CONSTITUTION OF THE SEVERAL STATES.

Most of the Greek States passed through the following stages.

A. HEROIC AGE.

Patriarchal Monarchies, as depicted by Homer.

1. The King *(Basileus, Anax)* and his Council. The King derived his authority and its limitations, not from any written code, but from Jove, whose descendant he claimed to be. He was surrounded by a body of chiefs or nobles, whose power was but little inferior to that of the kings themselves and who are also called *kings* (βασιλῆες). These formed his Council (βουλή). The characteristic emblem of the kingly office was the staff called *sceptre* (σκῆπτρον). The only Greek state which retained the kingly office in historic times was Sparta. (See below).

2. The People and their *Assembly (Agora)*. The Greeks in the Heroic age were divided into the classes of *Nobles, common Freemen,* and *Slaves.*

The *Nobles* were raised far above the rest of the community in honour, power, and wealth. They were distinguished by their warlike prowess, their large estates, and their numerous slaves.

The condition of the general mass of *Freemen* is rarely mentioned. They possessed portions of land as their own property, which they cultivated themselves; but there was another class of poor freemen, called Thētes, who had no land of their own, and who worked for hire on the estates of others.

The *Agora* or the general assembly of the people seems to have been considered an essential part of the constitution of the early Grecian states. It was usually convoked by the king, but occasionally by some distinguished chieftain, as, for example, by Achilles before Troy. The King occupied the most important seat in these assemblies, and near him sat the nobles, while the people stood or sat in a circle around them. The people appear to have had no right of speaking or voting in these assemblies, but merely to have been called together to hear what had been already agreed upon in the council of the nobles, and to express their feelings as a body.

3. The Slaves. Slavery was not so prevalent in the Heroic age as at a later time, and it appears in a less odious aspect. The nobles alone possessed slaves, and they treated them with a degree of kindness which frequently secured for the masters their affectionate attachment.

B. Second Period.—*Aristocracies* or *Oligarchies,* and *Tyrannies.*

1. Hereditary monarchies became elective; the different functions of the king were distributed; he was called *Archon* (ἄρχων), *Cosmus* (κόσμος), or *Prytanis* (πρύτανις), instead of *Basileus* (βασιλεύς), and his character was changed no less than his name. Noble and wealthy families began to be considered on a footing of equality with royalty;

and thus in process of time sprang up *aristocracies* or *oligarchies*.

Aristocracy (ἀριστοκρατία), signifies literally "the government of the best men," and as used by Plato, Aristotle, Polybius, &c., it meant the government of a class whose supremacy was founded, not on wealth merely, but on personal distinction; and this was assumed to be hereditary in noble families. As soon as the government ceased to be conducted with a view to the promotion of the general interests, instead of the exclusive or predominant advantage of the privileged class, or whenever the only title to political power in the dominant class was the possession of *superior wealth*, the constitution was termed an **Oligarchy** (ὀλιγαρχία), which, in the technical use of the term, was always looked upon as a corruption of an aristocracy*. The governing body in an Oligarchy was called the *Few* (οἱ ὀλίγοι) as distinguished from the *Many* or the *Commons* (οἱ πολλοί), and these names denoted the two parties which in every Greek state, more or less, strove for the mastery.

The principal families contended with each other for the greatest share of power. The people, oppressed by the privileged classes, began to regret the loss of their old paternal form of government, and were ready to assist any one who would attempt to restore it. Discontented nobles were soon found to prosecute schemes of this sort, and they had a greater chance of success if descended from the ancient royal family. Pisistratus is an example; he was the more acceptable to the people of Athens as being a descendant of the family of Codrus.

2. Thus in many cities arose that species of monarchy which the Greeks called *Tyrannis* (τυραννίς), which meant only *a Despotism*, or the irresponsible dominion of one man. Sometimes the conflicting parties in the state, by mutual consent, chose some eminent man, in whom they had confidence, to reconcile their dissensions; investing him with a sort of dictatorial power for that purpose, either for a limited period or otherwise. Such a person they called

---

* It is to be noted that the word ἀριστοκρατία is never, like the English term *aristocracy*, the name of a class, but only of a particular political constitution.

Aesymnetes (αἰσυμνήτης). The name of *Tyrant* was originally far from denoting a person who abused his power, or treated his subjects with cruelty. Afterwards, when tyrants themselves had become odious, the name also grew to be a word of reproach, just as *rex* did among the Romans. The general characteristics of a *tyranny* were, that it was bound by no laws, and had no recognised limitation to its authority, however it might be restrained *in practice* by the good disposition of the tyrant himself, or by fear, or by the spirit of the age. Even where the father set a good example, it was seldom followed by the son; and few dynasties lasted beyond the third generation. Most of the tyrannies, which flourished before the Persian war, are said to have been overthrown by the exertions of Sparta, jealous, probably, of any innovation upon the old Doric constitution.

Upon the fall of *Tyranny*, the various republican forms of government were established, the Dorian states generally favouring Oligarchy, the Ionian Democracy.

Of the tyrants of a later period, the most celebrated are the two Dionysii.

C. Third Period.—*Republican Governments.*

Democracy (δημοκρατία) is that form of constitution in which the sovereign political power is in the hands of the *Demus* (δῆμος) or commonalty. In a passage of Herodotus (III. 80), the characteristics of a democracy are specified to be—1. Equality of legal rights. 2. The appointment of magistrates by lot. 3. The accountability of all magistrates and officers. 4. The reference of all public matters to the decision of the community at large. It is somewhat curious that neither in practice nor in theory did the representative system attract any attention among the Greeks. That diseased form of a democracy, in which, from the practice of giving pay to the poorer citizens for their attendance in the public assembly, and from other causes, the predominant party in the state came to be in fact the lowest class of the citizens, was by later writers termed an **Ochlocracy** (ὀχλοκρατία, the dominion of the mob).

The two great types of Oligarchy and Democracy are the constitutions of Sparta and Athens.

The great distinction, common to all Hellenic states, was that into the two classes of *freemen* and *slaves;* and the most important privilege of freemen was the *citizenship.*

Citizens.—Aristotle defines a *citizen* (πολίτης) to be *one who is a partner in the legislative and judicial power.* A state in the heroic ages was the government of a prince; the citizens were his subjects, and derived all their privileges, civil as well as religious, from their nobles and princes. The dominant class, which gradually overthrew the monarchies of ancient Greece, was distinguished by good birth and the hereditary transmission of privileges, the possession of land, and the performance of military service. To these characters the names *gamori* (γάμοροι), *knights* (ἱππεῖς), *eupatridae* (εὐπατρίδαι), &c. severally correspond. Strictly speaking, these were the only citizens; yet the lower class were quite distinct from bondsmen or slaves It commonly happened that the nobility occupied the fortified towns, while the *demus* (δῆμος) lived in the country and followed agricultural pursuits. Whenever the latter were gathered within the walls, and became seamen or handicraftsmen, the difference of ranks was soon lost, and wealth was made the only standard. The quarrels of the nobility among themselves, and the admixture of population arising from immigrations, all tended to raise the lower orders from their political subjection. The possession of domestic slaves gave them leisure to attend to the higher duties of a citizen.

There were also naturalized citizens, and a class of foreigners, the Proxeni, who at Athens, in after times, obtained rights only inferior to actual citizenship. Sometimes particular privileges were granted: as ἐπιγαμία, the right of intermarriage; ἔγκτησις, the right of acquiring landed property; ἀτέλεια, immunity from taxation, especially ἀτέλεια μετοικίου, from the tax imposed on resident aliens. All these privileges were included under the general term ἰσοτέλεια, or ἰσοπολίτεια, and the class who obtained them were called ἰσοτελεῖς. They bore the same burthens with the citizens, and could plead in the courts or transact business with the people, without the intervention of a προ-στάτης, or patron.

The **Resident Aliens (Metoeci).**—What we know of those is almost peculiar to Athens.

Slaves.—Slavery existed almost throughout the whole of Greece. Aristotle says that a complete household is that which consists of slaves and freemen, and he defines a slave to be a living working-tool and possession. We find them in the Homeric poems, though by no means so generally as in later times, mostly confined to the houses of the wealthy. They are usually prisoners taken in war, who serve their conquerors: but we also read of the purchase and sale of slaves.

There were two kinds of slavery among the Greeks. One species arose when the inhabitants of a country were subdued by an invading tribe, and reduced to the condition of serfs or bondsmen. They lived upon and cultivated the land which their masters had appropriated to themselves, and paid them a certain rent. They also attended their masters in war. They could not be sold out of the country or separated from their families, and could acquire property. Such were the *Helots* of Sparta and the *Penestae* of Thessaly.

The other species of slaves consisted of domestic slaves acquired by purchase, who were entirely the property of their masters, and could be disposed of like any other goods and chattels: these were the δοῦλοι properly so called, and were the kind of slaves that existed at Athens and Corinth. In commercial cities slaves were very numerous, as they performed the work of the artisans and manufacturers of modern towns. In poorer republics, which had little or no capital, and which subsisted wholly by agriculture, they would be few. The majority of slaves were purchased. Almost all slaves in Greece, with the exception of the serfs above mentioned, were barbarians. The chief supply seems to have come from the Greek colonies in Asia Minor, and from Thrace. At Athens the number of slaves was far greater than the free population.—Slaves either worked on their masters' account or their own (in the latter case they paid their masters a certain sum a day); or they were let out by their master on hire. The

8

rowers on board the ships were usually slaves. The condition of Greek slaves was upon the whole better than that of the Roman, with the exception perhaps of Sparta. Those who were manumitted (ἀπελεύθεροι) did not become citizens, as they might at Rome, but passed into the condition of *metoeci*. They were obliged to honour their former master as their patron (προστάτης), and to fulfil certain duties towards him, the neglect of which rendered them liable to the δίκη ἀποστασίου, by which they might again be sold into slavery.

CHAPTER IV.

THE SPARTAN CONSTITUTION.

The design of Spartan institutions was evidently to unite the governing body among themselves against the superior numbers of the subject population.

The progress of Sparta from the second to the first place among the states in the peninsula was mainly owing to the military discipline and rigorous training of its citizens. The singular constitution of Sparta was unanimously ascribed by the ancients to the legislator Lycurgus, who lived probably about B.C. 776.

A. CLASSES OF THE PEOPLE.

The people who inhabited the city of Lacedaemon and its territory, Laconia, were called by the general name of *Lacedaemonians*, which properly belonged only to the freemen.

The population of Laconia was divided into the three classes of Spartans, Perioeci, and Helots.

1. The **Spartans** were the descendants of the leading Dorian conquerors. They formed the sovereign power of the state, and they alone were eligible to honours and public offices. They lived in Sparta itself, and were all subject to the discipline of Lycurgus. They were divided into three tribes,—the *Hylleis*, the *Pamphyli*, and the *Dymānes*, — which were not, however, peculiar to Sparta, but existed in all the Dorian states. Each tribe was divided into ten phratries.

In legal rights all Spartans were equal; but there were yet several gradations, which, when once formed, retained their hold on the aristocratic feelings of the people. First, there was the dignity of the Heraclid families; and, connected with this, a certain preeminence of the Hyllean tribe. Another distinction was that between the *Homoioi* (ὅμοιοι) and *Hypomeiones* (ὑπομείονες), which, in later times, appears to have been considerable. The latter term probably comprehended those citizens who, from degeneracy of manners or other causes, had undergone some kind of civil degradation. The citizens of Sparta, as of most oligarchical states, were landowners.

Lycurgus is said to have divided the land belonging to the Spartans into 9009 equal lots, and the remainder of Laconia into 30,000 equal lots, and to have assigned to each Spartan citizen one of the former of these lots, and to each Perioecus one of the latter.

2. The **Perioeci** (i. e. *dwellers around the city*) were personally free, but politically subject to the Spartans. They possessed no share in the government, and were bound to obey the commands of the Spartan magistrates. They appear to have been the descendants of the old Achæan population of the country, and they were distributed into a hundred townships, which were spread through the whole of Laconia.

3. The **Helots** were serfs bound to the soil, which they tilled for the benefit of the Sparta proprietors. Their condition was very different from that of the ordinary slaves in antiquity, and rather similar to the villenage of the middle ages. They lived in the rural villages, as the Perioeci did in the towns, cultivating the lands and paying over the rent to their masters in Sparta, but enjoying their homes, wives, and families, apart from their master's personal superintendence. They appear to have been never sold, and they accompanied the Spartans to the field as light-armed troops. But, while their condition was in these respects superior to that of the ordinary slaves in other parts of Greece, it was embittered by the fact that they were not strangers like the latter, but were of the same race and spoke the same language as their masters, being pro-

bably the descendants of those of the old inhabitants who had offered the most obstinate resistance to the Dorians, and had therefore been reduced to slavery. As their numbers increased, they became objects of suspicion to their masters, and were subjected to the most wanton and oppressive cruelty. Occasionally the ephors selected young Spartans for the secret service (κρυπτεία) of wandering over the country, in order to kill the Helots. The Helots might be emancipated, but there were several steps between them and the free citizens, and it is doubtful whether they were ever admitted to all the privileges of citizenship.

B. The Spartan Discipline.

The position of the Spartans, surrounded by numerous enemies, whom they held in subjection by the sword alone, compelled them to be a nation of soldiers.

1. **Education.**—To accomplish this, the education of a Spartan was placed under the control of the state from his earliest boyhood. Every child after birth was exhibited to public view, and, if deemed deformed or weakly, he was exposed to perish on Mount Taygĕtus. At the age of seven he was taken from his mother's care, and handed over to the public classes. He was not only taught gymnastic games and military exercises, but he was also subjected to severe bodily discipline, and was compelled to submit to hardships and suffering without repining or complaint. One of the tests to which he was subjected was cruel scourging at the altar of Artemis (Diana), until his blood gushed forth and covered the altar of the goddess. It was inflicted publicly before the eyes of his parents and in the presence of the whole city; and many Spartan youths were known to have died under the lash without uttering a complaining murmur. No means were neglected to prepare them for the hardships and stratagems of war. They were obliged to wear the same garment winter and summer, and to endure hunger and thirst, heat and cold. They were purposely allowed an insufficient quantity of food, but were permitted to make up the deficiency by hunting in the woods and mountains of Laconia. They were even encouraged

to steal whatever they could; but if they were caught in the fact, they were severely punished for their want of dexterity. Plutarch tells us of a boy who, having stolen a fox and hid it under his garment, chose rather to let it tear out his very bowels than be detected in the theft.

2. **Discipline of the Men.** A Spartan was not considered to have reached the full aged of manhood till he had completed his thirtieth year. He was then allowed to marry, to take part in the public assembly, and was eligible to the offices of the state. But he still continued under the public discipline, and was not permitted even to reside and take his meals with his wife. It was not till he had reached his sixtieth year that he was released from the public discipline and from military service.

3. **The Syssitia.**—Public tables were provided, at which every male citizen was obliged to take his meals. Each table accommodated fifteen persons, who formed a separate mess, into which no new member was admitted except by the unanimous consent of the whole company. Each sent monthly to the common stock a specified quantity of barley-meal, wine, cheese, and figs, and a little money to buy flesh and fish. No distinction of any kind was allowed at these frugal meals. Meat was only eaten occasionally; and one of the principal dishes was black broth.

4. **Female Life.**—The Spartan women in their earlier years were subjected to a course of training almost as rigorous as that of the men, and contended with each other in running, wrestling, and boxing. At the age of twenty a Spartan woman usually married, and she was no longer subjected to the public discipline. Although she enjoyed little of her husband's society, she was treated by him with deep respect, and was allowed a greater degree of liberty than was tolerated in other Grecian states. Hence she took a lively interest in the welfare and glory of her native land, and was animated by an earnest and lofty spirit of patriotism.

C. The Government.

The functions of the Spartan government were distributed among two kings, a senate of thirty members, a popular assembly, and an executive directory of five men called the Ephors.

1. The **Kings.**—At the head of the state were the two hereditary kings. The existence of a pair of kings was peculiar to Sparta, and is said to have arisen from the accidental circumstance of Aristodèmus having left twin sons, Eurysthènes and Procles. This division of the royal power naturally tended to weaken its influence, and to produce jealousies and dissensions between the two kings. The royal power was on the decline during the whole historical period, and the authority of the kings was gradually usurped by the Ephors, who at lenght obtained the entire control of the government, and reduced the kings to a state of humiliation and dependence.

2. The **Senate**—(*Gerusia*, or *Council of Elders*). This consisted of thirty members, among whom the two kings were included. These 30 *Elders* (γέροντες) corresponded to the 30 *Obae*. They were obliged to be upwards of sixty years of age, and they held their office for life. They possessed considerable power, and were the only real check upon the authority of the Ephors. They discussed and prepared all measures which were to be brought before the popular assembly, and they had some share in the general administration of the state. But the most important of their functions was, that they were judges in all criminal causes affecting the life of a Spartan citizen. They also appear to have exercised, like the Areopagus at Athens, a general superintendence and inspection over the lives and manners of the citizens.

3. The **Ecclesia.**—The Popular Assembly was of little importance, and appears to have been usually summoned only as a matter of form, for the election of certain magistrates, for passing laws, and for determining upon peace and war. It would appear that open discussion was not allowed, and that the assembly rarely came to a division.

4. The **Ephors** (*Overseers*).—This Council of Five was of later origin, and did not exist in the original constitution of Lycurgus. They may be regarded as the representatives of the popular assembly. They were elected annually from the general body of Spartan citizens, and seem to have

been originally appointed to protect the interests and liberties of the people against the encroachments of the kings and the senate. They correspond in many respects to the tribunes of the plebs at Rome. Their functions were at first limited and of small importance; but in the end the whole political power became centred in their hands. They possessed judicial authority in civil suits, and also a general superintendence over the morals and domestic economy of the nation which in the hands of able men would soon prove an instrument of unlimited power. Their jurisdiction and power were still further increased by the privilege of instituting scrutinies (εὔθυναι) into the conduct of all the magistrates. Even the kings themselves could be brought before their tribunal (as Cleomenes was for bribery). In extreme cases, the ephors were also competent to lay an accusation against the kings, as well as against the other magistrates, and bring them to a capital trial before the great court of justice.

The Spartan government was in reality a close oligarchy, in which the kings and the senate, as well as the people, were alike subject to the irresponsible authority of the five Ephors.

CHAPTER V.

THE ATHENIAN CONSTITUTION.

A. LEGENDARY PERIOD.

Athens affords an example of all the stages from patriarchal monarchy to extreme democracy.

The **Autochthones.**—Attica was, from the earliest traditions, the territory of an Ionian people, who claimed to be children of the soil, and recognised Athens as their chief city.

Athens and the twelve towns.—The land was divided into 12 districts, with their respective towns, each of which is said to have had originally its own King. The transference of all the rights of citizenship to Athens is ascribed to Theseus,

The **Attic Monarchy** is said to have been founded by **Cecrops**, who led a colony from Saïs in Egypt, and built *Cecropia* (afterwards the *Acropolis*), and to have ceased with **Codrus**, who devoted himself to death for his country during an invasion of the Dorians. Resolved that he should have no less worthy successor, the Athenians abolished royalty; but this reason is clearly fabulous.

Archons for Life.—The regal office, however, was preserved in the family of Codrus, under the new title of **Archon** (*Ruler*): and twelve of his descendants held this office.

Decennial Archons.—Under Alcmaeon, the 13th descendant of Codrus, the archonship was limited to 10 years (B. C. 752). In B. C. 714, it was extended from the family of Medon, the son of Codrus, to all the nobles.

Such is the legendary account of what seems to have been a peaceful transition from a monarchy to an oligarchy.

B. THE AGE OF OLIGARCHY.

College of Annual Archons.—In B. C. 683 (at which date Attic history really begins), the archonship was made an annual office, and its duties were distributed among *Nine Archons* in the following manner. The first was called *The Archon* by way of pre-eminence, and sometimes the Archon Eponymus, because the year was distinguished by his name. The second archon was called *The Basileus* or *The King*, because he represented the king in his capacity as high-priest of the nation. The third archon bore the title of *The Polemarch*, or Commander-in-chief, and was, down to the time of Cleisthenes, the commander of the troops. The remaining six had the common title of *Thesmothetae*, or Legislators. Their duties seem to have been almost exclusively judicial.

Nobles and People.—The Athenian nobles were called *Eupatridae* (Εὐπατρίδαι, *sons of noble fathers*), the two other classes in the state being the *Geomori* or husbandmen, and *Demiurgi* or artisans. This arrangement is ascribed to Theseus; but there was another division of the people, of still greater antiquity. As the Dorians were divided into *three tribes*, so the Ionians were usually distributed into *four tribes.* The latter division also existed among the Athenians, who were Ionians, and it continued in full vigour down to the great revolution of Cleisthenes (B.C. 509). These tribes were distinguished by the names of *Geleontes* (or *Teleontes*) "cultivators," *Hoplites* "warriors," *Ægicores* "goat-herds," and *Argades* "artisans." Each tribe ($φυλή$) contained three *Phratriae* ($φρατρίαι$), each Phratry thirty *Gentes* ($γένη$), and each Gens thirty heads of families ($οἰκίαι$): making a total of 12 Phratries, 360 Gentes, 10,800 families.

The **Eupatridae** formed a compact order of nobles, united by their interests, rights, and privileges. They were in the exclusive possession of all the civil and religious offices in the state, ordered the affairs of religion, and interpreted the laws human and divine. At the head of these religious functions were the family of the *Eumolpidae*, who were priests of Demeter, and presided over the Eleusinian mysteries. The king was only the first among his equals, and only distinguished from them by the duration of his office. As Solon, like all ancient legislators, abstained from abolishing any of the religious institutions, those families of the Eupatridae, in which certain priestly offices and functions were hereditary, retained these distinctions down to a very late period of Grecian history.

Legislation of Draco. B.C. 624.—The government of the Eupatrids was oppressive; and the discontent of the people at length became so serious, that Draco was appointed in 624 B.C. to draw up a written code of laws. They were marked by extreme severity. He affixed the penalty of death to all crimes alike; to petty thefts for instance, as well as to sacrilege and murder. Hence they were said to have been written not in ink but in blood.

Expulsion of the Alcmaeonidae.—Twelve years later (B.C. 612), Cylon, one of the nobles, attempted to seize the tyranny as champion of the people; and a sacrilege committed in the slaughter of his adherents led to the expulsion of the Alcmaeonidae, which greatly weakened the party of the nobles.

Attic Factions.—Attica was now divided into 3 hostile factions: the *Pedieis*, or wealthy Eupatrid inhabitants of the plains; the *Diacrii*, or poor inhabitants of the hills in the E. &. N.; and the *Parali*, or mercantile population, who had sprung up along the coasts. The poor were crushed by debts, to satisfy which their noble creditors reduced them to the state of serfs, or even sold them into foreign slavery.

Legislation of Solon. B. C. 594.—To avert a revolution, the nobles made Solon archon. Having first abolished personal slavery for debt, and repealed the laws of Draco, Solon next proceeded to draw up a new constitution.

1. *Classification of the Citizens.*—Solon distributed them into *four classes* according to the amount of their property, thus making wealth and not birth the title to the honours and offices of the state.—The test was a man's annual income reckoned in *medimni* of corn. **First Class:** *Pentacosiomedimni:* 500 medimni*. **Second Class:** *Knights:* between 300 and 500 medimni, named from their being able to furnish a war-horse. **Third Class:** *Zeugitae:* between 200 and 300 medimni, named from their being able to keep a yoke of oxen for the plough. **Fourth Class:** *Thētes:* all whose property fell short of 200 medimni.

The *first class* were alone eligible to the archonship and the higher offices of the state. The *second* and *third classes* filled inferior posts, and were liable to military service, the former as *horsemen*, and the latter as *heavy-armed soldiers on foot* (*hoplitae*). The *fourth class* were excluded from all public offices, and served in the army only as *light-armed troops*. Solon, however, allowed them to vote in the public assembly, where they must have constituted by far the largest number.

2. The *Popular Assembly* (*Ecclesia*).—He gave the assembly the right of electing the archons and the other officers of the state; and he also made the archons accountable to the assembly at the expiration of their year of office.

3. *The Senate* (*Boulé*). Solon created the Senate, or Council of Four Hundred, with the special object of preparing all matters for the discussion of the public assembly, of pre-

---

*) The medimnus was about one bushel and a half.

siding at its meetings, and of carrying its resolutions into effect. No subject could be introduced before the people, except by a previous resolution of the Senate. The members of the Senate were elected by the public assembly, one hundred from each of the four ancient tribes, which were left untouched by Solon. They held their office for a year, and were accountable at its expiration to the public assembly for the manner in which they had discharged their duties.

4. *The Areopagus.*—The Senate of the Areopagus* is said by some writers to have been instituted by Solon; but it existed long before his time, and may be regarded as the representative of the Council of Chiefs in the Heroic age. Solon enlarged its powers, and intrusted it with the general supervision of the institutions and laws of the state, and imposed upon it the duty of inspecting the lives and occupations of the citizens. All archons became members of it at the expiration of their year of office.

The constitution of Solon left the government in the hands of an oligarchy of wealth: but the new rights of the popular assembly, and the admission to it of the lowest class, prepared the transition to democracy.

C. TYRANNY OF THE PISISTRATIDS B. C. 560—510.

The supreme power was seized by **Pisistratus**; but he preserved the forms of Solon's constitution, and was a magnificent patron of art and letters (B. C. 560—527). His sons, *Hippias* and *Hipparchus*, governed in the same spirit, till the latter was slain by Harmodius and Aristogeiton, B. C. 514; when Hippias became a cruel tyrant. The exiled Alcmaeonidae, headed by *Cleisthenes*, obtained the aid of the Spartans, who expelled Hippias in B. C. 510.

D. THE ATHENIAN DEMOCRACY. B. C. 509.

Cleisthenes now introduced a new democratic constitution, which was extended by *Pericles* after the Persian Wars.

---

* It received its name from its place of meeting, which was a rocky eminence opposite the Acropolis, called ὁ Ἄρειος πάγος, the *Hill of Ares* (Mars' Hill).

Neither the old aristocracy, nor the oligarchy of wealth, had any place (as such) in the government of the state. The former merely enjoyed such honour as men chose to pay to birth: the latter were only distinguished by an extra share of public burthens.

New Classification of the People.

The Tribes and Demi.—The basis of the reforms of Cleisthenes was the redistribution of the population of Attica into *ten new local tribes*. He abolished the four ancient Ionic tribes, and enrolled in the ten new tribes all the free inhabitants of Attica, including both resident aliens and even emancipated slaves.

He divided the tribes into a certain number of cantons or townships, called *demi**, each possessing its town. There were originally 10 demi to each tribe, but afterwards they were increased by subdivision to 174. Every Athenian citizen was obliged to be enrolled in a demus, each of which, like a parish in England, administered its own affairs. It had its public meetings, it levied rates, and was under the superintendence of an officer called *Demarchus*. Each *demus* had its own temples and religious worship.

The Senate (Boulé).—The establishment of the ten new tribes led to a change in the number of the Senate. It had previously consisted of 400 members, but it was now enlarged to 500, fifty being selected from each of the ten new tribes.

The *Bouleutae* (βουλευταί) or Councillors were appointed by lot. They were required to submit to a scrutiny (*docimasia*), in which they gave evidence of being genuine citizens, of never having lost their civic rights by *atimia* (i. e. a sentence of disgrace), and also of being above 30 years of age. They remained in office for a year, receiving a drachma for each day on which they sat.

The Prytanes.—The senate of 500 was divided into ten sections of fifty each, the members of which were called *Prytanes* (πρυτάνεις), and were all the same tribe. They acted as presidents both of the council and the assemblies dur-

---

* Δῆμος properly signifies a country district inhabited and cultivated.

ing thirty-five or thirty-six days, as the case might be, so as to complete the lunar year of 354 days (12×29½). The period of office was called a **prytany** (πρυτανεία). Each fifty was subdivided into five bodies of ten each; its prytany also being portioned out into five periods of seven days each; so that only ten senators presided for a week over the rest, and were thence called **proedri** (πρόεδροι). Again out of these proedri an **epistates** (ἐπιστάτης) was chosen for one day to preside as a chairman in the senate and the assembly of the people; during his day of office he kept the public records and seal. The prytanes had the right of convening the council and the assembly (ἐκκλησία). The duty of the proedri and their president was to propose subjects for discussion, and to take the votes both of the councillors and the people. The *senate house* was called **Bouleuterion** (βουλευτήριον). The prytanes also had a building to hold their meetings in, where they were entertained at the public expense during their prytany. This was called the **Prytaneum** and was used for a variety of purposes.

The **Popular Assembly (Ecclesia).**—The Ecclesia, or formal assembly of the citizens, was now summoned at certain fixed periods; and Cleisthenes transferred the government of the state, which had hitherto been in the hands of the archons, to the senate and the ecclesia.

These assemblies were either *ordinary* (νόμιμοι or κυρίαι), held four times in each prytany, or *extraordinary*, that is, specially convened, upon any sudden emergency, and therefore called σύγκλητοι. The place in which they were anciently held was usually the *Pnyx*, which had a stone platform or hustings called *Bema* (βῆμα), ten or eleven feet high, with an ascent of steps. The prytanes not only gave a previous notice of the day of assembly, and published a programme of the subjects to be discussed, but also, it appears, sent a crier round to collect the citizens. All persons who did not obey the call were subject to a fine, and, whenever on assembly was to be held, certain public slaves were sent round to sweep the agora, and other places of public resort, with a rope coloured with vermilion, and those who refused to go were marked by the rope and fined. An additional inducement to attend, with the poorer classes, was the pay which they received for it. The privilege of addressing the assembly was not confined to any class or age among those who had the right to be present: all, without any distinction, were invited to do so by proclamation. After the speakers had concluded, any one was at liberty to propose a decree, which, however, it was necessary to present to the proedri. The chairman could prevent its being put to the vote, unless his opposition was overborne by threats and clamours. The decision of the people was given either by show of hands, or by ballot. The determination or decree of the people was called a psephisma ($\psi\acute{\eta}\varphi\iota\sigma\mu\alpha$), which properly signifies a law proposed to an assembly and approved of by the people. An assembly was sometimes broken up, if any one, whether a magistrate or private individual, declared that he saw an unfavourable omen, or perceived thunder and lightning.

Courts of justice.—Cleisthenes increased the judicial as well as the political power of the people; and enacted that all public crimes should be tried by the whole body of citizens above thirty years of age, specially convoked and sworn for the purpose. The assembly thus convened was called Heliæa and its members Heliasts.

All ordinary causes were tried by the citizens, acting as Dicasts ($\delta\iota\varkappa\alpha\sigma\tau\alpha\acute{\iota}$), which means not so much judges as jurymen, of whom 6000 were selected by lot for the service of every year. The whole number so selected was again divided by lot into ten sections of 500 each, together with a supernumerary section, consisting of 1000 persons, from among whom the occasional deficiencies in the sections of 500 might be supplied. A new allotment took place, under the conduct of the thesmothetae, every time that it was necessary to impanel a number of dicasts. Each dicast received a staff, on which was painted the letter and the colour of the court awarded him. While in court, he received the token or ticket that entitled him to receive his fee ($\delta\iota\varkappa\alpha\sigma\tau\iota\varkappa\acute{o}\nu$). This payment is said to have been first instituted by Pericles, and was originally a single obolus; it was increased by Cleon to thrice that amount, about the 88th Olympiad. The court of dicasts ($\delta\iota\varkappa\alpha\sigma\tau\acute{\eta}\varrho\iota\sigma\nu$) sat under the presidency of a magistrate (ἡγέμων δικαστηρίου), who seems to have been usually one of the six archons named Thesmothetae. They gave their judgment by ballot.

Ostracism.—Cleisthenes also introduced the *Ostracism*, by which an Athenian citizen might be banished, without special accusation, trial, or defence, for ten years, which term was subsequently reduced to five. The Ostracism was the means devised by Cleisthenes for removing quietly from the state a powerful party leader, before he could carry into execution any violent schemes for the subversion of the government. Every precaution was taken to guard this institution from abuse. The senate and the ecclesia had first to determine by a special vote whether the safety of the state required such a step to be taken. If they decided in the affirmative, a day was fixed for the voting, and each citizen wrote upon a tile or oyster-shell (*ostracon*) the name of the person whom he wished to banish. The votes were then collected, and if it was found that 6000 had been recorded against any one person, he was obliged to withdraw from the city within ten days; if the number of votes did not amount to 6000, nothing was done.

Executive Government.—The Strategi.—The office and title of **General** (στρατηγός) seems to have been more especially peculiar to the democratic states of ancient Greece. When the tyrants of the Ionian cities in Asia Minor were deposed by Aristagoras, he established strategi in their room, to act as chief magistrates. The strategi at Athens were instituted after the remodelling of the constitution by Cleisthenes, to discharge the duties which had in former times been performed either by the king or the archon polemarchus. They were ten in number, one for each of the ten tribes, and were chosen by the suffrages (χειροτονία) of the people. They were, as their name denotes, entrusted with the command on military expeditions, with the superintendence of all warlike preparations, and with the regulation of all matters in any way connected with the war department of the state. They levied and enlisted the soldiers, either personally or with the assistance of the *taxiarchs*. They were entrusted with the collection and management of the property taxes (εἰσφοραί) raised for the purposes of war; and they presided over the courts of justice in which any disputes connected with this subject or the trierarchy were decided. They nominated from year to year persons to serve as trierarchs. They had the power of convening extraordinary assemblies of the people in cases of emergency. As war was the usual condition of the republic, these powers constituted the chief Strategus a prime minister; and it was in such a capacity that Pericles and other statesmen governed Athens. The choice of eminent men to this office counteracted that absence of any security for merit which marked the ordinary elections.

Election of Magistrates.—One of the most curious results of the perfect equality established at Athens was the election of the senators, magistrates, and jurymen by lot. The plan seems absurd: but, if it gave no security for the choice of fit men, it prevented the wilful choice of the unfit. Care must be taken not to confound the *lot*, which is *no voting* at all, but an appeal to *chance*, with election by *ballot*, which is a machinery for secret *voting*.

Accountability of Office-bearers.—The **Scrutiny (Docimasia).**—When any citizen of Athens was either appointed by lot, or chosen by suffrage, to hold a public office, he was obliged, before entering on its duties, to submit to a scrutiny (δοκιμασία) into his previous life and conduct, in which any person could object to him as unfit. It had reference to his proper citizenship, as well as to his character. The *docimasia*, however, was not confined to persons appointed to public offices; for we read of the denouncement of a scrutiny against orators who spoke in the assembly while leading profligate lives, or after having committed flagitious crimes.

The **Account (Euthyné).**—All public officers at Athens were accountable for their conduct and the manner in which they acquitted themselves of their official duties. The judges in the popular court seem to have been the only authorities who were not responsible, for they were themselves the representatives of the people, and would therefore, in theory, have been responsible to themselves. This account, which officers had to give after the time of their office was over, was called εὐθύνη, and the officers subject to it ὑπεύθυνοι, and, after they had gone through the *euthyné*, they became ἀνεύθυνοι. Every public officer had to render his account within thirty days after the expiration of his office, and at the time when he submitted to the *euthyné* any citizen had the right to come forward and impeach him. The officers before whom the accounts were given were at Athens ten in number, called εὔθυνοι or λογισταί.

CHAPTER VI.

The Greek Armies.

1. *The Spartan Army.*

The **Phalanx.**—In all the states of Greece, the general type of their military organisation was the *phalanx*, a body of troops in close array, with a long spear as their principal weapon.

Hoplites.—The strength of their military arry consisted in the heavy-armed infantry (ὁπλῖται). The Thessalians and Bocotians were the only Greek people who distinguished themselves much for their cavalry. Every Spartan citizen was liable to military service (ἔμφρουρος) from the age of twenty to the age of sixty years.

Divisions.—They were divided into six divisions, called μόραι, under the command or superintendence of a polemarch, each *mora* being subdivided into four λόχοι (commanded by λοχαγοί), each λόχος into two πεντηκοστύες (headed by πεντηκοστῆρες), each πεντηκοστύς into two ἐνωμοτίαι (headed by enomotarchs). The ἐνωμοτίαι were so called from the men composing them being bound together by a common oath. To judge by the name pentecostys, the normal number of a mora would have been 400; but 500, 600 and 900 are mentioned as the number of men in a mora on different occasions.

Cavalry.—When in the field, each mora of infantry was attended by a mora of cavalry, consisting at the most of 100 men, and commanded by an hipparmost (ἱππαρμοστής). The cavalry seems merely to have been employed to protect the flanks, and but little regard was paid to it. The corps of 300 ἱππεῖς formed a sort of bodyguard for the king, and consisted of the flower of the young soldiers. Though called horsemen, they fought on foot.

Battle Array.—A Spartan army, divided as above described, was drawn up in the dense array of the phalanx, the depth of which depended upon circumstances. An ἐνωμοτία sometimes made but a single file, sometimes was drawn up in three or six files (ζύγα). The commander-in-chief, who was usually the king, had his station sometimes in the centre, but more commonly on the right wing. In later times the king was usually accompanied by two ephors, as controllers and advisers. The Spartan hoplites were accompanied in the field by helots, partly in the capacity of attendants, partly to serve as light-armed troops. In extraordinary cases, helots served as hoplites, and in that case it was usual to give them their liberty.

Arms.—The arms of the phalanx consisted of the long spear and a short sword. The chief part of the defensive armour was the large brazen shield, which covered the body from the shoulder to the knee, suspended, as in ancient times, by a thong round the neck, and managed by a simple handle or ring (πόρπαξ). Besides this, they had the ordinary armour of the hoplite. The heavy-armed soldiers wore a scarlet uniform.

Camps.—The Spartan encampments were circular. Only the heavy-armed were stationed within them, the cavalry being placed on the look out, and the helots being kept as much as possible outside the camp.

Battle.—Preparatory to a battle the Spartan soldier dressed his hair and crowned himself, as others would do for a feast. The signal for attack was given, not by the trumpet, but by the music of flutes, and sometimes also of the lyre and cithara, to which the men sang the battle song (παιὰν ἐμβατήριος). The rhythmical regularity of movement was a point to which the Spartans attached great importance.

2. *The Athenian Army.*

In Athens, the military system was carried out with less

exactness, inasmuch as when Athens became powerful greater attention was paid to the navy.

Order of Service.—Of the four classes into which the citizens were arranged by the constitution of Solon, the citizens of the first and second served as cavalry, or as commanders of the infantry (still it need not be assumed that the ἱππεῖς never served as heavy armed infantry), those of the third class (ζευγῖται) formed the heavy-armed infantry. The Thetes served either as light-armed troops on land, or on board the ships. Every citizen was liable to service from his eighteenth to his sixtieth year. Members of the senate during the period of their office, farmers of the revenue, choreutae at the Dionysia during the festival, in later times traders by sea also, were exempted from military service. The resident aliens commonly served as heavy-armed soldiers, especially for the purpose of garrisoning the city. They were prohibited from serving as cavalry. Slaves were only employed as soldiers in cases of great necessity.

Battle Array.—Of the details of the Athenian military organisation we have no such distinct accounts as we have of those of Sparta. The heavy-armed troops, as was the universal practice in Greece, fought in phalanx order. They were arranged in bodies in a manner dependent on the political divisions of the citizens. The soldiers of each tribe (φυλή) formed a separate body in the army, also called a φυλή, and these bodies stood in some preconcerted order. It seems that the name of one division was τάξις, and of another λόχος, but in what relations these stood to the φυλή, and to each other, we do not learn. Every hoplite was accompanied by an attendant (ὑπηρέτης), to take charge of his baggage and carry his shield on a march. Each horseman also had a servant, called ἱπποκομος, to attend to his horse. For the command of the army, there were chosen every year ten generals (**strategi**), and ten **taxiarchs** (ταξίαρχοι), and for the cavalry two **hipparchs** (ἵππαρχοι), and ten **phylarchs** (φύλαρχοι).

The number of strategi sent with an army was not uniform. Three was a common number. Sometimes one was invested with the supreme command; at other times, they either took the command in turn (as at Marathon), or conducted their operations by common consent (as in the Sicilian expedition).

Pay.—The practice of paying the troops when upon service was first introduced by Pericles. The pay consisted partly of wages (μισθός), partly of provisions, or, more commonly, provision-money (σιτηρέσιον). The ordinary μισθός of a hoplite was two obols a day. The σιτηρέσιον amounted to two obols more. Hence the life of a soldier was called, proverbially, τετρωβόλου βίος. Officers received twice as much; horsemen, three times; generals, four times as much. The horsemen received pay even in time of peace, that they might always be in readiness, and also a sum of money for their outfit (κατάστασις).

Military Force.—As regards the military strength of the Athenians, we find 10,000 heavy-armed soldiers at Marathon, 8,000 heavy-armed and as many light-armed at Plataeae; and at the beginning of the Peloponnesian war there were 18,000 heavy-armed ready for foreign service, and 16,000 for garrison service, consisting of those beyond the limits of the ordinary military age and of the metoeci.

Peltasts.—The Peltastae (πελτασταί), so called from the kind of shield which they wore, were a class of troops of which we hear very little before the end of the Peloponnesian war. The Athenian general Iphicrates introduced some important improvements in the mode of arming them, combining as far as possible the peculiar advantages of heavy (ὁπλῖται) and light-armed (ψιλοί) troops. He substituted a linen corslet for the coat of mail worn by the hoplites, and lessened the shield, while he doubled the length of the spear and sword.

Mercenaries.—When the use of mercenary troops became general, Athenian citizens seldom served except as volunteers, and then in but small numbers. The employment of mercenaries led to considerable alterations in the military system of Greece. War came to be studied as an art, and Greek generals, rising above the old simple rules of warfare, became tacticians. Epaminondas was the first who adopted the method of charging in column, concentrating his attack upon one point of the hostile line, so as to throw the whole into confusion by breaking through it.

3. *The Macedonian Army.*

Philip II., king of Macedonia, made several improvements in the arms and arrangement of the phalanx.

Arms.—The spear (σάρισσα or σάρισα), with which the soldiers of the Macedonian phalanx were armed, was as much as 24 feet long; but the ordinary length was 21 feet, and the lines were arranged at such distances that the spears of the fifth rank projected three feet beyond the first, so that every man in the front rank was protected by five spears. Besides the spear, they carried a short sword. The shield was very large and covered nearly the whole body, so that on favourable ground an impenetrable front was presented to the enemy. The soldiers were also defended by helmets, coats of mail, and greaves; so that any thing like rapid movement was impossible.

Macedonian Phalanx.—The ordinary depth of the phalanx was sixteen files, though depths of eight and of thirty-two are also mentioned. Each file of sixteen was called λόχος. Two lochi made a *dilochia;* two dilochiae made a τετραρχία, consisting of sixty-four men; two tetrarchies made a τάξις; two τάξεις a σύνταγμα or ξεναγία, two syntagmata formed a *pentacosiarchia,* two of which made a χιλιαρχία, containing 1024 men; two chiliarchies made a τέλος, and two τέλη made a phalangarchia or *phalanx* in the narrower sense of the word, the normal number of which would therefore be 4096. It was commanded by a polemarch or strategus. Four such bodies formed the *larger phalanx*, the normal number of which would be 16,384. When drawn up, the two middle sections constituted what was termed the ὀμφαλός or *centre,* the others being called κέρατα or *wings.* The phalanx-soldiers in the army of Alexander amounted to 18,000, and were divided not into four, but into six divisions, each named after a Macedonian province, from which it was to derive its recruits. These bodies are oftener called τάξεις than φάλαγγες by the historians, and their leaders *taxiarchs* or *strategi.*

The **Light-armed troops** were arranged in files (λόχοι)

eight deep. Four lochi formed a σύστασις, and then larger divisions were successively formed, each being the double of the one below it; the largest (called ἐπίταγμα) consisting of 8192 men.

The **Cavalry** were arranged in an analogous manner, the lowest division or squadron (ἴλη), containing 64 men, and the successive larger divisions being each the double of that below it; the highest (ἐπίταγμα) containing 4096. Both Philip and Alexander attached great importance to the cavalry, which, in their armies, consisted partly of Macedonian nobles, and partly of Thessalians.

Hypaspistae.—There was also a guard of foot soldiers (ὑπασπισταί), whom we find greatly distinguishing themselves in the campaigns of Alexander. They seem to be identical with the πεζέταιροι. They amounted to about 3000 men, arranged in six battalions (τάξεις).

The **Argyraspids,** so called from the silver with which their shields were ornamented, seem to have been a species of *peltastae*. Alexander also organished a kind of troops called διμάχαι, who were something intermediate between cavalry and infantry, being designed to fight on horseback or on foot, as circumstances required.

Artillery.—It is in the time of Alexander the Great, that we first meet with artillery in the train of a Grecian army. His *balistae* and *catapeltae* were frequently employed with great effect, as, for instance, at the passage of the Jaxartes.

GREEK CALENDAR. 135

The details of this subject are too complicated for the beginner. It is enough for him to know that *the months were strictly lunar*, of 30 and 29 days alternately. The ordinary year consisted of 354 days; and its disagreement with the solar year was set right by a system of intercalated months.

The regular **Attic year** began at *Midsummer*, with the summer solstice. The following table shews the months of our Calendar *in which* the several Attic months began in a regular year.

1. **Hecatombaeon** had 30 *days* : began on JUNE 21st.
2. **Metageitnion** „ 29 „ : „ JULY 21st.
3. **Boedromion** „ 30 „ : „ AUGUST 19th.
4. **Pyanepsion** „ 29 „ : „ SEPTEMBER 18th.
5. **Maemacterion** „ 30 „ : „ OCTOBER 17th.
6. **Poseideon** „ 29 „ : „ NOVEMBER 16th.
7. **Gamelion** „ 30 „ : „ DECEMBER 15th.
8. **Anthesterion** „ 29 „ : „ JANUARY 14th.
9. **Elaphebolion** „ 30 „ : „ FEBRUARY 12th.
10. **Munychion** „ 29 „ : „ MARCH 14th.
11. **Thargelion** „ 30 „ : „ APRIL 12th.
12. **Scirophorion** „ 29 „ : „ MAY 12th, end June 10th.

The **Intercalary Month** was a *Second Poseideon* of 29 or 30 days, inserted about mid-winter every other year, which was therefore a year of 383 or 384 days. The average ($368\frac{1}{2}$ or 369 days) being too long, the intercalation was sometimes omitted.

Other states had other Calendars. The *Macedonian months* are the most important to be known for later Greek history.

OLYMPIADS.

This Era is explained on p. 106.

The beginning of the Olympiads is commonly fixed in the year 3938 of the Julian period, or in B.C. 776. If we want to reduce any given Olympiad to years before Christ, *e. g.* Ol. 87, we take the number of the Olympiads actually elapsed, that is, 86, multiply it by 4, and deduct the number obtained from 776, so that the first year of the 87th Ol. will begin in the year 432 B.C. If the number of Olympiads amounts to more than 776 years, that is, if the Olympiad falls after the birth of Christ, the process is the same as before, but from the sum obtained by multiplying the Olympiads by 4 we must deduct the number 776, and what remains is the number of the years after Christ. As the Olympic games were celebrated 293 times, we have 293 Olympic cycles, that is, 1172 years, 776 of which fall before, and 396 after Christ.

But, as this rule is troublesome, a comparative Table of Olympiads and years of our era is given in the *Smaller Dictionary of Antiquities*. In using this table, it must be remembered that, as the Olympiads began at *Midsummer*, each Greek year corresponds to the second and first halves of *two* consecutive Christian years. Thus

Ol. 1, 1 = B.C. 776, 2nd half
          + B.C. 775, 1st half

and so on.

The neglect of this point may cause an error of 18 months in the date of an event.

LEXICON
TO FIRST GREEK READING BOOK.

ABBREVIATIONS.

Acc.	= Accusative.	Intr.	= Intransitive.
Act.	= Active Voice.	lit.	= literally.
Adj.	= Adjective.	Midd. and M.	= Middle Voice.
(3 and 2 signifies, sometimes with 3		Neg.	= Negative.
terminations, sometimes with 2.)		Opt.	= Optative
Adv.	= Adverb.	orig.	= originally.
anc.	= anciently.	Part.	= Participle.
Aor.	= Aorist.	Pass. and P.	= Passive Voice.
Att.	= Attic.	Patron.	= Patronymic.
Comp.	= Comparative.	Perf.	= Perfect.
Conj.	= Conjunction.	Pers.	= person.
Dat.	= Dative.	Pl.	= Plural.
Defect.	= Defective.	Plup.	= Pluperfect.
Dem.	= Demonstrative.	Prep.	= Preposition.
der.	= derived, derivative.	Pron.	= Pronoun.
Dim.	= Diminutive.	q. v.	= quod vide *(which see,* i *refer to)*.
Enc.	= Enclitic.		
esp.	= especially.	redupl.	= reduplicated.
fig.	= figuratively.	Rel.	= Relative.
fr.	= from.	Rt.	= Root.
Fut.	= Future.	sc.	= scilicet *(understand or supply)*.
Gen.	= Genitive.		
gen.	= generally.	Sing.	= Singular.
Imper.	= Imperative.	Subj.	= Subjunctive.
Imperf.	= Imperfect.	Subs.	= Substantive (gen. an Adj. used as).
Impers.	= Impersonal.		
Ind.	= Indicative.	Sup.	= Superlative.
Indcl.	= Indeclinable.	Term.	= Termination.
Indef.	= Indefinite.	Trans.	= Transitive.
Inf.	= Infinitive.	usu.	= usually.
Inter.	= Interrogative.	vulg.	= vulgar (speech).
Interj.	= Interjection.	= means equivalent to.	

The Genders of Nouns and Adjectives are indicated by the Article ὁ, ἡ, τό; and the Declension of Nouns by the addition of the Genitive.

Principal Parts of Verbs.—Of the Regular Verbs only the Future is given, except where other parts occur with some peculiarity which might puzzle the learner. Of the Irregular Verbs all the Principal Parts are given: except in one or two cases, referred to the Grammar. The Principal Parts of the Simple Verbs are not repeated under the Compounds, except for special reasons.

ἄβατος.

A.

ἄβατος, ον, rare -η (ἀ-βαίνω) untrodden.
Ἀβρώνυχος, ου, ὁ, Abronȳchus, an Athenian, p. 79.
Ἀγαθοκλῆς, έους, ὁ, Agathŏcles, tyrant of Syracuse, and king of Sicily, fl. ab. B.C. 300.
ἀγαθός, ή, όν, good, brave: τὰ ἀγαθά, the blessings.
ἄγαν, Adv., exceedingly: too much.
ἀγανακτέω, ήσω, be indignant, be angry.
Ἀγαύη, ης, ἡ, Agāve, the mother of Pentheus.
ἀγγελία, ας, ἡ, message, embassy, news.
ἀγγελιαφόρος, ον, bearing a message. Subs. messenger.
ἀγγέλλω, ελῶ, 1 Aor. ἤγγειλα, Perf. ἤγγελκα, with Dat. of pers., announce, tell, carry a message.
ἄγγελος, ου, ὁ, messenger.
ἀγέραστος, ον, unhonoured (with gifts).
ἄγημα, ατος, τό, (= agmen), army, esp. the Guards in the Macedonian army.
Ἀγήνωρ, ορος, ὁ, Agēnor, King of Phoenicia, father of Cadmus, and (some said) of Phineus.
Ἀγησίλαος, ου, ὁ, Agesilāus, King of Sparta (B.C.398—360), famous for his wars in Asia and Greece.
Ἆγις, ιδος, ὁ, Kings of Sparta. Agis IV. (B.C. 244—240) was celebrated as a reformer.
ἀγνοέω, ήσω, not know, be ignorant of, not understand. Pass. be unknown, not recognized.
ἄγνοια, ας, ἡ, ignorance, uncertainty. κατ' ἄγνοιαν, in ignorance.
ἀγνώς, ῶτος, ὁ, ἡ, unknown.
ἀγορά, ᾶς, ἡ, agora, market-place: the place of general assembly in a Greek city: πληθούσης ἀγορᾶς,

Ἅιδης.
the time of day when the Agora was full
ἀγράμματος, ον, unlettered.
ἀγρεύω, σω, catch (in hunting), said of a pursued enemy.
ἀγριαίνω, ανῶ, Trans., drive wild: Intr., be wild or savage.
Ἀγριᾶνες, ων, οἱ, Agriānes, a people of Macedonia, who served as light armed troops.
ἄγριος, α, ον, occas. ος, ον, wild, savage.
ἀγριότης, ητος, ἡ, savageness, cruelty.
ἄγροικος, ον, rustic. (lit. and fig.).
ἀγρός, οῦ, ὁ, field.
ἀγρυπνέω, ήσω (Prefix ἀ and ὕπνος), lie awake, watch.
ἄγχω, ξω (= ango) press tight, strangle, throttle.
ἄγω, ἄξω, Perf. ἦχα, ἀγήοχα, lead, carry, bring, conduct, march, (sc. στράτον). Mid. ἄγεσθαι γυναῖκα, marry, lit. take the bride home.
ἀγών, ῶνος, ὁ, contest, struggle, game (esp. the athletic games), festival.
ἀγωνίζομαι, ίσομαι, ιοῦμαι, contend, strive; with cognate Acc. maintain.
ἀδαμάντινος, η, ον, adamantine, of adamant (ἀδάμας, a very hard rock, or steel.)
Ἀδείμαντος, ου, ὁ, (ἀ, δειμαίνω), Adimantus, the Spartan commander at Salamis, B.C. 490.
ἀδελφή, ῆς, ἡ, sister.
ἀδελφιδοῦς, οῦ, ὁ, a brother's or sister's son, nephew.
ἀδελφός, οῦ, ὁ, brother, kindred, fellow.
ἀδεῶς, Adv. fearlessly.
ἄδηλος, ον, unperceived. Adv.—ως, privately, secretly.
Ἅιδης, ου, ὁ, Hades = Pluto, the god of the infernal regions. τὸ Ἅιδου (sc. δῶμα), aft. simply Ἅιδου and Ἅιδης, hell.

ἀδικέω.

ἀδικέω, ήσω, do wrong or injustice, offend: (with Acc. of Pers.) injure, hurt. Pass. περί τι, be wronged, suffer injuries.
ἀδίκημα, ατος, τό, wrong, offence.
ἀδικία, ας, ἡ, injustice.
ἄδικος, ον, injust.
Ἄδμητος, ου, ὁ (i. e. unsubdued), Admētus. 1. King of Pherae in Thessaly, whom Apollo served as herdsman. 2. King of the Molossians, in Epirus, who protected Themistocles.
ἀδολέσχης, ου, ὁ, babbler.
Ἄδραστος (i. e. the inevitable, fr. α, διδράσκω), Adrastus, son of Gordias, King of Phrygia, p. 10.
ἀδύνατος, ον, impossible.
ἀεί, Adv., always.
ἀείδω, ᾄδω, ᾄσομαι, 1 Aor. Pass. ᾔσθην, Inf. ᾀσθῆναι, sing.
ἀετός, οῦ, ὁ, eagle.
ἀηδών, όνος, ἡ, and ὁ, nightingale.
ἀήθης, ες, unwonted, unaccustomed. τὸ ἄηθες, the unwonted nature.
ἀήρ, έρος, ὁ, air.
ἀήττητος,ον,(Neg. verbal of ἡττάω), unconquered, invincible.
Ἀθάμας, αντος, ὁ, Athamas, son of Aeolus, King of Orchomenus in Boeotia, loved Ino, and was the foster-father of Dionysus.
ἀθάνατος, ον, Poet. η, ον, immortal.
Ἀθηνᾶ, ᾶς, ἡ, Athēna = Minerva.
Ἀθῆναι, ῶν, αἱ, Athens, the chief city of Attica. Ἀθήνῃσι, old Dative, at Athens.
Ἀθηναῖος, α, ον, Athenian.
Ἀθηνόδωρος, ου, ὁ (Ἀθηνᾶ, δῶρον), Athenodōrus, of Imbros, a friend of Phocion.
ἀθλητής, οῦ, ὁ, athlete, i. e., a combatant in the gymnastic contests.
ἄθλιος, α, ον, and ος, ον, miserable, wretched, i. e. bad.
ἆθλον, ου, τό, prize (of a contest).
ἆθλος, ου, ὁ, contest, labour.
ἀθροίζω, σω, assemble.

αἴνιγμα.

ἀθρόος, α, ον, assembled, in full number.
Αἰακός, οῦ, ὁ, Aeacus, mythical king of Aegina, and after his death a judge in the world below.
Αἴας, αντος, ὁ, Ajax (Telamonius), the son of Telamon, a Greek hero in the Trojan War, second only to Achilles.
αἴγειρος, ου, ἡ, the black poplar.
Αἰγεύς, έως, ὁ, Aegeus, a mythical king of Attica, father of Theseus, drowned in the sea named from him Aegean.
Αἴγῖνα, ης, ἡ, Aegīna, an island in the Saronic Gulf, between Attica and Peloponnesus.
Αἰγινήτης, ου, ὁ, Aeginetan.
αἰγίς, ίδος, ἡ, goat-skin, esp. the aegis of Jove and Athena.
Αἰγὸς ποταμοί, Aegospotämi (the goat's rivers), a river and town on the Thracian Chersonese, where Lysander destroyed the Athenian fleet B.C. 405.
Αἰγύπτιος, α, ον, Egyptian,
Αἴγυπτος, ου, 1) ἡ, Egypt. 2) ὁ, Aegyptus, son of Belus, mythical king of Egypt.
Ἄιδης, αο, ὁ. epic form of Ἅιδης.
αἰδώς, οῦς, ἡ, shame, respect for others: (with πρός), shame before (with Gen.). δι' αἰδοῦς ἄγειν, to hold in reverence.
Αἰήτης, ου, ὁ, Aeētes, mythical king of Colchis, father of Medea.
Αἰθιοπία, ας, ἡ, Ethiopia. (1) The whole region S. of Egypt. (2) The central parts of Africa.
αἴθω, only in Pres. and Imp., light up, kindle. Pass. blaze.
αἷμα, ατος, τό, blood.
Αἰνείας, ου, ὁ, Aeneas, son of Anchises and Aphrodite (Venus), the chief Trojan hero after Hector, in the Trojan War.
αἴνιγμα, ατος, τό, a riddle.

αἴξ.

αἴξ, αἰγός, ὁ, ἡ, goat.
Αἰολικός, ή, όν, Aeolian.
αἰπόλος, ου, ὁ, goatherd.
αἱρετός, ή, όν, desirable, Comp. αἱρετώτερος, preferable.
αἱρέω, ήσω, ᾕρηκα, 2 Aor. εἷλον (rt. Ϝέλ), take, captivate. Midd. take for oneself, choose.
αἴρω (contr. fr. ἀείρω), ἀρῶ, 1 Aor. ἦρα, Midd. ἠράμην, take up, hold up, take, relieve (another) of, break up (a camp). Pass. be puffed up.
αἰσθάνομαι, ᾐσομαι, 2 Aor. ᾐσθόμην, perceive (by the senses), feel, observe, learn, understand.
αἴσθησις, εως, ἡ, perception, feeling.
αἰσχρός, ά, όν, ugly, disgraceful.
αἰσχύνη, ης, ἡ, shame, disgrace.
αἰσχύνω, υνῶ, put to shame: Midd. and Pass. be ashamed.
Αἴσων, ονος, ὁ, Aeson, son of Cretheus and Tyro, and father of Jason, was king of Iolcus in Thessaly.
αἰτέω, ήσω, and M., ask (for a thing), beg, request, demand.
αἰτία, ας, ἡ, cause, reason, blame, charge.
αἰτιάομαι, άσομαι, accuse, charge (a person with a crime), upbraid with. (Gen. of thing).
αἴτιος, α, ον and ος, ον, the cause of, to blame for. (Gen. of thing).
Αἰτωλοί, ῶν, οἱ, the Aetolians, a people in the S.W. of N. Greece, E. of Acarnania.
αἰχμάλωτος, ον, (αἰχμή, ἁλίσκομαι), taken captive (at the point of the spear). Subs. a prisoner (of war).
αἰχμή, ῆς, ἡ, the point of any weapon, spear.
αἰών, ῶνος, ὁ, a period of time, age; δι' αἰῶνος, for ever.
αἰώνιος, ον and α, ον, lasting, eternal.
Ἀκαδημία, ας, ἡ, Academy (the grove of the hero Academus), a gymnasium in the suburb of

ἄκρος.

Athens, with walks planted with trees, where Plato taught.
ἄκανθος, ου, ὁ, prop. acanthus, (bear's breech); also gen. in pl. thorns.
ἀκανθώδης, ες, overgrown with thorns.
ἄκαρπος, ον, unfruitful, barren.
Ἄκαστος, ου, ὁ, Acastus, son of Pelias.
ἀκμάζω, άσω (ἀκμή), flourish. Part. ἀκμάζων, in the prime of life.
ἀκμή, ῆς, ἡ, point, summit: fig. height (of prosperity), prime of life.
ἀκοή, ῆς, ἡ, hearing: Pl. ears.
ἀκολουθέω, ήσω (ἀ, together, κέλευθος, a way) accompany.
ἀκοντίζω, ίσω, ιῶ, shoot at, hurl a javelin at.
ἀκόντιον, ου, τό, javelin.
ἀκούω, σομαι, ἀκήκοα, Perf. Pass. ἤκουσμαι, 1 Aor. ἠκούσθην, with Gen. and Acc., hear, hearken, listen; am told of; am spoken of.
ἄκρα, ας, ἡ, (1) summit, promontory; (2) citadel, generally built on the top of a rock or hill.
ἀκρίβεια, ας, ἡ, exactness, reality, force.
ἀκριβής, ές, exact, accurate, careful, real.
ἀκριβῶς, exactly, accurately, clearly.
ἀκροάομαι, άσομαι, hear, listen to.
ἀκροασία, ας, ἡ, a hearing.
ἀκροατής, οῦ, ὁ, hearer.
ἀκροβολίζομαι, σομαι, οῦμαι, hurl missiles.
ἀκροθίνιον, ου, τό, and Pl., an offering of the first fruits, of produce, booty, &c.
ἀκρόπολις, εως, ἡ, (lit. upper city), 1) the citadel of a Greek city (gen. on a rock): 2) esp. the Acropolis of Athens.
ἄκρος, α, ον, highest, at the sum-

ἀκρωτηριάζω.

mit: τὸ ἄκρον and Pl., point, tip, summit, mountain, promontory.
ἀκρωτηριάζω, ἄσω, cut off the extremities, mutilate.
ἀκρωτήριον, ου, τό, extremity, promontory.
Ἀκταίων, ονος, and ωνος, ό, Actaeon, son of Aristaeus and Autonoë, a Theban huntsman, was transformed by Artemis into a stag, and devoured by his own hounds.
ἀκτή, ῆς, ή, 1) a promontory; 2) Acte, the old name of Attica.
ἄκων, ουσα, ον (ἀ, ἑκών) unwilling, unintentionally. ā.
ἀλαλά, ῆς, ή, battle-cry.
ἀλγέω, ήσω, be in pain: (with Acc.), have a pain in.
ἀλγηδών, όνος, ή, pain.
ἄλγος, ους, τό, pain, grief.
ἀλεεινός, ή, όν (ἀλεής, from ἀλέα, heat, esp. of the sun), warm.
ἀλείφω, ψω, anoint, hence (fig.), prepare (for a struggle).
ἄλεκτος, ον, (Neg. verbal of λέγω), unsaid.
ἀλεκτρυών, όνος, ό, cock.
Ἀλέξανδρος, ου, ὁ, Alexander. (1) Also called Paris, son of Priam, king of Troy. (2) Alexander I., king of Macedonia, ab. B.C. 500 —455, p. 86. (3) The Great, king of Macedonia, son of Philip II., lived B.C. 356—323. (4) Tyrant of Pherae, in Thessaly, B C. 369 —367. (5) The son of Aëropus, a Macedonian. p. 89.
ἀλήθεια, ας, ἡ, truth.
ἀληθής, ές, true.
ἀληθινός, ή, όν, true, real.
ἅλις, Adv., enough.
ἁλίσκομαι, (rt. Γαλ), ἁλώσομαι, ἑάλωκα, 2 Aor. ἑάλων, Inf. ἁλῶναι, Part. ἁλούς, to be taken (captive): used as Pass. of αἱρέω.

ἀλώπηξ.

ἀλκή, ῆς, ή, strength, courage, resistance.
Ἀλκηστις, ιδος, ή, Alcestis, wife of Admetus, king of Pherae.
Ἀλκιβιάδης, ου, ό (orig. a patronymic, of Ἀλκίβιος, fr. ἀλκή and βίος, or fr. ἀλκή and βία), Alcibiades, son of Clinias, an Athenian celebrated for splendour, cleverness and insolence, lived B.C. 450—404.
Ἀλκμαίων, ωνος, ό, a Greek hero, son of Amphiaraus.
Ἀλκμήνη, ης, ή, Alcmene, the mother of Hercules.
ἀλλά, but, surely; ἀλλά—γε, but in fact; ἀλλὰ καί, and besides; ἀλλὰ μήν, nay but, at all events; ἀλλὰ γάρ, but yet, however; ἀλλ' οὐδὲ ὀλίγον, not ever so little.
ἀλλάσσω, ξω, 2 Aor. Pass. ἠλλάγην, change, exchange.
ἄλλη (sc. ὁδῷ), another way; ἄλλους ἄλλῃ, in different directions.
ἀλλήλων, (Nom. wanting), one another.
ἀλλοθι, Adv., elsewhere.
ἅλλομαι, (= salio) ἁλοῦμαι, 1 Aor. ἡλάμην, 2 Aor, ἡλόμην, leap.
ἄλλος, η, ο, another, other.
ἄλλοσε, Adv., to another place.
ἄλλοτε, at another time or place, ἄλλοτε ἄλλῃ, on all sides, at each moment. p. 91.
ἀλλότριος, α, ον, with Gen., belonging to another, foreign.
ἄλλως, Adv., otherwise, especially, even.
ἄλογος, ον, irrational.
ἀλόγιστος, ον (Neg. verbal of λογίζομαι), unreasoning, irrational, silly: lit. uncalculating.
ἄλοχος, ου, ή, (ἀ, λέχος), wife.
ἄλσος, ους, τό, grove.
ἄλφιτον, ου, τό, barley-meal, barley-bread (gen. in Plural).
ἀλωπέκιον, ου, τό, young fox.
ἀλώπηξ, εκος, ή, fox.

ἅλωσις.

ἅλωσις, εως, ἡ, capture, conquest.
ἅμα, Adv. (fr. a root signifying *one)* at the same time; with Dat., together with; ἅμα ἡμέρᾳ, at daybreak.
Ἀμαζονίς, ίδος, and Ἀμαζών, όνος, ἡ, an Amazon; the queen of the Amazons, p. 59.
ἀμαθής, ές, unlearned.
ἁμαρτάνω, ἥσομαι, ἡμάρτηκα, 2 Aor. ἥμαρτον, with Gen., miss (a mark), fail of, be disappointed of: err, sin.
ἀμάω, ἥσω, reap: Midd. earn, win.
ἀμβροσία, ας, ἡ, (i. e. immortal, or incorruptible food), ambrosia, the food of the gods.
ἀμείβω, ψω, exchange. Midd. with Dat., return, respond to, answer; with Acc. of person, requite.
ἀμελέω, (ἀ, μελεῖ), ἥσω, be negligent; with Gen., neglect.
ἀμελητέος, ον, to be neglected.
ἀμηχανέω, ἥσω, be at a loss, at one's wit's end.
ἁμιλλάομαι, ἥσομαι, compete, vic.
ἀμνημονέω, (ἀ, μνήμων), ἥσω, be unmindful.
ἅμμα, τος, τό (ἅπτω), fastening, knot, noose, Pl. hugging (the arms of an antagonist in wrestling).
ἀμοιβή, ῆς, ἡ, (ἀμείβω), recompense.
Ἄμοργος, ου, ἡ, Amorgus, an island in the Aegean Sea, one of the Sporades.
ἄμορφος, ον (ἀ, μορφή), deformed, ugly, plain.
ἄμπελος, ου, ἡ, 1) vine; 2) vineyard, p. 46.
Ἀμύντας, ου, ὁ, Amyntas, a Macedonian officer, p.88: another p.90.
ἀμύνω, υνῶ, ward off, defend, protect. Midd. defend oneself from, fight for (Dat.) against; or f. against ... for, with Acc. of enemy, ὑπέρ of the cause.

ἀνά-γραπτος.

Ἀμφεῖον, ου, τό, Amphēum, the temple of Amphion at Thebes.
ἀμφί, Prep. I. with Gen., on both sides, about, around. II. with Dat., about. III. with Acc., about (the time of).
Ἀμφιάραος, ου, ὁ, Amphiaraüs, an Argive seer and hero, took part in the war of the "Seven against Thebes", and was swallowed up by the earth.
Ἀμφιδάμας, αντος, ὁ, Amphidámas, son of Busiris.
ἀμφισβητέω, ἥσω, dispute, contend, τινὶ περί τινος.
ἀμφισβήτητος, ον, doubtful.
ἀμφίστομος, ον, with two mouths.
Ἀμφιτρύων, ωνος, ὁ, Amphitryon, king of Tiryns, and afterwards of Thebes, husband of Alcmene.
ἀμφότερος, α, ον, each of two: Pl. both: κατ' ἀμφοτέρους, on both sides.
ἄν, a particle used to mark the conclusion of a hypothetical proposition: not translated: after the relative it makes the sense more general.
ἀνά, Prep. with Acc., up, on, back: of time, through: causal, about.
ἀνα-βαίνω, go up.
ἀνάβασις, εως, ἡ, (ἀναβαίνω) lit. going up; expedition, procession.
ἀνα-βοάω, ἥσομαι, cry out.
ἀν-αγγέλλω, ελῶ, announce.
ἀνα-γιγνώσκω, γνώσομαι, ἔγνωκα, 2 Aor. ἔγνων, read (esp. aloud).
ἀναγκάζω, άσω, compel.
ἀναγκαῖος, α, ον, necessary, indispensable. τὰ ἀναγκαῖα, necessary business, p. 37.
ἀνάγκη, ης, ἡ, necessity: Dat., of necessity, by compulsion.
ἀν-αγορεύω, εύσω, proclaim, call, name, surname.
ἀνά-γραπτος, ον, written up, inscribed, recorded, p. 81 (referring to the Persian custom of recording in

ἀνα-γράφω.
the royal archives the names of those who had done good service to the king: see Esther VI. 1, 2).

ἀνα-γράφω, write up, inscribe, record.

ἀν-άγω, lead up, draw up. Pass. and Midd. put to sea; ἀνά (up) being used of motion seaward, κατά (down) landward.

ἀνα-δέω, tie up. Midd. attach to oneself: lit. take in tow.

ἀνα-δίδωμι, give, present, repay.

ἀνα-δύω, ύσω, 2 Aor. ἔδυν, bring up; Perf. and 2 Aor. Intr., rise up, rise (of the sun): Midd., rise up, spring up; draw back.

ἀνα-ζεύγνυμι, yoke or harness again; break up (an encampment).

ἀνα-ζητέω, seek, search out.

ἀνα-ζώννυμι, gird, gird up: Perf. Pass. Part. ἀνεζωσμένος, girt, begirt.

ἀνά-θημα, ατος, τό, (ἀνατίθημι), an offering dedicated to a god.

ἀν-αίρεσις, εως, ἡ, the taking up of a dead body for burial.

ἀν-αιρέω, ήσω, take up, away, remove, kill: ἑαυτὸν ἀνελεῖν, to put himself to death. Midd. take up, gain, win.

ἀνα-καλέω, recall, summon.

ἀνά-κειμαι, be deposited, hung up (as a map, p. 30).

ἀνακρίνω, examine (judicially).

ἀνα-λαμβάνω, take up, assume, put on, take with one, catch; εἰς τὸ μέσον, surround ('place between two fires').

ἀνα-μαστεύω, σω, pursue.

ἀνα-μένω, wait for.

ἀνά-μεστος, ον, filled, full.

ἀναμφισβήτητος, ον, indubitable, unquestionable.

ἀνα-νεύω, σω, refuse (lit. nod back).

Ἀναξιμένης, ους, ὁ (ἄναξ, μένος), Anaximenes of Lampsacus, an historian and rhetorician, who flourished at the court of Alexander the Great, B.C. 334.

ἀνα-πείθω, σω, persuade, overpersuade.

ἀνα-πέμπω, send back, restore (from the dead, p. 67).

ἀνα-πέτομαι, fly up, fly away.

ἀνα-πλάσσω, ττω, model, make (as a statue), represent.

ἀνάπλεος, ον (Att. εως, εων), full.

ἀν-άπτω, ψω, kindle.

ἀν-αρπάζω, snatch away, carry off.

ἀν-αρτάω, hang up: hang (by the neck).

ἀνα-ῤῥώννυμι, Intr. recover (from an illness); lit. recover strength.

ἀνα-σκοπέω, look up, look back upon, look closely into.

ἀνάστασις, εως, ἡ, (lit. standing up again), departure, p. 84.

ἀνα-στέλλω, ἑλῶ, ἔσταλκα, 2 Aor. Pass. ἐστάλην, drive away, repulse; (of dress) tuck up. 2 Aor. Pass. gave up.

ἀνα-στρέφω, turn about, upside down. Midd. (= versor), dwell, conduct oneself (like the O. E. have one's conversation).

ἀνα-τείνω, stretch forth, lift up (e.g. the hands, a weapon &c.); and Midd.

ἀνα-τέλλω, τελῶ, Trans. cause to spring up. Intr. rise, spring up.

ἀνα-τίθημι, set up, dedicate. Midd. take up.

Ἄναυρος, ου, ὁ, the Anaurus, a river of Thessaly.

ἀνα-φαίνω, ανῶ, cause to appear; shew, demonstrate. Pass. appear, be found.

ἀνα-φέρω, bring up, deliver up, carry up, carry off, bring back, refer, p. 93. Pass. be borne up, mount up.

ἀνα-χωρέω, ήσω, go back, move apart, p. 64.

ἀναχώρησις, εως, ἡ, return, retreat, refuge.

ἀνδραγαθία.

ἀνδραγαθία, ας, ἡ (ἀνήρ, ἀγαθός), virtue, valour, excellence.
ἀνδραποδίζω, ίσω, ιῶ, enslave, sell into slavery.
ἀνδραποδισμός, οῦ, ὁ, enslaving.
ἀνδράποδον, ου, τό, a slave.
ἀνδρεία, ας, ἡ, and ἀνδρία, ας, ἡ, courage, lit. manliness, fr. ἀνήρ, like *virtus*, fr. *vir*.
ἀνδρεῖος, α, ον, brave, courageous.
ἀνδριάς, άντος, ὁ (ἀνήρ), statue.
Ἀνδρομένης, ους, ὁ, Andromenes, a Macedonian, father of Amyntas.
ἀνδρών, ῶνος, ὁ, a man's room, the men's part of the house: Pl. the men's chambers.
ἀν-εγείρω, wake up; raise (the dead).
ἄν-ειμι, go up.
ἀνελλιπής, ές, unfailing, constant.
ἀνεπικλήτως, unblamed.
ἀνεπίληπτος, ον, Adv. ως, unattacked by censure, unblameable.
ἀνεπιτηδεύτως, Adv. (lit. without care or practice), without affectation.
ἄνευ, Adv. and Prep. with Gen., without, without authority (or commission) from, p. 80.
ἀν-ευρίσκω, find out, discover.
ἀν-έχω, hold up, stop. M. endure.
ἀνεψιός, οῦ, ὁ, cousin.
ἀνήκεστος, ον, (Neg. verbal of ἀκέομαι, heal), irremediable.
ἀν-ήκω, ξω, reach, attain.
ἀνήλιος, ον, sunless.
ἀνήρ, ἀνδρός, ὁ, man: often omitted in translation, as ἀνήρ φίλος, a friend.
Ἀνθεμίων, ωνος, ὁ, Anthemion, the father of Anytus.
ἄνθος, ους, τό, (1) bloom: (2) adornment.
ἄνθρωπος, ου, ὁ, man: Pl. people.
ἀν-ίημι, remit, relax, neglect.
ἀν-ίπταμαι (redupl. fr. πετ), fly up.
ἀν-ίστημι, Trans. set up, cause to rise up, restore. Intr. stand up, rise up.

ἀντι-τάσσω.

Ἀννίκερις, Annicĕris, a philosopher of Cyrene, contemporary with Plato.
ἀνόητος, ον, foolish.
ἀν-οικοδομέω, ήσω, rebuild.
Ἀνταῖος, ου, ὁ, Antæus, son of Poseidon, and king of Libya, was conquered by Hercules.
Ἀνταλκίδας, ου, ὁ (ἀντί, ἀλκή), a Spartan, wo negociated the "peace of Antalcidas" between the Greeks and Persia, B.C. 387.
ἀντ-εῖπον, opposed (by speaking).
ἀντεπι-τίθημι, enjoin besides to do a thing in reply (e. g. send a letter, p. 81).
ἀντ-ερωτάω, ήσω, ask in reply.
ἀντ-έχω, hold out, endure.
ἀντί, Prep. with Gen., instead of, in return for, for: lit. over against, opposite to.
Ἀντιγενίδας, ου, ὁ (Patron. fr. Ἀντιγένης), Antigenidas, a celebrated Theban flute-player in the time of Epaminondas.
ἀντι-γράφω, ψω, write back, answer, reply (to a letter): ἀντεγέγραπτο τάδε, the reply was as follows, p. 81.
ἀντι-δίδωμι, give in exchange.
ἀντι-λέγω, ξω, contradict.
ἀντίος, α, ον (Adv. ἀντίον and ἀντία), opposite.
Ἀντίοχος, ου, ὁ, Antiŏchus. 1) An Athenian pilot, a friend of Alcibiades. 2) The name of most of the Greek kings of Syria.
Ἀντίπατρος, ου, ὁ, (i. e. equal to his father), Antipäter, regent of Macedonia under and after Alexander the Great, died B.C. 319.
Ἀντισθένης, ους, ὁ, Antisthĕnes, of Athens, a disciple of Socrates, and founder of the Cynic school of philosophy; lived about B.C. 450—380.
ἀντι-τάσσω, array against.

ἀντι-τίθημι.

ἀντι-τίθημι, set over against; give as a compensation for (with Dat.).
ἀντι-φημί, reply.
ἀντι-φιλοτιμέομαι, vie with another (in honour, or liberality).
ἄντρον, ου, τό, cave.
Ἄνυτος, ου, ὁ, Anỹtus, an Athenian, the son of Anthemion, and the accuser of Socrates.
ἀνύω and ἀνύτω, ύσω, 1 Aor. Pass. ἠνύσθην, perform, accomplish.
ἄνω, Adv. above, upwards, up the country, inland, opp. to κάτω, ἀνωτέρω not so close, p. 41.
ἄξιος, α, ον, with Gen., worthy, worth.
ἀξιόω, ώσω, (with Gen. of thing) deem worthy of, condemn to, deign, desire (a person to do a thing), claim, demand, expect, dare.
ἀξίωμα, ατος, τό, esteem, honour, renown.
ἀξίωσις, εως, ἡ, esteem, reputation.
ἀοίκητος, ον, uninhabitable.
ἀπ-αγγέλλω, announce, report, repeat.
ἀπαγορεύω, refuse, decline.
ἀπ-άγω, lead away, carry off (as a captive). Intr. go away.
ἀπαίδευτος, ον, uneducated.
ἄπαις, δος, ὁ, ἡ, childless.
ἀπ-αιτέω, ήσω, ask back, demand the restitution of.
ἀπαλλαγή, ῆς, ἡ, removal, release, deliverance.
ἀπ-αλλάσσω, ξω, (ἀπό, ἄλλος), 2 Aor. Pass. ἀπηλλάγην, change, leave off, remove, deliver, release (with Gen.), dismiss, relieve (a predecessor in office). Pass. with Gen., be freed from, depart; be at a loss, p. 81.
ἀπ-αντάω, ήσομαι, late ήσω, meet, arrive.
ἅπαξ, Adv., once, at once, once for all.
ἅπας, ασα, αν, the whole. Pl. all (collectively).
ἀπείθεια, ας, ἡ, disobedience.

ἀπο-διδράσκω.

ἀπειθέω, ήσω, be disobedient to, disobey (Dat. of person).
ἀπειλέω, ήσω, threaten (with Dat. of person).
ἄπ-ειμι (εἶναι), be absent.
ἄπ-ειμι (ἰέναι), go away.
ἄπειρος, ον, without experience of.
Ἀπελλῆς, οῦ, ὁ, Apelles, the most celebrated Greek painter, lived under Alexander the Great.
ἀπεμ-πολάω, ήσω, sell to another: Fut. Part. intending to sell him (for a slave), p. 57.
ἀπ-έρχομαι, go away, depart.
ἀπ-εχθάνομαι, late -ἐχθομαι, be hated by, obnoxious to; 2 Aor. -ηχθόμην.
ἀπέχθεια, ας, ἡ, hatred, enmity, grudge.
ἀπ-έχω, Trans. hold back. Intr. be distant. Midd. with Gen., refrain, abstain from, retire.
ἀπήνη, ης, ἡ, cart, carriage.
ἀπιστέω, ήσω, mistrust, distrust.
ἄπιστος, ον (Neg. verbal of πείθομαι), untrustworthy.
ἄπλετος, ον, unapproachable, out of reach.
ἀπληστία, ας, ἡ, insatiability.
ἄπληστος, ον, (Neg. verbal of πίμπλημι) with Gen., insatiable.
ἀπό, Prep. with Gen., from (of motion), off, taken from.
ἀπο-βάλλω, throw away, lose.
ἀποβίωσις, εως, ἡ, decease.
ἀπο-γεύομαι, have a taste of.
ἀπο-γιγνώσκω, give up (the expectation of).
ἀπόγονος, ου, ὁ, descendant.
ἀπο-δείκνυμι, (ἀπο-δεικνύω), ξω, display, exhibit, elect, appoint.
ἀπο-δειλιάω, άσω, play the coward before.
ἀπο-δέχομαι, receive (with favour), accept.
ἀπο-διδράσκω, δράσομαι, 2 Aor. ἀπέδραν, Ion. -ην, run away, escape from (with Acc.).

ἀπο-δίδωμι.

ἀπο-δίδωμι, give back, restore, render (accounts), pay, χάριν, be grateful, return a kindness.

ἄποθεν and ἄπωθεν, Adv. from a distance. Lat. *eminus*.

ἀπο-θερίζω, ίσω, ιῶ, cut off.

ἀπο-θησαυρίζω, ίσω, ιῶ, lay up in store, treasure up.

ἀπο-θνήσκω, die, 2 Aor. be killed, die: οἱ ἀποθανόντες, the dead.

ἀπ-οικοδομέω, ήσω, build up.

ἀποκαθ-ίστημι, restore.

ἀπο-καλέω, 1) call back: 2) call (by a name).

ἀπο-κλείω, σω, shut up.

ἀπο-κομιδή, ῆς, ἡ, return.

ἀπο-κομίζω, ίσω, ιῶ, carry off.

ἀπο-κόπτω, cut off: Pass. with Acc., have (e.g. his hands) cut off, p. 75.

ἀπο-κρίνομαι, οῦμαι, answer.

ἀπο-κρούω, σω, repulse (lit. dash away).

ἀπο-κρύπτω, hide, hide away. Midd. keep secret.

ἀπο-κτείνω, ενῶ, 1 Aor. ἀπέκτεινα, Perf. ἀπέκτονα, 2 Aor. ἀπέκτανον, kill. Pass. fall (in battle).

ἀπο-λαμβάνω, take, take away, shut up.

ἀπο-λαύω, σομαι, late σω, with Gen., enjoy, derive benefit from.

ἀπο-λείπω, ψω, leave, leave behind, abandon, depart from. Pass. be left (e. g. an orphan, p. 14), be at a loss, p. 35.

ἀπ-όλλυμι, ἀπ-ολλύω, ολέσω, ολῶ, 1 Aor. ὤλεσα, Perf. ἀπολώλεκα, 2 Aor. Midd. ἀπωλόμην, destroy, lose. Intr. and Midd. perish, be lost. Opt. as a execration, ἀπολοῖσθε, May you perish!

Ἀπόλλων, ωνος, ὁ, Apollo, a Greek god, son of Zeus and Latona.

Ἀπολλώνιος, ου, ὁ, Apollonius of Rhodes, wrote a poem on the Argonautic voyage, B.C. 200.

ἀπολογέομαι, ήσομαι (ἀπό, λέγω,

ἀπο-τέμνω.

lit. speak off), defend, make one's defence (on a trial).

ἀπολογία, ας, ἡ, excuse, defence.

ἀπ-ολοφύρομαι, οῦμαι, lament, bewail.

ἀπο-λύω, set free, release, rescue, deliver, acquit. Mid.

ἀπο-μάχομαι, defend: lit. fight from (a wall).

ἀπο-μιμνήσκω, remind: Midd. remember: χάριν, be grateful, make a recompense (like 'remember' a person).

ἀπο-νέμω, (with Dat. of person), distribute, assign.

ἀπο-πέμπω, ψω, send away, conduct.

ἀπο-πίπτω, fall off, fall away.

ἀπο-πλανάομαι, ήσομαι, Aor. -ήθην, wander away from.

ἀπο-πλέω, sail away.

ἀπό-πληκτος, ον (lit. stricken), senseless.

ἀπο-πνέω, expire.

ἀπο-πνίγω, ξοῦμαι, choke, stifle. Pass. be choked, be drowned.

ἀπορέω, ήσω, be at a loss, be in want of (with Gen.).

ἀπορία, ας, ἡ, want, failure.

ἄπορος, ου, (ἀ, πόρος), in want.

ἀπόρρητος, ον, 1) not to be spoken, secret, forbidden; 2) unfit to be spoken, abusive (language).

ἀπο-σαλεύω, σω (nautical), keep out at sea, stand off and on.

ἀποστάς, 2 Aor. Part. of ἀφίστημι.

ἀπόστασις, εως, ἡ, revolt.

ἀπο-στέλλω, bring back a message, send forth (as an envoy or messenger); send (as a present); δόξαν ἀπέστειλε τῷ Πέρσῃ προσκυνήσεως, made the Persian believe that he had adored him (lit. conveyed to the P. the appearance of worship), p. 32.

ἀπο-στερέω, deprive.

ἀπο-τελέω, accomplish, make, form.

ἀπο-τειχίζω, wall off, round.

ἀπο-τέμνω, τεμῶ, cut off.

ἀπο-τίθημι.

ἀπο-τίθημι, put away. Midd. put off *one's own*, lay down, abdicate (with ἀρχήν, p. 16), lay up, deposit.
ἀπο-τυγχάνω, with Gen., fail to win.
ἀπο-φαίνω, show, display, reveal, regard (as an example), p.35. Midd. declare, explain, shew oneself, vaunt oneself (= vulg. shew off).
ἀπο-φέρω, carry away.
ἀπόφθεγμα, ατος, τό, judgment, decision (lit. utterance).
ἀπο-χωρέω, with Gen., retire.
ἀπο-ψύχω, ξω (lit. leave off breathing), expire.
ἄπρακτος, ον, (neg. verbal of πράσσω), without accomplishing (one's purpose), unsuccessful.
ἀπρέπεια, ας, ἡ, unseemliness.
ἄπτερος, ον, without wings.
ἅπτω, ψω, Midd. usu. with Gen. lay hold of, touch, fasten on; take up, assume.
ἀπ-ωθέω, (lit. push back) drive away, repulse. 1 Aor. Midd. Att. ἀπεωσάμην, p. 93.
ἄρα, forsooth, &c.
Ἄρβηλα, ων, τά, Arbēla, a city of Assyria, 50 miles from which Alexander finally defeated Darius, B.C. 331.
Ἀργεῖος, α, ον, Argive, i.e of Argos: Subst. an Argive.
Ἀργίλιος (α, ον), of Argilus, a city of Thrace.
Ἀργοναύτης, ου, ὁ, an Argonaut; lit. a sailor in the Argo.
ἀργός, όν, late ἡ, όν (contr. fr. ἀεργός), untilled, barren.
Ἄργος, ου, ὁ, Argus, son of Phrixus, builder of the ship Argo.
Ἄργος, ους, τό, Argos, a chief city of the Peloponnesus.
ἀργύρεος, α, ον, silver, i. e. made of silver (ἄργυρος).
ἀργύριον, ου, τό, silver money.
ἄργυρος, ου, ὁ, silver.
Ἀργώ, οῦς, ἡ (ἀργός, swift), the

Ἀρίστων.

Argo, in mythology, the first ship built by Greeks.
ἀρέσκω, ἀρέσω, please: Midd. with Dat., be pleased at.
ἀρετή, ῆς, ἡ, virtue, valour, excellence: as a proper name, p. 3.
Ἄρης, εος, Att. εως, ὁ, Mars; acc. -εα, -η, and -ην.
Ἀρίβαζος, ου, ὁ, Aribazus.
ἀριθμητικός, ή, όν, skilled in numbers. Subst. an accountant.
Ἀριμένης, ου, ὁ, Arimēnes, a Persian prince, brother of Xerxes.
Ἀρισταῖος, ου, ὁ, Aristaeus, son of Apollo and Cyrene, and father of Actaeon, and after death a patron deity of agriculture and especially of bee-keepers.
ἀριστάω, ήσω, to breakfast.
Ἀριστείδης, ου, ὁ, Aristīdes, the great Athenian statesman, and rival of Themistocles, fl. about B.C. 490—470.
ἀριστεῖον, ου, τό, and Pl., the prize of valour.
ἀριστερός, ά, όν, left; lit. the better, as a euphemism: ἀριστερά (sc. χείρ), the left hand.
ἀριστεύς, έως, ὁ, chieftain.
ἀριστεύω (ἄριστος), with Gen., excel, be distinguished, bear the palm, (lit. be best).
Ἀρίστιππος, ου, ὁ, Aristippus, of Cyrene, a disciple of Socrates, and founder of the Cyrenaic school of philosophy, fl. B.C. 370.
ἄριστον, ου, τό, breakfast.
ἀριστοποιέομαι, breakfast.
ἄριστος, η, ον, best; Sup. of ἀγαθός, Adv. ἄριστα, in the best way.
Ἀριστοτέλης, ους, ὁ, Aristotle, of Stagira, in Macedonia, the great philosopher, preceptor of Alexander the Great, and founder of the Peripatetic sect, lived B.C. 384—322.
Ἀρίστων, ωνος, ὁ, Ariston, the father of Plato.

Ἀρκαδία.
Ἀρκαδία, ας, ἡ, Arcadia, the central district of Peloponnesus.
Ἀρκάς, άδος, ὁ, an Arcadian.
ἀρκέω, έσω, suffice. Imp. ἀρκεῖ, it suffices (with Dat.); Midd. with Dat., be content with.
ἄρκτος, ου, ὁ, ἡ, a bear: in astronomy, the Great Bear; hence, the North.
ἅρμα, ατος, τό, chariot.
ἁρματοτροχία, ας, ἡ, wheel-track.
ἁρμόδιος, α, ον, fitting, suitable.
Ἁρμόδιος, ου, ὁ, Harmodius. 1. An Athenian, celebrated, with Aristogiton, for the tyrannicide of Hipparchus, B.C. 514. 2. A descendant of the above, p. 4.
ἁρμόζω and ἁρμόττω, όσω, fit together, fit, suit.
ἁρμονία, ας, ἡ, harmony, music.
ἀρνέομαι, ἥσομαι, deny.
ἀρνίον, ου, τό, lamb.
ἀρνός, ί, α, Gen. Dat. Acc. (from rt. αρν) ram; Nom. ἀμνός, late ἀρνός.
ἁρπαγή, ῆς, ἡ, rape, plunder, robbery.
ἁρπάζω, ἅσομαι, ἅσω, non Att. ξω, 1) snatch, seize; 2) rob, plunder.
ἅρπαξ, αγος, ὁ, ἡ, (= rapax; rt. ἁρπαγ = rapac), rapacious.
Ἅρπυιαι (snatchers or spoilers), the Harpies, winged monsters.
ἀῤῥωστέω, ἥσω, be weak, sick, ill.
ἄῤῥωστος, ον, (Neg. verbal of ῥώννυμι), weak, invalid, feeble.
Ἀρτάβαζος, ου, ὁ, Artabāzus, a noble Persian,
Ἀρταξέρξης, ου, ὁ, Artaxerxes, kings of Persia. 1) ὁ Μακρόχειρ, Longimānus (the long handed), B.C. 465—424. 2) ὁ Μνήμων, Mnemon (with the good memory), B.C. 405—362. 3) ὁ Ὦχος, Ochus, B.C. 362—338.
Ἀρταφέρνης, ους, ὁ, Artaphernes, a Persian general, who commanded with Datis at Marathon.
Ἄρτεμις, ιδος, ἡ, Artemis, Diana, goddess of hunting, &c.

ἀσφάλεια.
ἄρτος, ου, ὁ, bread (made of wheat), a loaf.
ἀρύω, ύσω, draw water.
ἀρχαῖος, α, ον, ancient.
ἀρχεῖα, ων, τά, (prop. Neut. Pl. of ἀρχεῖος, fr. ἀρχή), magistrates.
Ἀρχέλαος, ου, ὁ, (ruler of the people), Archelāus, King of Macedonia, B.C. 413—399.
ἀρχή, ῆς, ἡ, 1) beginning, origin; 2) rule, government, empire. Pl. αἱ ἀρχαί, the authorities.
ἀρχηγός, οῦ, ὁ (ἄρχω, ἄγω, lit. chief or first leader), leader, author, founder.
Ἀρχίδαμος (ἄρχω, δᾶμος, Dor. = δῆμος), Kings of Sparta· 1) the most famous was Archidāmus II (B.C. 469—427), who began the Peloponnesian War. 2) Archidamus III, son of Agesilaus, reigned B.C. 361—338.
ἄρχω, ξω, with Gen., be first, lead, rule. ὁ ἄρχων, the ruler or leader. Midd. begin (ἄρχειν ἀπό, begin with). Pass. Part. οἱ ἀρχόμενοι, subjects.
ἀσέβεια, ας, ἡ, impiety.
ἀσθένεια, ας, ἡ, feebleness.
Ἀσία, ας, ἡ, Asia. 1) The continent: originally, the W. part of Asia Minor. 2) A nymph, mother of Prometheus.
Ἀσιανός, ή, όν, Asiatic.
ἀσκέω, ήσω, Intr. and Trans., practise, train, be devoted to.
Ἀσκληπιός, οῦ, ὁ, Aesculapius, the god of medicine, son of Apollo and Coronis.
ἀσπαίρω, αρῶ, pant, gasp, writhe.
ἀσπίς, ίδος, ἡ, shield.
ἀστήρ, έρος, ὁ, star.
ἀστός, οῦ, ὁ, citizen, fellow-citizen
ἀστράπτω, άψω, lighten.
ἀστραπή, ῆς, ἡ, and Pl., lightning.
ἄστρον, ου, τό, star.
ἄστυ, εος, τό, city.
ἀσφάλεια, ας, ἡ, safety, safe course.

10*

ἀσφαλής.

ἀσφαλής, ές (ἀ, aud σφάλλω, make to fall), safe, secure. ἐν ἀσφαλεῖ, in safety.
ἀσφαλῶς, safely, securely.
ἀσχημονέω, ήσω, to be unseemly.
ἄσχημος, ον, unseemly.
ἀσχολία, ας, ἡ, want of leisure, pressing affairs.
ἄτακτος, ον, without order (lit. not in battle array). Adv.—ως.
ἄτε, neut. Pl. of ὅστε, used as Adv., especially as.
ἄτεκνος, ον, childless.
ἀτιμία, ας, ἡ, disgrace.
ἄτιμος, ον, without honour, disgraced.
ἄτοπος, ον, out of place, absurd, impertinent.
ἄτρεπτος, ον, unmoved (by fear).
ἄτρωτος, ον, (neg. verbal of τιτρώσκω), invulnerable.
Ἀττικός, ή, όν, Attic, i.e. of Athens: Subst. an Athenian: ἡ Ἀττική (sc. γῆ), Attica.
Ἄτυς, υος, ὁ, Atys, the younger son of Croesus, king of Lydia.
ἀτύφως, Adv. without pride.
ἀτυχέω, ήσω, (ἀτυχής), be unlucky or unfortunate. Trans. fail in, fail to obtain (τι ἔκ τινος).
ἀτυχία, ας, ἡ, misfortune.
αὖ, Adv. again.
Αὐγέας, ου, ὁ, (poët. Αὐγείας), Augeas, a mythical king of Elis.
αὖθις, Adv. again.
αὐλέω (αὐλός), ήσω, play the flute.
αὐλητής, οῦ, ὁ, flute-player.
αὐλός, οῦ, ὁ, pipe, flute: also in Plur., for the double-flute commonly used by the ancients.
αὐξάνω and αὔξω (= augeo), αὐξήσω. 1 Aor. ηὔξησα, Perf. Pass. ηὔξημαι, increase (trans.) M. and P. grow, increase (intr.)
ἄυπνος, ον, sleepless.
αὔριον, Adv., to-morrow.
αὐτάρκεια, ας, ἡ, contentment.
αὐτάρκης, ες, self sufficing, content.

ἀφθόνως.

αὐτήκοος, ον, hearing with one's own ears.
αὐτίκα, Adv., immediately.
αὐτόθι and αὐτοῦ, Adv., there, on the spot.
αὐτόματος, ον (αὐτός, and rt. μα, move), Adv.—ως, of one's own accord, spontaneously.
Αὐτονόη, ης, ἡ, Autonoë, a Theban princess, daughter of Cadmus and Harmonia, and wife of Aristaeus.
αὐτόπυρος, ον, wholly of wheat.
αὐτός, ή, ό, Pronoun, properly emphatic (= ipse, Lat.). 1) In Nom. self, alone or with Art. and Noun. αὐτὸς ὁ ἀνήρ, or ὁ ἀνὴρ αὐτός, the man himself; 2) same, following the Art. ὁ αὐτὸς ἀνήρ, the same man; 3) in the oblique cases, a simple Determinative (= is, Lat.) he, she, it. Dat. followed by Subst., and all, e. g. αὐτῇ κνίσσῃ, fat and all.
αὐτοσχεδιάζω, do off hand.
αὐτόχθων, ονος, ὁ, ἡ, an Autochthon, indigenous, lit. sprung from the earth itself.
αὐχμός, οῦ, ὁ, drought.
ἀφ' = ἀπό before an aspirate.
ἀφ-αιρέω, take away, abolish; Plup. Pass. ἀφῄρητο as Midd.
ἀφ-άλλομαι, ἀλοῦμαι, leap off. 2 Aor. Inf. ἀφαλέσθαι.
ἀφανής, ές (ἀ, φαίνω), obscure, inconsiderable, unseen, private; ἐξ ἀφανοῦς, from an unseen position, unobserved.
ἀφανίζω, ίσω, ιῶ (ἀφανής), do away with, get rid of, destroy: lit. make to vanish.
ἀφαυρός, ά, όν, weak, feeble.
ἀφειδῶς, unsparingly.
ἀφείθην, 1 Aor. Pass. of ἀφίημι.
ἀφελῶς, Adv. simply, moderately.
ἄφθονος, ον, (lit. ungrudging), abundant.
ἀφθόνως, abundantly, freely.

ἀφ-ίημι.

ἀφ-ίημι, let go, dismiss, set free, send forth.
ἀφικνέομαι, (rt. ιχ), ἵξομαι, ἷγμαι, 2 Aor. ἱκόμην, arrive, come, be brought.
ἀφ-ίστημι, Trans. remove, cause to revolt. Intr. fall away, rebel, leave, separate one'sself from, refrain from, abstain from, desist: 2 Aor. Inf. ἀποστῆναι, to abdicate, p. 16 : Perf. be distant from.
ἄφλαστον, ου, τό, (Lat. *aplustre*), an ornament at the stern of a ship. (See Dict. of Antiq.)
ἄφνω, Adv., suddenly,
ἀφορία, ας, ἡ, dearth, famine.
ἀφ-ορίζω, mark out, assign.
ἀφορμή, ῆς, ἡ, rallying point, head quarters, (lit. a place from which to begin a movement).
ἄφορος, ον, (ἀ, φέρω), unfruitful.
Ἀφροδίτη, ης, ἡ, Aphrodite, Venus.
ἀφυής, ές, (lit. not blessed by nature) unskilful. Adv. ἀφυῶς, clumsily.
Ἀχαιός, Achæan : οἱ Ἀχαιοί, the Greeks (in Homer; since the Achæans then held the supremacy).
ἀχαριστέω, ήσω, disoblige, refuse a favour, be ungrateful.
Ἀχερουσία λίμνη, ἡ, the Acherusian lake. 1) on the W. coast of Epirus : 2) in hell : named from the river Acheron.
ἄχθομαι, ἔσομαι, 1 Aor. ἠχθέσθην, be vexed, grieve.
Ἀχιλλεύς, έως, ὁ, Achilles, son of Peleus and Thetis, the great hero of the Trojan war and of the Iliad.
ἄχρειος, ον, and α, ον, and ἄχρηστος, ον, useless.
ἄχρι, up to, until.
Ἄψυρτος, ου, ὁ, Absyrtus, brother of Medea.

B.

Βαβυλών, ῶνος, ἡ, Babylon.
Βαβυλώνιος, α, ον, Babylonian.

βασιλεύς.

βαδίζω, ιοῦμαι, late ἴσομαι, ἴσω, ιῶ (rt. βα in βαίνω), go, walk, march.
βάθος, ους, τό, depth.
βαθύς, εῖα, ύ, deep.
βαίνω (rt. βα, βη), βήσομαι, βέβηκα, 2 Aor. ἔβην, walk, ascend.
βακτηρία, ας, ἡ, (βαίνω), staff, walking stick.
Βάκτρα, ων, τά, Bactra, the capital of Bactria.
Βακτριανή (sc. χώρα), Bactria, a province of the Persian empire, in Central Asia.
βακχεύω, σω. Trans. intoxicate, inspire with religious frenzy. Intr. be a Bacchanal, revel, be frenzied.
Βάκχη, ης, ἡ, a Bacchanté, or female Bacchanal.
Βάκχος, ου, ὁ, a Bacchanal, or companion of Dionysus.
βάλλω, βαλῶ, βέβληκα, 2 Aor. ἔβαλον, throw, cast, pelt.
βαρβαρίζω, ίσω, ιῶ, commit a barbarism (in speech).
βαρβαρικός, ή, όν and βάρβαρος, ον, barbarian, i. e. speaking another language, a name applied to non-hellenic peoples, especially Asiatics.
βάρος, ους, τό, weight, load, burthen.
βαρύς, εῖα, ύ, heavy, burthensome. Adv. βαρέως, severely ; βαρέως φέρειν, to be distressed.
βαρύτης, ητος, ἡ, heaviness, weight, oppression.
βασανίζω, ίσω, ιῶ, torture.
βασιλειά, ας, ἡ, (Fem. form of βασιλεύς), queen.
βασιλεία, ας, ἡ, (Fem. Sing. of βασίλειος, sc. ἀρχή), kingdom, royal power.
βασιλειά, ων, τά, (Neut. Pl. of βασίλειος, sc. δώματα), palace.
βασίλειος, α, ον, and ος, ον, royal, kingly.
βασιλεύς, έως, ὁ, king. (Stem βασιλεF).

βασιλικός.

βασιλικός, ή, όν, royal, kingly: queenly p. 49. τὸ βασιλικόν (sc. ταμιεῖον) the king's treasury.
βασιλικῶς, Adv., royally.
βασιλεύω, σω, with Gen., be king, reign over, come to the throne; be lord of. ὁ βασιλεύων, the king.
βαστάζω, ἄσω, bear, carry, take up.
βάτος, ου, ἡ and ὁ, bramble.
βέβαιος, 3 and 2, strong, firm, sure, steadfast.
βεβαίως, Adv., safely, surely, confidently.
βέλος, ους, τό (βάλλω) dart, missile.
βελτίων, βέλτιστος, used as Comp. and Sup. of ἀγαθός, better, best; properly in war (rt. same as in βέλος). ὦ βέλτιστε, good sir! my friend!
Βῆλος, ου, ὁ, Belus, a mythical king of Egypt.
βῆμα, ατος, τό, a step: the *Bema*, or platform whence the orators at Athens addressed the assembly, like the Roman *rostra*.
βία, ας, ἡ, force, violence.
βιάζω, force, constrain. Midd. carry a thing by force, try: μὴ πλεῖν βιάζεσθαι, not to try and force a passage.
βιβλίον, ου, τό, book.
βιβρώσκω (redupl. fr. rt. βορ or βρο), βρώσομαι, βέβρωκα, 2 Aor. ἔβρων, eat, devour, feed upon.
βίος, ου, ὁ, life, mode of life.
βιοτεύω, live, pass one's live, regulate one's life.
Βίτων, ωνος, ὁ, Biton, an Argive, brother of Cleobis: see p. 7.
Βίων, ωνος, ὁ, Bion, of Borysthenes, on the Black Sea, a Cyrenaic philosopher, noted for his witty sayings, fl. about B.C. 250.
βλάπτος, η, ον, injurious.
βλάπτω, (rt. βλαβ), ψω, but pass. ψομαι, Perf. Pass. βέβλαμμαι,

βραχύς.

2 Aor. Pass. ἐβλάβην, injure, illtreat. Pass. suffer injury or loss.
βλέμμα, ατος, τό, look, countenance.
βλέπω, ψομαι, late ψω, see, look.
βοάω, ἤσομαι, late ήσω, shout, cry out.
βοή, ῆς, ἡ, battle-cry, cry, shout, noise.
βοήθεια, ας, ἡ, help, aid.
βοηθέω, ήσω, with Dat., come to the help of, defend.
βοηθός, όν (βοή), auxiliary: β. αὐτοῖς, to help them, p. 5.
βοιωταρχέω, ήσω, be a Boetarch; the name of the chief magistrates of Thebes.
Βοιωτία, ας, ἡ, Boeotia, a district of N. Greece, NW. of Attica.
βορά, ᾶς, ἡ, food, prey.
Βορέας, ου, ὁ, Boreas, the god of the N. or NNW. wind, son of Astraeus and Eos (Aurora), and father of Cleopatra, the wife of Phineas.
βουκολέω, ήσω, be a herdsman, tend cattle.
βουκόλος, ου, ὁ, herdsman: lit. tender of oxen.
βούλευμα, ατος, τό, plan, contrivance.
βουλεύω, σω (βουλή), with Dat., advise. Midd. consult, consider, discuss, decide, resolve on.
βουλή, ῆς, ἡ, 1) counsel: 2) council, an assembly.
βούλησις, εως, ἡ, will, wish, purpose.
βούλομαι, ήσομαι, βεβούλημαι, wish, please, will.
βοῦς, βοός, ὁ, and ἡ, (rt. βοF: = *bos, bovis*), ox, cow: αἱ θήλειαι βόες, the cows.
Βούσιρις, ιδος, ὁ, Busiris, son of Poseidon, a king of Egypt, killed by Hercules.
βραχύς, εῖα, ύ, short, brief, slight. Neut. Pl. βραχέα, small portions.

βραχύτης.
βραχύτης, ητος, ή, shortness, brevity, quickness.
βριαρός, ά, όν, strong.
βρέφος, ους, τό, babe.
βροντάω, ήσω, thunder.
βροντή, ῆς, ή, thunder.
βροτός, ό, ή, mortal.
βρῶμα, ατος (βιβρώσκω), τό, food.
Βυζάντιον, ου, τό, Byzantium, a Greek colony on the Bosporus, aft. Constantinople.
Βυζάντιος, ου, ό, Byzantine.
βυθός, οῦ, ὁ, abyss, the deep: κατὰ βυθῶν, down into the depths (of the sea), p. 56.
βύρσα, ης, ή, hide.
βωμός, οῦ, ὁ, altar.

Γ.

γάλα, ακτος, τό, milk.
γαλαξίας, ου, ὁ (γάλα), the Galaxy or Milky Way.
γαμβρός, οῦ, ὁ, (= γαμερός, sc. υἱός, fr. γαμέω,) son-in-law.
γαμέω, ῶ, (ήσω, late), 1 Aor. ἔγημα, marry.
γάμος, ου, ὁ, marriage, wedding.
Γανυμήδης, ους, ὁ, Ganymede, son of Laomedon, carried off by Jove.
γάρ, Conj. for.
γαστήρ, τρός, ή, belly.
γε, (enclitic), at least, indeed; yes! (= quidem).
γείτων, ονος, ὁ, ή, neighbour.
γελάω, άσομαι, late άσω, laugh.
Γέλων, ωνος, ὁ, Gelon, tyrant of Agrigentum in Sicily.
γέλως, ωτος, ὁ, laughter.
γέμω (Pres. and Imperf. only) with Gen., be filled, laden.
γενεά, ᾶς, ή, birth, race.
γενειήτης, ου, Adj. bearded.
γεννάω, ήσω, 1 Aor. ἐγέννησα and ἐγεινάμην (direct fr. rt. γεν), beget, give birth to.
γένος, ους, τό, birth, race, family.

γλωσσαλγία.
γέρων, οντος, ὁ, old man.
γεύω, σω, give to taste: Midd. taste, enjoy.
γέφυρα, ας, ή, bridge.
γεφύριον, ου, τό (dim. of the above) bridge.
γεωργία, ας, ή, husbandry, tillage, cultivation. τῆς αὑτοῦ γ., of his own growing, p. 34.
γεωργός, οῦ, ὁ (γῆ and rt. ἐργ), husbandman.
γῆ, γῆς, ή, the Earth, earth, land.
γηράσκω, άσω, and άσομαι, Aor. Infin. γηράναι (later γηράσαι), Perf. Act. γεγήρακα, grow old.
Γηρυόνης, ου, ὁ, Geryönes or Geryön, mythical king of Erytheia in the extreme West.
γίγας, αντος, ὁ, giant.
γίγνομαι (redupl. fr. rt. γεν). γενήσομαι, 2 Aor. ἐγενόμην, 1 Perf. γεγένημαι, 2 Perf. γέγονα, become, be, happen, take place, be found, appear, arise. τῆς μάχης γενομένης, the battle having been fought, p. 12. γενόμενος, shown, proved, obtained. τὸ γεγονός, what had happened. 1 Aor. ἐγεινάμην, (trans.), begat: οἱ γεινάμενοι, parents.
γιγνώσκω or γινώσκω, γνώσομαι, ἔγνωκα, 2 Aor. ἔγνων (redupl. fr. rt. γνω = know), discover: Imperf. Tenses, be discovering, perceive, think: Perf. and Aor., know; counsel, resolve: 2 Aor. Part. γνοῦς, being informed. Perf. Pass. Part. τὰ ἐγνωσμένα, resolutions taken.
γλαυκῶπις, ιδος, ή, bright-eyed, with fierce eyes (others, with light blue eyes, like an owl γλαύξ), an epithet of Athena.
γλυκύς, εῖα, ύ, sweet, pleasant.
γλυκύτης, ητος, ή, sweetness.
γλῶσσα, ης, ή, tongue, speech.
γλωσσαλγία, ας, ή, loquacity.

γναφεῖον.

γναφεῖον, ου, τό, fulling-mill.
γνώμη, ης, ἡ, (γιγνώσκω), opinion, resolution, spirit, intention, advice, deliberation. γνώμην ποιοῦμαι, I propose; γνώμῃ, purposely.
γνώμων, ονος, ὁ, ἡ, knowing, aware of.
γνώριμος, η, ον, (rt. γνω: the r appears also in Lat. *gnarus*), well-known, distinguished. Subst. acquaintance, familiar friend or companion.
Γόγγυλος, ου, ὁ, Gongylus, of Eretria, was an agent in the treason of Pausanias, p. 80.
γονεύς, έως, ὁ, father, Pl. parents.
γόνυ, γόνατος, τό, knee.
Γορδίας, ου, ὁ, Gordias, a king of Phrygia, whence, the 'Gordian knot'.
γοῦν, (γὲ οὖν), at least: an inferential particle.
γράμμα, ατος, τό, a letter (of the alphabet). Pl. letters, writing, a letter *(= litterae)*.
Γράνικος, ου, ὁ, the Granīcus, a small river of Mysia, where Alexander first defeated the Persians, B.C. 334.
γραῦς, γραός, ἡ, old woman.
γραφή, ῆς, ἡ, a writing, letter, indictment.
γραφικός, ή, όν, a judge of painting. Comp. a bettei judge &c.
γράφω, ψω, write, paint, shew (on a picture or map, p. 30).
Γρύλλος, ου, ὁ, Gryllus, son of Xenophon, killed at the battle of Mantinea, B.C. 362.
γυῖον, ου, τό, limb.
γυμνάσιον, ου, τό, *gymnasium*, a place for bodily exercises.
γυμνικός, ή, όν, gymnastic (with ἀγών).
γυμνός, ή, όν, naked (absolutely, and also without upper clothing).
γυνή, αικός, ἡ, woman, wife.

δε.

Δ.

δαιμόνιος, α, ον, lit. divine, inspired by a god; strange, remarkable, excessive; τὰ δαιμόνια, divine knowledge.
δαίμων, ονος, ὁ, ἡ, (δαίω, divide), divinity, dæmon (a tutelar spirit assigned to each man).
δάκνω, δήξομαι, δέδηχα, 2 Aor. ἔδακον, bite.
δάκρυον, ου, τό, a tear.
δακρύω, weep.
δακτύλιος, ου, ὁ, a ring.
δάκτυλος, ου, ὁ, a finger.
Δαναΐς, ίδος, ἡ, a Danaid. Pl. αἱ Δαναΐδες, the Danaids, daughters of Danaus.
Δαναός, οῦ, ὁ, Danăus, son of Belus, king of Egypt, fled with his 50 daughters to Argos.
δανείζω, σω, put out on loan, lend. Midd. borrow, ask a loan.
δανειστής, οῦ, ὁ, money-lender.
δαπάνη, ης, ἡ, expense, expenditure, outlay.
δάπεδον, ου, τό, ground, floor, pavement.
δαρεικός, οῦ, ὁ, daric, a Persian gold coin = above a guinea.
Δαρεῖος, ου, ὁ, Darius, kings of Persia. 1) son of Hystaspes, B.C. 521—485. 2) Nothus (i.e. Bastard) B.C. 424—405. 3) Codomannus, the last king of Persia, B.C. 336—331.
Δασκυλῖτις, ιδος, ἡ, Adj., of Dascylium, a city of Bithynia.
δασμός, οῦ, ὁ, tribute.
Δᾶτις, ιος, ὁ, Datis, a Persian general, who commanded with Artaphernes at Marathon.
δέ Conj. but, sometimes and; illative, then; μὲν—δέ, indeed—but; (the μὲν is generally left untranslated, simply pointing to the coming δέ); καὶ—δέ but also.
—δε, Enc. term., to a place.

δεδίττομαι.

δεδίττομαι, M. frighten. P. fear.
δέδοικα, I fear. 1 Perf. of δείδω.
δεῖ impers., see δέω.
δείδω, σομαι, 1 Aor. ἔδεισα, 1 Perf. δέδοικα, 2 Perf. δέδια, fear.
δείκνυμι, and δεικνύω, δείξω, (same rt. as in Latin *dig*-itus), point at, show.
δειλία, ας, ἡ, cowardice.
δειλός, ή, όν, (δείδω), coward.
δεινός, ή, όν, 1) dreadful, terrible, τὰ δεινὰ, evils; 2) clever (at anything, with Inf.).
δειπνέω, ήσω, late ήσομαι (δεῖπνον). sup.
δειπνίζω, ίσω,ιῶ, sup: Trans. entertain.
δεῖπνον, ου, τό, supper (the principal meal of the Greeks): banquet, feast.
δέκατος, η, ον, tenth.
Δεκελεικός, ή, όν, Decelean, i. e. of Decelēa, a town of Attica, fortified by the Lacedæmonians in the Peloponnesian war, p. 28.
δελεάζω, άσω (δέλεαρ, a bait), and Midd., entice, allure, deceive.
δελφίς, ῖνος, ὁ, dolphin.
Δελφοί, ῶν, οἱ, Delphi, a city in Phocis, celebrated for its oracle of Apollo, so called from its inhabitants, οἱ Δελφοί, the Delphians; before called Πυθώ.
δένδρον, ου, τό, tree.
δεξιόομαι (δεξία, right hand), ώσομαι, embrace, welcome.
δεξιός, ά, όν, right; clever. δεξιά (sc. χείρ) right (hand).
δέομαι, see δέω.
δέος, ους, τό, fear.
Δερκυλλίδας, ου, ὁ, Dercyllidas, a Spartan general, B.C. 399—396.
δέρας, ατος, τό, skin, fleece.
δέρμα, ατος, τό, skin.
δέρρις, εως, ἡ, skin.
δεσμεύω, σω, (δεσμός), bind.
δέσμη, ης, ἡ, bundle.
δεσμός, οῦ, ὁ, fetter; Pl. τὰ δεσμά, bonds.

Δημήτριος.

δέσποινα, ης, ἡ, and δεσπότις, ιδος, ἡ, mistress.
δεσπότης, ου, ὁ, lord, master.
Δευκαλίων, ωνος, ὁ, Deucalion, son of Prometheus, preserved in the great deluge.
δεύτερον, Adv., the second time.
δεύτερος, α, ον, second.
δέχομαι, ξομαι, receive.
δέω, δήσω, δέδεκα, Perf. Pass. δέδεμαι, 1 Aor. ἐδέθην, bind: Impers. δεῖ, it is necessary; ἔδει, it ought; τὸ δεῖν, the necessity.
δεῖν τοσούτου, want so much of, be at such a distance, p. 24.
Midd. δέομαι, need; with Gen. of person, pray, ask: οἱ δεόμενοι, petitioners, p. 32.
δή, an illative and intensive particle; then, now, now then.
δῆτεν, Particle, indeed, then. Adv., perhaps, I suppose, forsooth.
δῆλος, η, ον, and ος, ον, evident, manifest. δῆλος ἦν, with Part., he evidently was or did &c.
δῆλον, it is evident.
Δῆλος, ου, ἡ, Delos, an island in the centre of the Aegean Sea, sacred to Apollo.
δηλόω, ώσω, shew, make manifest, declare, recite.
Δημάδης, ου, ὁ, Demādes, son of Demeas, a celebrated Athenian orator, put to death by Antipater, B.C. 319.
Δημάρατος, ου, ὁ, Demarātus, a Rhodian, friend of Phocion, and brother of Sparton.
δημηγορέω, ήσω, harangue (a popular assembly).
Δημήτηρ, τρος, ἡ, Demeter, Ceres, the goddess of agriculture.
Δημήτριος, ου, ὁ, Demetrius, surnamed Poliorcetes *(Besieger)*, son of Antigonus, king of Asia, reigned in Macedonia B.C. 294 —287, and ruled over Greece as captain-general.

δημοκρατία.

δημοκρατία, ας, ή, (δῆμος, κράτος), democracy.
δῆμος, ου, ὁ, 1) people: 2) a country district (esp. in Attica).
δημόσιος, α, ον, (δῆμος), public: τὸ δημόσιον, the public treasury: δημοσίᾳ, as a public act, by the state, at the public expense.
δημώδης, ες (δῆμος = Lat. *vulgatus*), commonly known.
δήπου, Adv. surely.
διά, Prep. I. with Gen. 1) of place, through: 2) of time, after, in course of, in: 3) causal, a) through, by means of: b) in; πᾶσι διὰ στόματος, in the mouth of all, i. e. spoken of; διὰ φιλίας, in friendship, i. e. as friends; διὰ κινδύνου, in danger, δι᾽ ἔχθρας, at enmity. II. with Acc., for the sake of, on account of, for: διὰ τί, why? wherefore?
δια-βαίνω, go through, over, across. διαβεβηκότα τοῖς ποσίν, with his feet wide apart.
δια-βάλλω, accuse, calumniate, censure.
δια-βιόω, ώσομαι, later ώσω, live through, spend one's life.
δια-βοάω, ήσομαι, late ήσω (διά, βοή a cry), proclaim, celebrate. Pass. to be in every man's mouth, be noised abroad.
διαβολή, ῆς, ή, accusation, calumny.
δια-βουλεύομαι, resolve.
δι-αγγέλλω, announce.
δια-γιγνώσκω, decide, distinguish. ὡς πρὸς διαγιγνώσκοντας κ τ. λ. (he said) they must approach them for the future as these able to decide &c,
δι-άγω, ξω, pass (time); delay; καλῶς δ. live well.
διάδημα, ατος, τό, diadem, a jewelled band worn round the head as the sign of royalty in Asia.

δια-πορεύω.

δια-δίδωμι, distribute. Pass. spread abroad.
δια-ἐρέω, search out, discover.
δίαιτα, ης, ή, life, mode of life: δίαιταν ἔχειν, to live.
δια-καθαίρω, purify, purge (in the poetic sense, e.g. the ears) p. 59.
δια-καρτερέω, ήσω (διά, κρατερός), endure, bear.
δια-κληρόω, ώσω, distribute by lot. Midd. cast lots for.
δια-κομίζω, convey across. Pass. take passage, pass over.
διακονία, ας, ή, service, mission.
διάκονος, ου, ὁ, servant.
διακόσμησις, εως, ή, ordering, arrangement.
δια-κρίνω, distinguish, decide.
δια-κωλύω, hinder, forbid.
δια-λαλέω, ήσω, talk (with another).
διαλλαγή, ῆς, ή, reconciliation, treaty of peace.
δια-λέγομαι, Midd. with 1 Aor. Pass. and Midd. converse, discourse.
διάλειμμα, ατος, τό (διαλείπω), space, interval.
δια-λείπω, Trans. leave an interval. Intr. vanish.
δια-λογίζομαι, converse.
διαλογισμός, οῦ, ὁ, conversation.
διάλυσις, εως, ή, breaking up, destruction.
δια-λύω, 1) part asunder, dissolve: 2) put an end to, get rid of: hence, 3) reconcile (put an end to a contest), p. 59.
διανίστημι, set up, rouse. 2 Aor. Part. διαναστάς, starting up.
διάνοια, ας, ή, mind, thoughts, purpose, cleverness.
δια-πέμπω, send over, despatch (a letter), p. 81.
δια-περαίνω, ανῶ, go through with, complete.
δια-πλέω, sail across, sail through.
δια-πορεύω, σω, lead through. Midd. pass through, march through.

δια-πράσσω.

δια-πράσσω, ξω, perform, achieve. Midd. manage, effect a settlement; διαπραξάμενος, having effected his release, p. 82.

διαπρεπής, ές, excellent, surpassing (in beauty).

διαρκής, ές, sufficient, adequate.

διαρ-ρήγνυμι, burst asunder, tear.

δια-σπάω, άσω; and Midd. -άομαι, άσομαι, tear asunder, break through.

διάστημα, ατος, τό, distance.

δια-στέλλω, ελῶ, έσταλκα, send away, distribute.

δια-σώζω, σω, save, rescue. Midd. save oneself, one's own; Pass. escape, pass safe through.

δια-τείνω, ενῶ, 1 Aor. έτεινα, Perf. τέτακα, Pass. τέταμαι: stretch forth. Midd. stretch forth, wield.

δια-τελέω, έσω, finish, go on; to be constantly doing a thing; abide; spend one's time, accomplish (a period of time) p. 68; with Part., translate as adverb, always: with ὤν, continue to be, spend one's life.

δια-τίθημι, Inf. Aor. Pass. διατεθῆναι, appoint, ordain, manage, dispose of.

δια-τρέπω, ψω, turn (from a course) change. Pass. be ashamed.

διατριβή, ῆς, ή, occupation, mode of life.

δια-τρίβω, ψω, frequent (a place), resort, live, remain, delay.

διαυγής, ές, (lit. transparent), brilliant, radiant.

διαφερόντως, conspicuously.

δια-φέρω, with Gen. (lit. bear apart from), differ from, excel, be distinguished.

διαφέρων, ουσα, ον, distinguished, excelling; with Gen. of comparison, and Dat. of degree.

δια-φεύγω, flee away: 2 Aor. escape.

δια-φθείρω, ερῶ, έφθαρκα, 2 Perf. έφθορα, Perf. Pass. έφθαρμαι,

δίκη.

2 Aor. Pass. εφθάρην, destroy, ravage, corrupt, devour; tear in pieces p. 56. Intr. and Pass. perish; also used of any organic defect, e.g. διέφθαρτο, was deficient (of a dumb person); both on p. 9: with Acc., διεφθαρμένον την ακοήν, having lost his hearing.

διαφορά, άς, ή, difference, variance.

διάφορος, ον, different, distinguished, eminent.

διάφραγμα, ατος, τό, (φράσσω), partition.

δια-φυλάττω, preserve, protect.

δια-χέω, εῶ, pour out, dissolve: metaph. soften: διαχυθείς τῷ προςώπῳ, with softened countenance.

διδάσκαλος, ου, ό, teacher.

διδάσκω (redupl. fr. rt. δα), ξω, δεδίδαχα, 2 Aor. εδάην (Intr.): with 2 Acc., teach, inform. Midd. get taught, Pass. be brought up or trained as (with Nom. in the predicate).

διδυματοκός, ον, bearing twins.

δίδυμος, η, ον, double, Pl. twins.

δίδωμι (Rt. δο, orig. put), δώσω, 1 Aor. έδωκα, Perf. δέδωκα, 2 Aor. έδων, part. δούς: give, place, send. Midd. permit, allow.

διεκ-πίπτω, rush out, through.

διέξ-ειμι, go through, deliver (a discourse).

διέρχομαι, 2 Aor. διελθών, go through.

διήγημα, ατος, τό, story, anecdote.

δικάζω, άσω, judge, decide.

δίκαιος, α, ον, and ος, ον, just, fair, right: with Inf. worthy, deserving. Adv.—ως, rightly, justly.

δικαιοσύνη, ης, ή, (δίκαιος), justice, fairness: as a proper name, p. 3.

δικαιόω, ώσω, esteem right; require; judge.

δικαστής, οῦ, ό, judge: (at Athens) rather, juryman.

δίκη, ης, ή, 1) satisfaction: δίκην δίδωμι, to be punished (lit. give satisfaction): 2) justice: 3) a trial,

Δίκη.

Δίκη, Dicé, Justice, a goddess.
δίμορφος, ον (μορφή), two-formed.
διό and διόπερ (διὰ ὅ), wherefore.
Διογένης, ους, ὁ (Ζεύς, γένος, Jove-born), Diogĕnes, of Sinope, surnamed ὁ κύων (the *Dog*), a leader of the Cynic school of philosophy, lived B.C. 412—323.
Διομήδης, ους, ὁ, Diomēdes or Diomed. 1) A king of Thrace, killed by Hercules. 2) A king of Argos, celebrated by Homer.
Διομέδων, οντος, ὁ, (Ζεύς, μέδω), Diomĕdon, p. 9.
Διονύσιος, ου, ὁ, Dionysius, tyrants of Syracuse. 1) ὁ πρεσβύτερος, the Elder; B.C. 405—367. 2) ὁ νεώτερος, the Younger, B.C. 367—343.
Διόνυσος, ου, ὁ, Dionȳsus or Bacchus, the god of wine.
Διός, Διί, Δία, oblique cases of Ζεύς, Jove.
Διόσκουροι, οἱ, (the boys of Jove), the Dioscūri, Castor and Pollux.
διπλόος, η, ον, double.
δίπους, ουν, with two feet, biped.
δίς, Adv., twice; twice (a day), p. 3.
δισμύριοι, αι, α, (2 × 10,000), twenty thousand, 20,000.
διφυής, ές, of double nature (e.g. Centaurs, p. 93).
διψάω, ήσω, thirst, be thirsty.
διωγμός, οῦ, ὁ, pursuit.
διώκω, ξω, chase, pursue.
Δίων, ωνος, ὁ, Dion, tyrant of Syracuse, B.C. 356—353, and a disciple of Plato.
δίωξις, εως, ἡ, pursuit.
δοκέω, δόξω, 1 Aor. ἔδοξα, Perf. Pass. δέδογμαι, believe, think, seem, appear. Impers. δοκεῖ, it seems, is supposed, seems good: ἦ δοκεῖ σοι ὃ καὶ τῷ πατρί, dost thou agree with thy father? ὡς ἐμοὶ δοκεῖν, as it seems to me. 1 Aor. Inf. δόξαι, to seem.

δυνατός

δόξα, ης, ἡ, opinion, belief, expectation; reputation; renown.
δορά, ᾶς, ἡ, skin, hide.
δόρυ, ατος, τό, spear; Dat. δόρατι and δορί.
δορυφορέω, ήσω, bear a spear, be a body-guard, attend.
δορυφόρος, ου, ὁ, spear-bearer; body-guard.
δόσις, εως, ἡ, gift.
δουλεία, ας, ἡ, slavery.
δουλεύω, σω, be a slave, serve.
δούλη, ης, ἡ, a female slave.
δοῦλος, ου, ὁ, slave.
δουλόω, σω, enslave.
δοῦπος, ου, ὁ, noise.
δράκων, οντος, ὁ, serpent: hence our 'dragon'.
δράω, δράσω, δέδρᾱκα, 1 Aor. ἔδρᾱσα, do, treat, do anything to (with 2 Accusatives).
δρέπανον, ου, τό, sickle, bill-hook.
δρέπω, ψω, pluck (fruit). Midd. gain, win.
δριμύς, εῖα, ύ, stern, angry. Adv. δριμύ, sternly.
δρόμος, ου, ὁ, running, course (of a chariot, &c.): δρόμῳ, at a run.
Δρύας, αντος, ὁ, Dryas, kings of the Edonians in Thrace: 1) father of Lycurgus: 2) son of Lycurgus.
δρῦς, υός, ἡ, oak.
δύναμαι, δυνήσομαι, 1 Aor. Pass. ἐδυνήθην, can (as a Verb of Mood), also with an object (like *can* in O.E. and *können* in German), e.g. τὸ πᾶν δύνανται, have all power, p. 15.
δύναμις, εως, ἡ, power, strength, military force: Pl. powers, properties (e. g. of medicine).
δυναστεύω, σω, rule.
δυνάστης, ου, ὁ, ruler, lord.
δυνατός, ή, όν, able, powerful: οἱ δυνατοί, the leaders, principal persons.

δύο.

δύο, δυοῖν, two.
δυςγένεια, ας, ἡ, (δυςγένης, fr. δύς, γένος), low birth.
δυςειδής, ές, (δύς, εἶδος), ugly, plain; τὸ δυσειδές, ugliness.
δυςπρόςοδος, ον, (= difficilis), difficult of access, reserved.
δυςτυχέω, be unfortunate, unhappy.
δυςτυχής, ές, unfortunate, unhappy.
δυςτυχία, ας, ἡ, misfortune.
δυςχείρωτος, ον, difficult to deal with, unmanageable.
δυςχεραίνω, ανῶ, be indignant.
δυςχωρία, ας, ἡ, difficult ground.
δώδεκα (δύο, δέκα, 2 + 10), twelve.
δωδέκατος, η, ον, twelfth.
Δωδωνίς, ίδος. ἡ, Adj., of Dodona.
Δωδώνη, ης, ἡ, Dodōna, a city in Epirus, with the most ancient oracle of Jove.
δῶμα, ατος, τό, house.
δωρεά, ᾶς, ἡ (δῶρον), present, free gift.
δωρέομαι, ήσομαι, with Dat. of person, present, bestow, impart (gifts).
δῶρον, ου, τό, gift, present.
δωροφορέω, ήσω, bring a present.

E.

Ἑάλων, 2 Aor. Pass. of ἁλίσκομαι, was taken.
ἐάν (εἰ, ἄν), Conj. with Subj., if.
ἔαρ, ἔαρος, τό, the spring.
ἐαρινός, ή, όν, of spring, spring (adj.), springlike.
ἑαυτοῦ, ῆς, of himself, herself, itself; his own &c., his &c. (No Nom.)
ἐάω, ἄσω, Imperf. εἴων, 1 Aor. εἴασα, let, suffer, permit, leave: οὐκ ἐᾶν, entreat not to be or do &c., forbid.
ἑβδομαῖος, α, ον, on the seventh day.
ἑβδομάς, άδος, ἡ, week.

εἰ.

ἑβδομήκοντα, seventy.
ἕβδομος, η, ον, seventh.
ἐγ-γράφω, write on, inscribe, write (in a letter).
ἐγγυάω, ήσω, pledge. Midd. be surety, betroth.
ἐγγύς, Adv. with Gen., near.
ἐγείρω, ἐρῶ, ἐγήγερκα, stir up, raise, wake; 2 Perf. ἐγρήγορα, intr., awake.
ἐγ-καλλωπίζομαι, ἴσομαι (ἐν, κάλλος, ὤψ, lit. put a fair face on), beautify, decorate oneself.
ἐγκατα-λαμβάνω, shut in.
ἐγκατα-λέγω, lay in.
ἐγκατα-λείπω, leave behind in.
ἐγ-κελεύομαι, entreat.
ἐγκράτεια, ας, ἡ, temperance, continence.
ἐγκρατής, ές (ἐν, κράτος), lit. self-mastering, self-controlling; temperate, continent, moderate.
ἐγκρύπτω, hide in.
ἐγκωμιάζω, άσω, praise, eulogize.
ἐγκώμιον, ου, τό, praise, eulogy. Fr. ἐν and κῶμος, a revel, esp. the Bacchic festivals, when the victor in the musical contests was carried home in triumph.
ἐγχειρίδιον, ου, τό (ἐν, χείρ, hand), dagger.
ἐγ-χειρίζω, ἴσω, ιῶ, place in one's hands, entrust to one; make one master of.
ἐγχέω, εῶ, pour in.
ἐγχώριος, ον, also η or α, ον, in the country, native, inhabitant.
ἐγώ, ἐμοῦ, enclit. μου, I.—ἔγωγε, I for my part.
ἔδαφος, ους, τό, ground, foundations.
ἔδεσμα, τος, τό, food: Pl. eatables, viands.
ἐθέλω and θέλω, wish (see θέλω).
ἔθνος, ους, τό, people.
ἔθος, ους, τό, custom.
εἰ, Conj. with Ind. and Optat., 1) if, whether; 2) although; 3) that, because (where there is

εἰδέναι.

some shade of contingency such as, if it really is so), p. 9. εἰ μή, unless; otherwise. εἴ ποτε, if at any time, whenever.
εἰδέναι, to know. Infin. of οἶδα.
εἶδος, ους, τό, (rt. ΓΙΔ, see), outward form, beauty.
εἴδωλον, ου, τό, image, phantom.
εἴθε, Adv., would that! I could wish that!
εἴην, ης, η, Opt. of εἰμί, be.
εἰκάζω, άσω, make like, compare, conjecture. Pass. be like. assume the likeness of (with Dat.).
εἰκαστής, οῦ, ὁ, diviner: lit. one who sees resemblances, forms conjectures.
εἰκός (Neut. of εἰκώς, Part. of ἔοικα), likely, reasonable, probable. ὥσπερ εἰκός, as was natural, p. 36.
εἴκοσι (ν), twenty.
εἰκότως, Adv., reasonably, naturally, probably.
εἰκών, όνος, ἡ, likeness, image, picture, statue.
Εἰλείθυια or Ἐλείθυια, ας, ἡ, Ilithyia, a goddess, who came to aid women in child-birth, daughter of Jove (a participial form from ἔρχομαι).
Εἴλως, ωτος, ὁ, Helot, the name of the Laconian serfs.
εἰμί, Inf. εἶναι, (rt. ἐς, see Grammar) am, be; περί τι, engaged in; with Dat. of Person, have; ἔστιν ᾗ, in some parts, p. 80.
εἶμι, Inf. ἰέναι, (rt. I) go, am going.
εἴνατος, η, ον, Poet. for ἔννατος, ninth.
εἶπον, Defect. 2 Aor. (rt. Γεπ), say, tell (with Dat.) Augment kept through the moods.
εἴπερ, Conj. if, indeed.
εἴργω (rt. εργ, anc. Γεργ), ξω, Perf. Pass. εἴργμαι, shut in, restrain, compel.

ἐκ.

εἰρεσία, ας, ἡ, rowing (cf. ἔντονος.
εἰρήνη, ης, ἡ, peace: Irēnē, Pax, Peace, a goddess.
εἰρκτή, ῆς, ἡ, prison.
εἴρητο, was said, commanded Plup. Pass. of rt. ἐρ, cf. ἠρόμην.
εἰς or ἐς, Prep. with Acc. into, on to, upon, to, against (of motion); at, in, on, upon (of position, with motion *implied*): 2) of time: up to, till: 3) causal: for, in relation to.
εἷς, μία, ἕν, G. ἑνός, μιᾶς, ἑνός, one.
εἰς-αγγέλλω, announce, report.
εἰς-άγω, ξω, 2 Aor. ἤγαγον, bring in, introduce.
εἰς-ακοντίζω, ίσω, ιῶ, shoot at, hurl javelins upon.
εἰς-ακούω, with Gen., hear, hearken, listen to.
εἰς- (and ἐς-), βαίνω, go in, enter, embark.
εἰς- (and ἐς-) βάλλω, (sc. στράτευμα), invade.
εἴς-ειμι, } go in, come in, enter.
εἰς-έρχομαι,
εἰς-ηγέομαι, ήσομαι, bring in, lead in, introduce, invent.
εἰσηγητής, οῦ, ὁ, introducer, inventor.
εἰς-κομίζω, and Midd., carry in, usher in.
εἰς-ίπταμαι, πτήσομαι, fly in.
εἴσοδος, ου, ἡ, entrance.
εἰς-οπτρίζομαι, (lit. look in a mirror, εἴσοπτρον), examine oneself.
εἰς-πέτομαι, fly in.
εἰς-πίπτω, fall in, fall upon, rush into, be cast in.
εἰσφορά, ᾶς, ἡ, contribution, revenue, impost.
εἴσω, Adv., inwards, within.
εἶτα, Adv., then.
εἴωθα, (ἔθος), Defect. 2 Perf. (Pres. supplied by ἐθίζω), am accustomed, Plup. εἰώθειν, used.
ἐκ, ἐξ, Prep. with Gen., 1) of place: out of, from, (from a point of view, even when looking inwards,

ἕκαστος.
(p. 15); by (p. 71). 2) of time: from: since, at the time of: ἐκ δευτέρου, the second time. 3) causal: from, off; at the expense of (p. 11); prescribed by, (p. 32); with, i. e. by means of; ἐκ τούτου, thus, p. 35.
ἕκαστος, η, ον, each: ὡς ἕκαστοι, severally: καθ' ἕκαστον, one by one.
ἑκάτερος, α, ον, either of two, each.
ἑκατέρωθεν, on both sides.
ἕκατον, a hundred.
ἐκ-βαίνω, go out.
ἐκ-βάλλω, cast away, throw down, cast out, drive out, expel: Intr. fall out, disembogue (of a river); make a sally.
Ἐκβάτανα, ων, τά, Ecbatăna, the capital of Media.
ἐκ-βοάω, ήσομαι, laterήσω, shout out.
ἐκ-βολή, ῆς, ἡ (ἐκβάλλω), the mouth of a river.
ἔκγονος, ον (ἐκ and rt. γεν, in γίγνομαι), born of, springing from. Subst. offspring, child.
ἐκδέω, fasten so as to hang from. τὴν Σκύλλαν τῆς πρύμνης τῶν ποδῶν ἐκδήσας, having fastened Scylla from (to) the prow by the feet.
ἐκ-δέχομαι, 1) receive; 2) (like excipere), await, expect, καιρόν, bide one's time.
ἐκ-διαιτάω, gen. Midd., transgress in one's mode of life. Plup. Midd. doubly redupl., ἐξεδεδιῄτητο, p. 83.
ἐκ-δίδωμι, give up, surrender.
ἐκδιώκω, hunt down.
ἐκδρομή, ῆς, ἡ, sally.
ἐκ-δύω, put off, throw off: Midd. get out of, undress.
ἐκεῖ, Adv., there.
ἐκεῖθεν, Adv., thence.
ἐκεῖνος, η, ο, Dem. Pron. (= Lat. ille), that; he, she, it; the other.
ἐκεῖσε, Adv., thither.

ἐκ-φέρω.
ἐκ-θέω, θεύσομαι, sally out.
ἐκ-καθαίρω, clean out (of taking the animal out of a tortoiseshell, p. 58).
ἔκκειμαι, lie out: be cast out or exposed.
ἐκκλησία, ας, ἡ, (ἐκκαλέω), Ecclesia, the assembly of the people in a Greek republic.
ἐκ-κολάπτω, ψω, erase, lit. beat out with a chisel.
ἐκ-κομίζω, ίσω, ιῶ, carry out, remove. Midd. have removed (by others).
ἐκ-λέγω, elect.
ἐκ-λείπω, Trans. (lit. leave behind by going out of), leave, leave out, evacuate (a city), p. 77. Intr. leave off, fail, faint.
ἑκούσιος, α, ον, and ος, ον, Adv.— ὡς, of free will, freely, of one's own accord, voluntarily.
ἔκπαλαι, Adv., long since.
ἐκ-πέμπω, send out, away.
ἐκ-πηδάω, leap, spring, hurry, out.
ἐκ-πίπτω, 1) fall out, be expelled, sally forth: 2) come to, be sent to (said of an oracle).
ἐκ-πλέω, sail out, sail away.
ἔκ-πληξις, astonishment, terror.
ἐκ-πλήττω, ξω, 2 Aor. Pass. ἐξεπλάγην, strike with surprise, terror, wonder: Pass. be terrified or astonished: with τί or τινί,—at.
ἐκ-πολιορκέω, drive out (of a city by force of arms); λιμῷ, starve out.
ἐκπυρόω, ώσω, set on fire, burn up.
ἔκπωμα, ατος, τό (ἐκ, πω, rt. of πίνω), driking vessel, cup.
ἐκ-τειχίζω, ίσω, ιῶ, rebuild.
ἐκ-τίνω, ίσω, pay out, suffer, endure.
ἕκτος, η, ον, sixth.
ἔκτοτε, Adv., thenceforth.
ἐκ-τρέχω, run out, or forward.
ἐκ-φέρω, ἐξοίσω, 1 Aor. ἐξήνεγκον, carry out, work out. Midd. rush beyond bounds, out of the course (p. 67).

ἐκ-φεύγω.

ἐκ-φεύγω, escape.
ἐκφοβέω, ήσω, frighten.
ἐκ-φοιτάω, ήσω (lit. roam abroad), become known.
ἐκχέω, pour out, spill.
ἑκών, οὖσα, όν, willing, as Adv., willingly, voluntarily.
ἐλαία, ας, ή, olive-tree.
Ἐλαία, ας, ή, Elaea, a city in Æolis.
ἔλασις, εως, ή, driving.
ἐλάττων, ον, less, inferior.
ἐλάττωμα, ατος, τό, defeat, reverse (of fortune).
ἐλαύνω, ἐλάσω, (Att. ἐλῶ), 1 Aor. ήλασα, Perf. ἐλήλακα, ἐλήλαμαι, 1 Aor. Pass. ἠλάθην, Trans. drive: hence Intr. (obj. understood, ἵππον, ἅρμα, &c.), ride, march, travel; with Acc. of place, march through.
ἔλαφος, ου, ή and ὁ, stag, doe, deer.
ἐλαχύς, εῖα, ύ, little: Pl. few. Comp. ἐλάττων, and Sup. ἐλάχιστος, supply those of μικρός.
ἐλεγεῖον, ου, τό, elegy, epigram, couplet: a short, pointed piece of poetry, in alternate Hexameters and Pentameters.
ἔλεγχος, ους, τό, blame, censure.
ἔλεγχος, ου, ὁ, proof.
ἐλέγχω, ξω, put to the proof, convict of (with Particip.), reprove: with περί, examine the case about.
Ἑλένη, ης, ή, Helen, daughter of Leda and Tyndareus (or Jove), the wife of Menelaus, carried off to Troy by Paris.
ἔλεος, ου, ὁ, pity, compassion: Pity, personified as a deity, p. 61.
Ἐλευθεραί, ῶν, αἱ, Eleutherae, a city of Boeotia.
ἐλευθερία, ας, ή, freedom.
ἐλεύθερος, α, ον, and ος, ον, free. οἱ ἐλεύθεροι, the free men.
ἐλευθερόω, ώσω, set free, liberate, emancipate.
ἐλευθέρωσις, εως, ή, emancipation.

ἔμπνους.

ἑλκύω, ἕλκω, ἑλκύσω, more Att. ἕλξω, but 1 Aor. εἵλκυσα, later εἵλξα, draw, drag, drain, swallow.
Ἑλλάς, άδος, ή, Hellas, Greece.
Ἕλλη, ης, ή, Hellé, sister of Phrixus, drowned in crossing the Hellespont.
Ἕλλην, ηνος, ὁ, ή, Greek, Grecian.
Ἑλληνικός, ή, όν, Greek, Grecian; becoming to or worthy of a Greek.
τὸ Ἑλληνικόν, Greece, or the dominion over Greece, p. 87.
Ἑλληνικῶς, like Greeks, in a Grecian spirit.
Ἑλλήσποντος, ου, ὁ, (sea of Helle), the Hellespont (Dardanelles) the strait connecting the Aegean Sea and the Propontis, and dividing Europe from Asia.
ἕλος, ους, τό, swamp.
ἐλπίζω, ίσω, ιῶ, hope, expect.
ἐλπίς, ίδος, ή, hope.
Ἐλυμιῶτις, ιδος, ή, Elymiōtis, a district in the S.W, of Macedonia.
ἑλώδης, ες, swampy.
ἐμαυτοῦ, ῆς, my own. (No Nom.)
ἐμ-βαίνω, go upon, embark.
ἐμ-βάλλω, (Acc. of thing, Dat. of person), throw in, bring upon, smite with. Intr., fall on, attack, charge.
ἐμ-βατεύω, σω (ἐμβάτης, fr. ἐν and βαίνω), with Gen., step in, mount, stand on; ἐ. τοῦ ἅρματος, chariot-driving.
ἐμβολή, ῆς, ή, invasion.
ἐμμανής, ές (μαίνομαι), mad, frantic.
ἐμός, ή, όν, my, mine.
ἐμ-πήγνυμι, fix in, entangle.
ἐμ-πίπλημι, πλήσω, πέπληκα, with Gen., fill, satisfy.
ἐμ-πίπτω, fall in, plunge into.
ἐμ-πλέω, sail in, embark on: οἱ ἐμπλέοντες, the voyagers.
ἐμ-ποιέω (Dat. of person), put into, create in, smite with.
ἔμπνους, ουν, breathing, living

ἐμπορία.
ἐμπορία, ας, ἡ, trade, commerce, intercourse.
ἔμπροσθεν, Adv., in front.
ἐμφανής, ές, visible, distinguished, celebrated.
ἐμ-φανίζω, make known.
ἐν, Prep. with Dat., in, on, upon, among: ἐν τούτῳ (sc. χρόνῳ), meanwhile, p. 88; with Gen., (sc. οἴκῳ), in the house of, with (= Lat. apud, French chez).
ἐν-άγω, drive on.
ἐναγώνιος, ον (ἀγών, lit. in a contest), warlike.
ἐν-αρμόζω, ὅσω, fit or fix in or on.
ἕνδεκα, eleven.
ἑνδέκατος, η, ον, eleventh.
ἐν-δίδωμι, δώσω, give in (the meanwhile), grant.
ἔνδον, Adv., within.
ἔνδοξος, ον (ἐν, δόξα), renowned, famous, distinguished.
ἐνδόσιμος, ον, preluding. Neut. Subst. prelude, occasion.
ἐν-δύω, ύσω, 2 Aor. ἐνέδυν (Intr.). Trans. put on: Intr. and Midd. 1) put on (oneself), assume, dress in; 2) come in, enter.
ἕνεκα, Prep. with Gen., on account of.
ἐνέργεια, ας, ἡ (ἐν, ἔργον), energy: lit. inner working.
ἔνθα, Rel. and Dem. Adv. of place and time, then, there: ἔνθα καὶ ἔνθα, here and there: ἐνθάδε, to that place, there.
ἐνθύμησις, εως, ἡ, inspiration, intuition, conjecture.
ἔνι = ἔνεστι, it is in one's power. ὡς ἔνι μάλιστα, as much as is in my power.
ἐνιαυτός, οῦ, ὁ, year. Gen. yearly, per annum.
ἔνιοι, αι, α, (Plur. only), some.
ἐνίοτε, Adv. sometimes.
ἐννακισχίλιοι, nine thousand, 9000.
ἐννέα, indecl., nine.
ἐννυχώτερον, Comp. Adv. of ἔννυχος, earlier in the night.

ἐξ-ηγέομαι.
ἐν-οικέω, dwell in.
ἐνόπλιος and ἔνοπλος, ον, in arms, armed (both with weapons and armour).
ἐν-οχλέω, ήσω, worry (vulg. bore); Pass. to be weary of.
ἐν-ράπτω, ψω, 2 Aor. Pass. ἐνεῤῥάφην, sew in.
ἐνταῦθα, Adv. of place and time, there, then, thereupon.
ἐν-τείνω, stretch on.
ἐν-τέλλω, τελῶ, 1 Aor. ἔτειλα, Perf. Pass. ἐντέταλμαι: enjoin upon, command (with Dat. of person): usually in Midd.
ἐντεῦθεν, Adv., thence.
ἐν-τίθημι, put in, put on board. Midd. embark.
ἔντονος, ον, strained; μετ᾿ εἰρεσίας ἐντόνου, rowing with all their might.
ἐντός, Adv. with Gen., within.
ἐν-τυγχάνω, with Dat., light upon, meet; have an audience of (a king, p. 32); appeal to.
ἐνύπνιον, ου, τό (ἐν, ὕπνος), dream, vision.
ἐξ-άγω (lit. drive out), carry back, extend (to wider limits), carry out.
ἐξ-αιρέω, take, pluck, out, 2 Aor. ἐξεῖλον.
ἐξαίφνης, Adv., suddenly.
ἑξακις-χίλιοι, αι, α, six thousand (lit. 6 times 1000).
ἐξ-αμαρτάνω, err, be wrong.
ἐξαν-ίστημι, Trans. set up, rouse (from sleep): Intr. rise up.
ἐξ-ελαύνω, drive out.
ἔξ-ειμι and
ἐξ-έρχομαι } go out.
ἔξ-εστι, with Dat., it is permitted: e. g. τοῖς βουλομένοις ἐξῆν ἀκούειν, those who chose might listen.
ἐξετασμός, οῦ, ὁ, investigation, enquiry, discernment.
ἐξ-ηγέομαι, carry out, lead out, relate.

11

Ἐξηκεστίδης.

Ἐξηκεστίδης, ου, ὁ, Execestides, the father of Solon.
ἐξηραμμένας (sc. βύρσας) dried, Perf. Pass. Part. of ξηραίνω.
ἑξῆς (ἔχω), Adv. next, further.
ἐξόπισθεν, Adv., from behind, from the rear.
ἐξ-οπλίζω, ἴσω, ιῶ, arm, equip: Perf. Pass. ἐξώπλιομαι, I am armed.
ἐξ-ορκίζω, ἴσω, ιῶ, bind by an oath.
ἐξ-ορύσσω, ξω, dig out, tear out.
ἐξοστρακισμός, οῦ, ὁ, ostracism, i. e. banishment by a vote taken by writing the name of the person on pieces of tile (ὄστρακον).
ἐξ-οτρύνω, ῶ, urge on.
ἐξουσία, ας, ἡ (ἔξεστι), permission, power.
ἔξω, with Gen., without, outside of: τὰ ἔξω, on the outside.
ἔξωθεν, Adv., outwards; with art., the outward, the outside.
ἔοικα, Defect. 2 Perf. (rt. ικ, like), resemble, appear, seem likely: Impers. it seems, is probable.
Ἐορυαία, ας, ἡ, Eordaea, a district in the N.W. of Macedonia.
ἑορτή, ῆς, ἡ, feast, festival.
ἐπάγγελμα, ατος, promise, profession.
ἐπ-αγγέλλω, tell, proclaim. Midd., promise, offer, make a show of, profess (to teach).
ἐπ-άγω, bring in, lead on. Midd., call in to one's aid.
ἔπ-αθλον, ου, τό, the prize (of a contest).
ἐπ-αινέω, έσω, praise, applaud.
ἔπαινος, ου, ὁ, praise, renown.
ἐπ-αίρω, ἀρῶ, raise to, induce.
ἐπ-ακούω, σομαι, late σω, listen to: ἐπήκουσε ἀναγορεύεσθαι, allowed himself to be addressed as, p. 3.
Ἐπαμεινώνδας, ου, ὁ, Epaminondas, the great Theban general and statesman, died B.C. 362.

ἐπί.

ἐπανα-χωρέω,
ἐπάν-ειμι, } return, retreat.
ἐπαν-έρχομαι,
ἐπανόρθωσις, εως, ἡ, correction, restoration.
ἐπάνω, above, aloft, at the top of (with Gen.).
ἐπ-αράομαι (ἀραί), ἀσομαι, with Dat., imprecate curses on.
ἐπ-αρκέω, έσω, help (with Dat.), impart a share of (with Gen.).
ἔπαρχος, οῦ, ὁ (ἐπί, ἄρχω), governor.
ἔπαυλις, εως, ἡ, farm buildings, country house, hut.
ἐπ-εγείρω, ἐρῶ, rouse (from sleep), wake up, rouse, excite. Pass. awake.
ἐπεί, Conj. with Ind., when.
ἐπείγω, ξω, press. Midd., be pressed, be hurried.
ἐπειδάν, with Subj., as soon as.
ἐπειδή, with Ind., when, since.
ἔπ-ειμι, come to.
ἐπεῖπον, add (words), (e. g. to a present, p. 34).
ἐπεισ-έρχομαι, 2 Aor. ἐπεισῆλθον, go into or to.
ἔπειτα, Adv., next, afterwards: ἐς ἔπειτα, in the future.
ἐπέξ-ειμι, with Gen., follow up.
ἐπ-έρχομαι, go, come to.
ἐπ-ερωτάω, ήσω, ask further.
ἐπ-έχω hold up, stop (trans. and intr.), delay, wait. 2 Aor. Inf. ἐπισχεῖν, p. 78.
ἐπί, Prep. I. with Gen., 1) of place: at, in (a country), towards, ἐπ' οἴκου, homewards, for home: 2) of time: in the time of; under (the reign &c. of): 3) causal: a. with, b. after, c. about. II. with Dat. 1) of place: at, upon, near; νοσεῖν ἐπὶ θανάτῳ, to be sick unto death: 2) causal: a. by: b. under, εἶναι ἐπί τινι, to be under any one's protection; under the pressure of: c.

ἐπι-βαίνω.
for, on the ground of, about, to the aid of, for (a consideration, price or bribe): d. in the power of; ἐφ' ἡμῖν αὐτοῖς ἐστι, it depends on ourselves: c. in honour of. III with Acc. 1) of place: to, upon: 2) of time: to, to the length of: 3) causal: a. for (i. e. with a view to): b. against.
ἐπι-βαίνω, with Gen. reach; approach: go on board (a ship): with Dat. withstand.
ἐπι-βιόω, ὡσομαι, ὡσω, 2 Aor. ἐπεβίων, survive, thrive.
ἐπιβοάω, ἡσομαι, ἡσω, cry out to, call to help.
ἐπι-βουλεύω, εύσω, 1) with Dat., plot or conspire against, attack: 2) with Acc., plan, contrive.
ἐπι-βουλή, ῆς, ἡ, plot, conspiracy.
ἐπι-γιγνώσκω, find out, recognize.
ἐπί-γνωσις, εως, ἡ, recognition, knowledge (of one another).
ἐπι-γράφω, ψω, write up, write upon, inscribe; Midd. for oneself.
ἐπι-δακρύω, with Dat., weep for.
ἐπι-δείκνυμι, (δεικνύω), ξω, show, display, exhibit, prove.
ἐπι-δέχομαι, admit.
ἐπι-δημέω, be at home.
ἐπι-δίδωμι, give in addition, contribute, impart.
ἐπίδοσις, εως, ἡ, contribution. (See *Smaller Dict. of Antiq.* s. v.).
ἐπιεικῶς, Adv., with good reason.
ἐπι-ζητέω, ἡσω, seek.
ἐπι-θαυμάζω, wonder at, be surprised at.
ἐπι-θυμέω, ἡσω, with Gen., desire, wish for.
ἐπιθυμητής, οῦ, ὁ, follower, admirer.
ἐπιθυμία, ας, ἡ, desire.
ἐπι-καλέω, call upon, name. Pass. be surnamed. Midd. invoke, call to (for one's help).
ἐπίκειται, Impers., it is appointed.

ἐπιστήμων.
ἐπικηρυκεία, ας, ἡ, negociation through a herald.
ἐπικίνδυνος, ον, dangerous; ἐν ἐπικινδύνῳ, in peril.
ἐπίκλησις, εως, ἡ, name.
ἐπικλύζω, ύσω, flood.
ἐπι-κρατέω, with Gen., have the dominion of.
ἐπι-κύπτω, ψω, stoop down.
ἐπι-λαμβάνω, Midd. with Gen., lay hold of, p. 75; take to (e. g. their ships, ibid.).
ἐπι-λανθάνω, with Acc., be concealed from. Midd. with Gen., forget.
ἐπι-μανθάνω, learn after, acquire knowledge (by experience).
ἐπιμέλεια, ας, ἡ, care, diligence, arrangements.
ἐπι-μελέομαι, ἡσομαι, with Gen., care for, be careful of, preserve.
Ἐπιμηθεύς, έως, ὁ, (After-thought) Epimetheus, brother of Prometheus (Fore-thought), joined with him in creating animals.
ἐπι-νοέω, ἡσω, contrive, invent, discover.
ἐπι-πέτομαι, fly upon, pounce upon (as a bird of prey).
ἐπι-πλήττω, ξω, with Dat., rebuke, (lit. strike at).
ἐπι σημαίνω, point at: Pass. be approved, distinguished; like the Latin *monstrari digito.*
ἐπίσημος, ον, distinguished.
ἐπισκεπτέος, α, ον (verbal of the following), to be considered.
ἐπι-σκέπτομαι, consider, regard (lit. look upon).
ἐπίσταμαι, Imperf. ἠπιστάμην, (the only Tenses) know.
ἐπιστάτης, ου, ὁ, overseer.
ἐπι-στέλλω, send to, enjoin.
ἐπιστήμη, ης, ἡ, knowledge, science: Pl. mastery (of an art).
ἐπιστήμων, ον, with Gen., knowing, understanding.

11*

ἐπιστολή.

ἐπιστολή, ῆς, ἡ (ἐπι-στέλλω), commission, letter.
ἐπι-στρατεύω, σω, march; with Dat., march against, make war upon.
ἐπι-στρέφω, Trans. and Intr., turn about, look back.
ἐπισυν-ίστημι (lit. set together face to face), introduce to (with Dat). 1 Aor. imper. ἐπισύστησον.
ἐπ-ίσχω (strengthened for ἐπέχω), restrain, hinder.
ἐπι-τάσσω, ξω, command, enjoin, impose besides.
ἐπι-τειχίζω, fortify, add walls to.
ἐπι-τελέω, έσω, finish, accomplish.
ἐπιτήδευμα, ατος, τό, custom.
ἐπιτηδεύω, σω, care for, provide with, supply with.
ἐπι-τηρέω, ήσω, watch.
ἐπι-τίθημι, θήσω, put on. Midd. put on one's own, with Dat., set oneself to, aim at, attempt.
ἐπι-τρέπω (lit. turn over to), commit to, permit. Midd., entrust to. Pass., be entrusted with (Acc. of thing).
ἐπι-τροπεύω, εύσω, (ἐπίτροπος, guardian), with Acc. of person, be guardian of.
ἐπι-φαίνω, shew, declare. Pass. appear, appear before. 2 Aor. Imper. ἐπιφάνηθι.
ἐπιφανής, ές, manifest, conspicuous, illustrious (= the literal sense of the Latin illustris).
ἐπιφανῶς, openly, manifestly : ὡς ἥκιστα ἐπιφανῶς, with the least possible appearance of doing so p. 79.
ἐπι-φοιτάω, ήσω, go about.
ἐπι-χειμάζω, άσω, winter at (a place).
ἐπι-χειρέω, ήσω, attempt, undertake: lit. put the hand to.
ἐπιχώριος, α, ον, and ος, ον (ἐπί, χώρα), of the country, national

ἑρμηνεύς.

ἔπλησα, 1 Aor. of πίμπλημι, fill.
ἔπομαι (rt. σεπ = Lat. seq-uor) ἕψομαι, 2 Aor. ἑσπόμην, with Dat., follow.
ἔπος, ους, τό, word, verse, saying. Pl. verses, poetry.
ἐπριάμην (a defective Aorist), I bought.
ἑπτά, seven.
ἐπώνυμος, ον, named after.
ἐπ-ωφελέω, come to the help of.
ἐραστής, οῦ, ὁ, lover, friend, admirer;—εἶναί τινος, eagerly desirous of.
'Ερατώ, οῦς, ἡ (lovely), Eráto, the Muse of erotic poetry.
ἐράω, (Pres. and Imperf. only), Midd. ἔραμαι, 1 Aor. Part. ἐρασθείς, with Gen., love, be enamoured of: ἐρῶν, a lover.
'Εργάνη, ης, ἡ, the Worker, a surname of Athena.
ἐργασία, ας, ἡ, working, workmanship.
ἐργάτης,, ου, ὁ, worker.
ἔργον, ου, τό, work, deed, art, labours (of the field, including the standing produce).
ἐρεβώδης, ες, gloomy.
ἐρέσθαι, Inf. of the 2 Aor. ἠρόμην, ask.
'Ερετριεύς, έως, ὁ, a native of Eretria, a town in Eubœa.
'Ερεχθηΐς, ΐδος, ἡ (sc. θάλασσα), Erechtheïs, the spring of Erechtheus.
ἐρημία, ας, ἡ, destitution.
ἔρημος, ον, and η, ον, deserted, destitute, bereaved, orphan.
ἐρήμωσις, εως, ἡ, desolation, destruction.
ἐρίζω, ἴσω, contend, strive.
ἔριον, ου, τό, and Plur., wool.
ἔρις, ιδος, ἡ, strife, discord.
'Ερινvύς, ύος, ἡ, Erinnys, the avenging goddess. Pl. the Furies.
ἑρμηνεύς, έως, ὁ, interpreter.

'Ερμῆς.

'Ερμῆς, οῦ, ὁ, the god Hermes (Mercury), messenger of Jove.
'Ερμιονίς, ίδος, ἡ, (sc. ναῦς), of Hermiöne, a sea-port in Argolis.
ἔρομαι, ἤσομαι, 2 Aor. ἠρόμην, ask.
'Ερυθεία, ας, ἡ, (Ion. η, ης), Erytheia *(red)*, in mythical geography, an island in the extreme W., afterwards identified with Gades *(Cadiz)*.
ἐρυθρός, ά, όν, red.
'Ερυμάνθιος, α, ον, Erymanthian, i. e. of Erymanthus, a mountain in Arcadia.
ἔρχομαι (only, Pres. and (rarely) Imp., parts supplied fr. root ελυθ), ἐλεύσομαι, ἐλήλυθα, 2 Aor. ἦλθον, come, go: also as a verb of mood, ἐλθόντας ἀφανίσαι, going to destroy.
ἐρῶ, Fut. of φημί, say.
ἔρως, ωτος, ὁ, love.
ἐρωτάω, ἤσω, ask, ask about.
ἐρώτημα, ατος, τό, and ἐρώτησις, εως, ἡ, asking, questioning.
ἐς = εἰς, into, to, against. N.B. for compounds with ἐς, see εἰς.
ἐσ-βάλλω, throw into, enter.
ἐσθής, ῆτος, ἡ, (rt. Fες, same as in Lat. *ves-tis)*, clothing, dress.
ἐσθίω (ἔδω), eat: only in Pres. and Imperf., Indic. and Infin.
ἐσθλός, ή, όν, good, brave.
ἐσμέν, we are. 1 Pers. Pl. of εἰμί.
ἐσ-πέμπω, ψω, send to.
ἐσπέρα, ας, ἡ, evening, the West: (orig. with F, = *vespera)*.
ἔστε, Adv. and Conj., until.
ἑστία, ας, ἡ, 1) the hearth, 2) the goddess Hestia = *Vesta*.
ἑστίασις, εως, ἡ, banquet, entertainment.
ἑστιάω, άσω, entertain (at a feast). Midd. and Pass. feast.
ἔστιν οἵ (= *sunt qui)*, some.
ἔσχατος, η, ον, last.
ἑταῖρος, ου, ὁ, companion, comrade, friend, courtier.

εὐθύς.

ἕτερος, ου, ὁ (Comp. of εἷς, one), one of two, the one, the other; Pl. others; οἱ ἕτεροι, the rest.
ἔτι, Adv., still, yet, moreover: ἔτι καὶ νῦν, even to the present time.
ἕτοιμος, η, ον, and ος, ον, ready, willing.
ἑτοίμως, readily, eagerly.
ἑτοιμότης, ητος, ἡ, readiness.
ἔτος, ους, τό, year. κατ' ἔτος, year by year, every year.
εὖ, Adv., well. In Compos., easy, favourable, happy, blest.
Εὐβοεύς, έως, ὁ, Eubœan, i. e. of Eubœa.
Εὔβοια, ας, ἡ, Eubœa *(Negropont)*, an island lying off the E. coast of Attica and Bœotia.
εὐγένεια, ας, ἡ, high birth.
εὐγενής, ές, (εὖ and γένος) of high birth, noble.
εὐδαιμονία, ας, ἡ, happiness, prosperity.
εὐδαίμων, ον, fortunate, happy, wealthy.
εὐδοκιμέω, and Midd., be renowned, be applauded, find approval.
εὐδόκιμος, ον, approved, renowned.
εὐδοξία, ας, ἡ, glory.
εὐείμων, ον, with a beautiful robe.
εὐεργεσία, ας, ἡ, benefit, kindness; gratitude, p. 80.
εὐεργετέω, ἤσω, with Acc. of Pers., benefit; τὰ μέγιστα, confer the greatest benefits upon.
εὐεργέτης, ου, ὁ, benefactor: as a surname, Euergetes, p. 3.
εὔζωνος, ον (εὖ, ζώνη: lit. well-girt), active, quick.
Εὐήρης, ους, ὁ, Everes, the father of Tiresias.
Εὐθύδημος, ου, ὁ, Euthydemus, of Chios, a sophist, who lived at Athens in the time of Socrates.
εὐθύνω, υνῶ (lit., rectify, correct, εὐθύς), call to account.
εὐθύς, εῖα, ύ, straight. Adv., εὐθύ (ς) and εὐθέως, immediately.

εὔκαιρος.

εὔκαιρος, ον, seasonable, suitable.
εὐκαρπία, ας, ἡ, fruitfulness.
εὔκαρπος, ον, fruitful.
εὐκλεής, ές (εὖ, κλέος), of good fame, renowned, honourable.
εὔκολος, ον, easy, Adv. — ὡς, easily.
εὐλόγως, Adv., naturally, with good reason.
εὐνή, ῆς, ἡ, bed.
εὔνοια, ας, ἡ, good will, kindness.
εὐνομία, ας, ἡ, 1) good order, law: 2) Eunomia, the goddess of order.
εὔνους, ουν, well-disposed, ready.
εὐνοῦχος, ου, (εὐνή, ἔχω), eunuch.
εὔξεινος, ον (εὖ, ξένος), hospitable.
Εὔξεινος πόντος, the Euxine or Black Sea; a euphemism for its original name Ἄξενος, i. e. Inhospitable, significant of its stormy character.
εὐπρέπεια, ας, ἡ, comeliness, beauty.
εὐπρεπής, ές (εὖ, πρέπει), fair, comely, handsome.
εὐπρεπῶς, becomingly, decently.
εὕρεσις, εως, ἡ, invention, discovery.
εὑρετής, οῦ, ὁ, inventor.
εὕρημα, ατος, τό, invention.
εὑρίσκω (rt. εὑρ), ἥσω, ηὕρηκα, ηὕρημαι, 2 Aor. εὗρον, Midd. -όμην, 1 Aor. Pass. ηὑρέθην, find, invent, discover.
εὖρος, ους, τό, breadth.
Εὐρυβώτας, ου or α, ὁ, Eurybōtas, a Cretan, commander of the Macedonian archers.
Εὐρυδίκη, ης, ἡ, Eurydice, a nymph, wife of Orpheus.
εὐρύς, εῖα, ύ, wide.
Εὐρυσθεύς, έως, ὁ, Eurystheus, son of Sthenelus, king of Mycenæ, who, by the artifice of Hera, had the mastery over Hercules.
Εὐρώτας, ὁ, Dor. Gen. α, (= Att.

ἔφορος.

ου), Eurotas, the river of Sparta.
Εὐρώπη, ης, ἡ, Europe.
εὐσέβεια, ας, ἡ, piety.
εὐσεβής, ές, pious.
εὔτεκνος, ον (εὖ and τέκνον), blest with children, fruitful.
Εὐτέρπη, ης, ἡ, (delightful), Euterpe, the Muse of lyric poetry.
εὐτροπία, ας, ἡ, good character.
εὐτυχέω, ήσω, be fortunate.
εὐτυχία, ας, ἡ, good fortune.
εὐτύχημα, ατος, τό, a piece of good fortune.
εὐτυχής, ές (εὖ, τύχη), fortunate, lucky.
εὐφημία, ας, ἡ, good repute.
εὔφορος, ον, fruitful.
εὐφραίνω, ανῶ, 1 Aor. ἆνα, Ion. ηνα, Trans. delight, cheer (e. g. ψυχήν, p. 34), rejoice, give pleasure to.
εὐφυής, ές (lit. of a good nature), clever, of good natural parts.
εὐχή, ῆς, ἡ, wish, vow, prayer.
εὔχομαι, ξομαι, 1 Aor. ηὐξάμην, Perf. ηὔγμαι, wish, vow, pray.
εὐῶπις, ιδος, with beautiful eyes or face, beautiful.
εὐωχέω (εὖ, ἔχω), feed well, feast (trans.) Midd. feast (intr.).
εὐωχία, ας, ἡ, good fare, banquet.
ἐφ' = ἐπί, before an aspirate.
Ἔφεσος, ου, ἡ, Ephesus, the chief city of Ionia.
ἐφ-ίημι, send to, throw at. Midd. with Gen., aim at.
ἐφ-ικνέομαι, with Gen., attain to, win.
ἐφ-ίπταμαι, fly to.
ἐφ-ίστημι, ἐπιστήσω (see ἵστημι), Trans. set over, stop. Intr. come near, stop, stop at, attain.
ἔφορος, ου, ὁ, Ephor (lit. overseer). The 5 Ephors were the supreme executive committee at Sparta, above even the 2 kings.

Ἐχεκρατίδης.

Ἐχεκρατίδης, ου, ὁ, Echecratides, a friend of Phocion.
ἔχθος, ους, τό, hatred, enmity.
ἔχθρα, ας, ἡ, hatred.
ἐχθρός, ά, όν, (Adv.—ῶς), hostile. Subst. an enemy.
Ἐχινάδες (ων) νῆσοι, αἱ, the Echinädes Is., a group of islands at the mouth of the river Acheloüs.
ἔχις, ιος and εως, ὁ, viper, adder.
Ἐχίων, ονος, ὁ, Echīon, king of Thebes, father of Pentheus.
ἐχυρός, ά, όν, strong, firm.
ἔχω, ἕξω or σχήσω, ἔσχηκα, Imperf. εἶχον, 2 Aor. ἔσχον, hold, have: known how to (do): περί τι, be engaged in: with Adv., to be (in a certain condition): e. g. τοὺς φόρους μετρίως ἔχειν, that the taxes were moderate: διά τινος, keep in a certain condition (e. g. διὰ μνήμης, be mindful). οὐκ ἔχων ὅ τι χρήσεται τῷ παρόντι, not knowing what to do at the moment p. 33. χάριν, to be thankful, with Dat. of person. Midd. with Gen. (lit. lay hold of), apply or attach oneself to. Pass. to be in the power of, pressed by (e. g. συμφορᾷ, p. 9).
ἕωθα (εἴωθα), Def. 2 Perf.: Part. εἰωθώς: am accustomed, wont.
ἕωθεν, Adv., in the morning, early.
ἑώρων, I saw. Imperf. of ὁράω.
ἕως, 1) Prep. with. Gen., as far as. 2) Conj. with Ind., till.
ἕως, ω, ἡ, dawn, morning, East.

Z.

ζάω, 2nd Pers. ζῇς, Inf. ζῆν, Fut. ζήσω, ομαι, live, be alive.
ζεύγνυμι (rt. ζυγ = jug in jugum), ζεύξω, Perf. Pass. ἔζευγμαι, 2 Aor. P. ἐζύγην, yoke = harness; join.

ἡδύς.

Ζεύς, Διός, ὁ, (Poet. Gen. Ζηνός), Jove, the supreme Greek deity. (Stem ΖεF = Jov, in the Latin Jupiter, i. e. father Jove).
ζῆλος, ου, ὁ, and ζήλωσις, εως, ἡ, emulation; imitation. p. 83.
ζημία, ας, ἡ, fine, punishment.
ζημιόω, ώσω, fine (lit. punish, cause damage to).
ζητέω, ήσω, seek, pursue.
Ζήτης, ου, ὁ (pursuer), Zetes, a son of Boreas.
ζήτησις, εως, ἡ, search, enquiry, investigation.
ζοφερός, ά, όν, gloomy.
ζωγραφέω, ήσω, paint.
ζωγραφία, ας, ἡ, painting.
ζωγράφος, ου, ὁ (ζῶον, used for any figure, γράφω), painter.
ζωή, ῆς, ἡ, life.
ζῶον, ου, τό, animal.
ζωός, ή, όν, alive, living.
ζωστήρ, ῆρος, ὁ (ζώννυμι, gird), girdle.

H.

Ἤ, Conj. or: ἤ,—ἤ, either—or: after a Comparative, than.
ἦ, 1) Interrogative particle (= num, not translated): hence, 2) surely.
ᾗ, Adv., by or in what way.
ἡγεμονία, ας, ἡ, command, leadership, supremacy; conduct, p. 81.
ἡγεμών, όνος, ὁ, leader, commander, captain, general.
ἡγέομαι, ήσομαι, lead, conduct, think, believe.
ἡδέως, Adv. (ἡδύς), with pleasure.
ἤδη, Adv., already: ἤδη ποτέ, now at length.
ἥδομαι, ἡσθήσομαι, Aor. ἥσθην, be pleased, rejoice.
ἡδονή, ῆς, ἡ, pleasure, καθ' ἡδονήν, agreeable.
ἡδύς, εῖα, ύ, sweet, pleasant.

Ἠδωνοί.
Ἠδωνοί, ῶν, οἱ, the Edonians, a people of Thrace.
ἦθος, ους, τό, manners, morals, character.
ἠιών, όνος, ἡ, shore.
ἤκιστα, (Superl. Adv. fr. the wanting Adj. ἦκυς, little); least of all, by no means.
ἥκω, ἥξω, I am come, arrive.
ἠλάθησαν, 1 Aor. Pass. of ἐλαύνω, they were driven, p. 58.
ἤλεκτρον, ου, τό *(electrum)*, amber.
ἡλικία, ας, ἡ, age, youth. οἱ ἐν ἡλικίᾳ, the youth, those of the military age: τὴν ἡλικίαν, approaching manhood.
ἥλιος, ου, ὁ, the sun. As a Proper Noun; 1) the Sun (worshipped by the Persians); 2) Helios, the Greek Sun-god, sometimes identified with Apollo.
Ἠλύσιος, α, ον, Elysian: τὸ Ἠλύσιον πεδίον, the Elysian plain, the abode of the blessed after death.
ἡμεῖς, ῶν, ἶν, ᾶς, we: Plur. of ἐγώ.
ἡμέρα, ας, ἡ, day.
ἥμερος, ον, occas. α, ον, mild, tame, gentle, clement.
ἡμερόω, ώσω, (lit. make tame), clear, cultivate (land).
ἡμέρωσις, εως, ἡ, cultivation.
ἡμέτερος, α, ον, our, ours.
ἡμίονος, ου, ἡ and ὁ, mule.
ἥμισυς, εια, υ, half: Pl. τοὺς ἡμίσεις (sc. φόρους) 50 per cent, p.4. Subst. τὸ ἥμισυ, the half: τὰ ἡμίση, the half (of a collection of things) p. 15.
ἦν, was, 1st and 3rd Pers. Sing. of εἰμί, I am.
ἤν, with Subjunct. = ἐάν, if.
ἡνία, ων, τά, reins.
ἡνίκα, Conj., when.
ἧπαρ, ατος, τό, liver.
ἤπειρος, ου, ἡ, mainland.
Ἤπειρος (so called as distinguished

Ἥφαιστος.
from the opposite islands), Epirus, a district of Northern Greece W. of Macedonia.
Ἥρα, ας, ἡ, Hera, a goddess, sister and wife of Jove; identified by the Romans with Juno.
Ἡράκλεια, ας, ἡ, Heraclēa, a Greek colony on the Euxine, on the N. coast of Asia Minor, in Pontus.
Ἡράκλειον, ου, τό, Heracleum, a temple of Hercules.
Ἡρακλῆς, έους, ὁ (contr. fr. Ἡρακλέης, fr. Ἥρα and κλέος, renowned by Hera, i. e. through her persecution), Hercŭles, a deified hero, son of Jove and Alcmena. Ὦ Ἡράκλεις, O Hercules! (= Lat. *hercle*), an exclamation.
ἠρέμα, Adv., gently, quietly.
ἠρεμέω, ήσω, keep quiet, or still.
Ἠριγόνη, ης, ἡ, Erigöne, daughter of Icarius, transformed into the constellation Virgo.
Ἠριδανός, οῦ, ὁ, the river Eridănus, aft. Padus, the *Po*.
ἥρως, ωος, ὁ, hero.
Ἡσίοδος, ου, ὁ, Hesiod, of Ascra in Bœotia, the oldest epic poet after Homer.
Ἡσιόνη, ης, ἡ, Hesione, daughter of Laomedon, king of Troy.
ἥσσων, ον, Att. ἥττων, less. Comp. of the wanting Positive ἦκυς.
ἡσυχάζω, άσω, Trans. put to rest. Intr. rest, remain quiet.
ἡσυχία, ας, ἡ, rest, quietness.
ἥσυχος, ον, quiet, at rest.
ἧττα, ης, ἡ, defeat (lit. the worser condition).
ἡττάω, ήσω, defeat: Pass. with Gen., be overcome or surpassed by.
Ἡφαιστίων, ωνος, (a patronymic fr. Ἥφαιστος), Hephæstion, a general of Alexander the Great.
Ἥφαιστος, ου, ὁ, Hephæstus (Vulcan), god of fire and the arts wrought by fire.

Θ.

Θάλαμος.

Θάλαμος, ου, ὁ, chamber.
Θάλασσα, ης, ἡ (Att. ττα), 1) the sea: sometimes, a particular sea, as ἡ Ἐρυθρὰ θάλαττα, the Red Sea. 2) a salt-spring, p. 58.
θαλασσοκρατέω, ήσω, be master (have the mastery), of the sea.
Θάλεια, ας, ἡ (blooming), Thalīa, the muse of Comedy.
θάλπος, ους, τό, warmth.
θάνατος, ου, ὁ, death; sentence of death.
θανατόω, ώσω, put to death.
θάπτω, ψω, τέταφα, 2 Aor. ἐτάφον (rt. ταφ), bury.
θαῤῥέω, θαρσέω, ήσω, take courage. Part. confidently, without hesitation.
θάσσων, Comp. of ταχύς: Adv. θᾶσσον, the quicker, the sooner.
θάτερος, = ὁ ἕτερος, the other.
θαῦμα, ατος, τό, wonder, admiration.
θαυμάζω, άσω (θαῦμα), wonder at, admire, τινά τινος, or τινός τι. Pass. to be regarded with wonder or admiration.
θαυμάσιος, α, ον, and
θαυμαστός, ή, όν, wonderful.
θε, θεν, Term. from a place.
θεά, ᾶς, ἡ, goddess.
θέα, ας, ἡ, sight.
θέαμα, ατος, τό, sight, shew, spectacle.
θεατής, οῦ, ὁ, spectator (of a shew, e. g. in a theatre).
θέατρον, ου, τό (lit. place for seeing), theatre.
θεάω, άσω, late; classic Midd., -άομαι, behold.
θεῖος, α, ον, divine. τὸ θεῖον, the deity.
θειότης, ητος, ἡ (θεῖος), divinity, divine power, sanctity.
θέλω = ἐθέλω, ήσω, will, be willing.

θηράω.

θεμέλιον, ου, τό, foundation: Pl. οἱ θεμέλιοι, the foundations.
Θέμις, ιδος, ἡ, Themis, the goddess of justice and prophecy.
Θεμιστοκλῆς, έους, ὁ (Θέμις, justice, κλέος), the great Athenian general and statesman, victor at Salamis, B.C. 480.
Θεόπομπος, ου, ὁ, Theopompus, a Greek historian, lived about B.C. 378—305.
θεός, οῦ, ὁ, god: ἡ, goddess.
θεραπαινίς, ίδος, ἡ, maid-servant.
θεραπεία, ας, ἡ, care, attendance, service, honour, healing.
θεραπεύω, σω, (θεράπων), serve, treat, benefit, honour, reward.
θεράπων, οντος, ὁ, servant.
Θερμοπύλαι, ῶν, αἱ, (the Gates of the Hot Springs), Thermopȳlae, the pass between Thessaly and Phocis.
θερμός, ή, όν, warm, hot.
Θερμώδων, οντος, ὁ, the Thermōdon, a river of Cappadocia, flowing into the Euxine.
θέρος, ους, τό, summer.
θεσπίζω, ίσω, ιῶ, give an oracle.
Θεσσαλία, ας, ἡ, Thessaly, a country of Northern Greece.
Θέτις, ιδος, ἡ, Thetis, a sea-nymph, daughter of Nereus, wife of Peleus and mother of Achilles.
θέω, θεύσομαι, (Rt. θεF), run.
θεωρέω, ήσω, behold.
θεωρός, οῦ, ὁ, a religious envoy; a messenger to consult a god. (Lit. a watcher or waiter on the god, fr. θεός and ὥρα, care).
Θῆβαι, ῶν, αἱ, Thebes, the chief city of Bœotia in N. Greece.
Θηβαῖος, ου, ὁ, Theban.
θῆλυς, εια, υ, female; belonging to women, as dress, &c.
θήρ, ρός, ὁ, wild beast; animal.
θήρα, ας, ἡ, the chase, hunting.
θηράω, άσω, and εύω, εύσω,

170 LEXICON TO FIRST GREEK READING BOOK.

Θηρίον.
(Θήρ), take in hunting. τὰ Θηραθέντα, the spoils (taken in war).
Θηρίον, ου, τό (dim. of Θήρ), wild beast.
Θησαυρός, οῦ, ὁ, treasure, treasury.
Θησεύς, έως, ὁ, Theseus, son of Aegeus, and king of Attica.
Θητεύω (Θής, Θητός), serve (as a labourer, orig. as a serf, see p. 125).
Θλίβω, ψω, oppress, distress.
Θνήσκω (rt. ΘΑΝ), Θανοῦμαι, τέ-Θνηκα (and Inf. τεΘνάναι), 2 Aor. ἔΘανον, Fut. Perf. τεΘνήξομαι, die, be put to death.
Θνητός, ή, όν, and ός, όν, mortal.
Θορυβέω, ήσω, make a noise, shout: trouble. Pass. be in trouble.
Θόρυβος, ου, ὁ, noise, outcry.
Θράκη (contr. fr. Θρηΐκη), Thrace.
Θρᾷξ, κός, ὁ, a Thracian: οἱ Θρᾷκες, the Thracians: contr. fr. old form Θρηΐξ.
Θράσος, ους, τό, boldness, courage.
Θρασύς, εῖα, ύ, bold, courageous.
Θρασύτης, ητος. ἡ, boldness.
Θρηνέω, ήσω, lament.
Θρῇσσα, ης, ἡ (contr. fr. Θρηΐσσα), a Thracian woman.
Θρίξ, τρίχος, ἡ, hair: Dat. Pl. Θριξί.
Θρόνος, ου, ὁ, chair, throne.
Θριάσιον πεδίον, τό, the Thriasian plain, a fertile plain in Attica, between Thria and Eleusis.
Θυγάτηρ, τρός, ἡ, daughter.
Θυμός, οῦ, ὁ, soul, mind, feelings, passions, anger. Θυμῷ ὀργισΘείς, being greatly incensed.
Θύρα, ας, ἡ, door: ἐλΘεῖν ἐπὶ Θύρας (τινός), to call upon.
Θυσία, ας, ἡ, sacrifice (both the rite and the offering).
Θυσιάζω, άσω, sacrifice.
Θύω, Θύσω, with Dat. of the god, sacrifice, offer.

ἱκετεία.
I.
ἰάομαι, άσομαι, heal.
Ἰαπετός, οῦ, ὁ, Iapĕtus (= Japheth), a Titan, father of Prometheus.
Ἰάσων, ονος, ὁ, Jason, son of Aeson, and leader of the Argonauts.
ἰατρικός, ή, όν, relating to medicine, or, to the physician: ἡ— τέχνη, the science of medicine, the healing art.
ἰατρός, οῦ, ὁ, physician.
ἰδέα, ας, ἡ, form, figure.
ἰδίᾳ, privately, on one's own account (Dat. Fem. of following).
ἴδιος, α, ον, one's own.
ἰδιώτης, ου, ὁ, a private person, uninitiated.
ἱδρύω, ύσω, make to sit, found. Perf. Pass. Part. ἱδρυμένος, seated. 1. Aor. Pass. Part. ἱδρυΘείς, settling down.
Ἰδυῖα, Idyia, a nymph, daughter of Oceanus and mother of Medea.
ἰδών, looking, Participle of εἶδον.
ἱέραξ, ἄκος, ὁ, hawk, falcon.
ἱέρεια, ας, ἡ, priestess.
ἱερεῖον, ου, τό, victim, sacrifice.
ἱερεύς, έως, ὁ, priest.
ἱερός, ά, όν, sacred, holy: with Gen., sacred to. ἱερόν (δῶμα), temple, shrine, sanctuary. τὰ ἱερά (sc. Θήρια), sacrifices.
ἵημι (rt. ἑ, see I. G. part i. p. 123), let go, send, hurl, shoot.
ἱκανός,, ή, όν, able, adequate, sufficient, enough. ἱκανῶς, sufficiently.
Ἰκαρία, ας, ἡ, Icaria, a mountain of Attica, sacred to Bacchus.
Ἰκάριος, ου, ὁ, Icarius, who received Bacchus in Attica, and was transformed into the constellation Boötes (the Hunter).
ἱκετεία, ας, ἡ, supplication, the being a suppliant (i. e. in sanctuary).

ἱκέτευμα, ατος, τό, form of supplication, plea.
ἱκετεύω, σω (ἱκέτης), supplicate, beseech.
ἱκέτης, ου, ὁ, suppliant; esp. taking sanctuary at the altar of a god.
ἱλάσκομαι, άσομαι, appease, propitiate.
ἵλεως, ων, gracious.
Ἴλιον, ου, τό, and Ἴλιος, ου, ἡ, Ilium, Troy.
Ἰλισσός, οῦ, ὁ, the Ilissus, a river of Athens.
Ἰλλυριοί, ῶν, οἱ, the Illyrians, a people W. of Macedonia.
ἱμάτιον, ου, τό, (dim. of εἷμα), dress, robe, the upper garment.
ἱμείρω, (gen. Midd. with Mid. and Pass. Aor.) with Gen. or Inf., desire.
Ἱμέρα, ας, ἡ, Himera, a city in Sicily.
ἵνα, 1) Relat. Adv., when. 2) Conj., in order that.
Ἰνδικός, ή, όν, Indian. ἡ Ἰνδική (sc. γῆ), India.
Ἰνώ, οῦς, ἡ, Ino, daughter of Cadmus, beloved by Athamas, and transformed into the sea-nymph Leucothea.
ἰξευτής, οῦ, ὁ, fowler, bird-catcher.
Ἰξίων, ονος, ὁ, Ixïon, a mythical king of the Lapithæ, and a chief example of divine vengeance.
Ἰόλαος, ου, ὁ, Iölaus, son of Iphicles, a companion of Hercules.
ἰός, οῦ, ὁ, arrow.
Ἵππαρχος, ου, ὁ (horse-tamer), Hipparchus; 1) son of Pisistratus, tyrant of Athens. 2) Of Eubœa, a friend of Philip the Great.
ἱππεία, ας, ἡ, horsemanship.
ἱππεύς, έως, ὁ, horseman: Pl. cavalry, the knights.
ἱππικός, ή, όν, pertaining to horsemanship. ἡ ἱππική (sc. τέχνη), skill in cavalry. τὸ ἱππικόν (sc. στράτευμα), the cavalry.

Ἰωλκός.
ἱπποκόμος, ου, ὁ, groom.
ἵππος, ου, ὁ, horse: ἡ, mare.
ἵπταμαι = πέτομαι, fly.
ἶρις, ιδος, ἡ, 1) the rainbow; 2) the goddess Iris, messenger of Jove.
Ἴσθμια, ων, τά, the Isthmian games.
ἰσθμός, οῦ, ὁ, (passage fr. εἶμι, go), the Isthmus of Corinth.
Ἰσμηνίας, ου, ὁ, Ismenias, a Theban, p. 32.
ἴσος, η, ον, equal: Pl., of like number: with Dat., content with; μὴ ἴσος βούλεσθαι εἶναι τοῖς παροῦσι, of being unwilling to content himself with his present state. ἐν ἴσῳ, on the same footing as, just like.
ἰσοστάσιος, ον, of equal weight, and (hence) of equal worth.
ἵστημι (rt. ΣΤΑ), στήσω, ἔστηκα, 2 Aor. (Intr.), ἔστην: set up, build. Intr. and Midd., stand, be fixed. Perf. ἕστηκα, I stand.
ἱστός, οῦ, ὁ (ἵστημι), the mast of a ship.
ἰσχυρίζομαι, affirm, assure.
ἰσχυρός, ά, όν, strong, firm, sure, mighty.
ἰσχυρῶς, strongly, exceeding, vehemently.
ἰσχύς, ύος, ἡ, strength, power.
ἴσχω (Rt. σεχ, as in ἔχω), only in Pres. and Imp., hold, conceive (a passion for, p. 65).
ἴσως, Adv., equally, probably, about.
Ἰφικράτης (ἶφι, with strength, = very, κράτος), Iphicrătes, an Athenian general; fl. B.C. 394 —350 (about).
ἰχθύς, ύος, ὁ, fish.
ἴχνος, ους, τό, track, footprint.
ἰχώρ, ῶρος, ὁ, ichor, the circulating fluid of the gods, instead of blood.
Ἰωλκός, οῦ, ἡ, Iolcus, a city of Magnesia in Thessaly.

Ἰωνία.

Ἰωνία, ας, ἡ, Ionia, the country colonized by the Ionian Greeks, in the central part of the W. coast of Asia Minor.

K.

Καδμεῖος, α, ον, Cadmean (fr. Cadmus, the founder of Thebes): Theban: ἡ Καδμεία (sc. πόλις), the Cadmēa, the citadel of Thebes.
καθαίρεσις, εως, ἡ, destruction: lit. taking down.
καθ-αιρέω, ήσω, take, down, take up, take away, destroy.
καθαίρω, ἀρῶ (καθαρός), 1 Aor. ἐκάθηρα, and ἆρα, 1 Aor. Pass. ἐκαθάρθην, with 2 Acc., purify; purify from, in the religious sense, with Gen. of the guilt in the Active, but Acc. in the Passive.
καθάπερ (κατὰ ἅπερ), just as.
καθ-άπτω, fasten down: Midd. with Gen., fasten oneself down on, attach, upbraid.
καθαρός, ά, όν, clean, pure, clear, (of guilt): οὐ καθαρός χεῖρας, not with clean hands (said of a homicide, p. 9).
κάθαρσις, εως, ἡ, purification.
καθ-έζομαι, (Rt. ἑδ), ἑδοῦμαι, sit; Perf. κάθημαι, 1 Aor. Pass. Part. καθεσθείς, (other tenses fr. καθίζω).
καθ-είργω, ξω, shut up.
καθ-εύδω, ήσω, lie down to sleep, sleep.
καθ-έψω, ήσω, boil down.
καθ-ήκω, ξω, lit. come down; be proper, suitable to; ὁ καθήκων χρόνος, due time.
κάθ-ημαι (Defect. Perf) sit, be seated: οἱ καθήμενοι, the audience.
καθ-ίζω, ίσω, ιῶ, Trans. seat, cause to sit: Intr. and Midd, seat oneself, sit.

κακουργέω.

καθ-ίημι, let down.
καθ-ικετεύω, implore, supplicate.
καθ-ικνέομαι, touch, attain.
καθ-ίπταμαι, καταπτήσομαι, 2 Aor. ἐπτην, Midd. ἀμην: fly down.
καθ-ίστημι, Trans. settle, establish; with ἑαυτόν, present or offer oneself (for trial, p. 82). ἐν τούτῳ καθειστήκει, was involved in this suspicion. Intr., be established: νυκτὸς καθεστώσης, when night had come on. καθεστηκώς τρόπος, established manner (i. e. of the Spartan discipline); and Midd.
κάθοδος, ου, ἡ, descent, return.
καθόλου, on the whole, as a whole, in general.
καθ-οπλίζω, arm, arm fully. Perf. Pass. Part. καθωπλισμένοι, fully armed.
καθ-οράω, look down on, observe.
καθ-ορμίζω, ίσω, ιῶ, bring to anchor.
καί, and, also, even; then, introducing the apodosis of a sentence: καί...καί, both...and, as well ... as : καί—δέ, but also, and also: καὶ μήν, and nevertheless: καὶ δή, and in fact. Often united with the next word by Crasis, as κἀκεῖνος.
καινός, ή, όν, new.
καίπερ, Conj., although.
καιρός, οῦ, ὁ, time, season, opportunity.
καίτοι, and yet.
κἀκεῖ = καὶ ἐκεῖ, and there.
κακοδαιμονία, ας, ἡ, misery, adversity.
κακοπαθέω, ήσω, suffer evil, do badly (in health).
κακός, ή, όν, Comp. κακίων, Sup. κάκιστος, bad, wicked, evil. κάκιον, κάκιστα, as Adv., in a worse way, in the worst way. τὸ κακόν, evil, crime, wickedness.
κακουργέω, injure, defeat.

κακοῦργος.
κακοῦργος, ον, injurious. Subst., an evil doer.
κακῶς, badly.
Κάλαϊς, ιδος, ὁ, Calaïs, son of Boreas, and one of the Argonauts.
κάλαμος, ου, ὁ, reed.
καλέω, έσω, Att. ῶ, Midd. οῦμαι, Perf. κέκληκα, call, name, invite. Pass. to be named: οἱ καλούμενοι (with predicate), the so-called &c.
Καλλίμαχος, ου, ὁ, Callimāchus, the Athenian polemarch (commander-in-chief), killed at Marathon.
καλλίνῑκος, ον (καλός, νίκη), gloriously triumphant: as a surname, Callinīcus.
Καλλιόπη, ης, ἡ (beautiful-voiced), Calliŏpe, the Muse of Epic poetry.
κάλλος, ους, τό, beauty.
καλός, ή, όν, Comp. καλλίων, Sup. κάλλιστος, good, beautiful. καλὸς κἀγαθός, the Athenian phrase for a perfect gentleman. ἐν καλῷ ἐστίν, it is a good thing.
καλύβη, ης, ἡ, tent, hut.
καλῶς (καλός), Adv., well.
κάματος, ου, ὁ, labour, weariness, exhaustion.
Καμβύσης, ου, ὁ, Cambȳses, 2nd king of Persia, son of Cyrus.
κάμηλος, ου, ὁ, ἡ, camel.
κάμνω, (Rt. καμ), οῦμαι, 2 Aor. Inf. μεῖν, κέκμηκα, labour, be weary.
κἄν = καὶ ἐν, and in. κἄν τούτῳ, and upon this, p. 91.
κἄν = καὶ ἐάν, even if.
καπηλεύω, σω, traffic.
καπνός, οῦ, ὁ, smoke, steam, savour (of burnt offerings, p. 48).
κάπρος, ου, ὁ (= aper), boar.
Κάρ, Καρός, ὁ, a Carian.
καρδία, ας, ἡ, heart.
Καρία, ας, ἡ, Caria, the SW. district of Asia Minor.
καρπός, οῦ, ὁ, fruit, produce.

καταιβάτης.
καρποφορέω, ήσω, become fruitful, bear fruit.
καρπόω, ώσω, bear fruit. Midd. reap the fruit of, derive profit from, enjoy.
καρτερός, ά, όν, strong, complete.
κάρυον, ου, τό, chesnut, nut.
Καρχηδόνιος, ου, ὁ, Carthaginian.
κατά, Prep. I. with Gen. 1) of place: down from, upon, along: 2) causal: about, against. II. with Acc. 1) of place, down to: 2) of time: about; καθ' ἑαυτούς, of their time: 3) causal: about, concerning, belonging to, in relation to, according to, because of, in. κατὰ πολύ, by far. τὸ κατ' ἐμέ, as far as is in my power.
κατα-βαίνω, come down, make a descent (as an invader).
κατάβασις, εως, ἡ, retreat, opposed to ἀνάβασις.
κατα-βιβρώσκω, eat up, devour.
κατα-γιγνώσκω, decide, condemn, pronounce sentence on (2 Acc.).
κατ-άγω, 1) carry down, send down (esp. to hell): 2) bring back, restore (from banishment).
καταγωγή, ῆς, ἡ, return, restitution, restoration.
κατα-δείκνυμι, shew, make known, publish.
κατάδηλος, ον, manifest, detected.
κατα-δύω, δύνω, σω, Tr. put down, sink. Intr. and Midd, hide oneself, go in, perish.
κατα-ζεύγνυμι, yoke.
κατάζευξις, εως, ἡ, yoking, breaking in (horses).
κατα-θαρσέω, θαρρέω, θαρσήσω, take courage.
κατα-θοινάω, ήσω, devour (lit. feast upon); Midd. ἄομαι, with Aor. Mid. and Pass.
κατα-θύω, ύσω, kill, sacrifice.
καταιβάτης, ου, ὁ, one who descends (as Jove from heaven, in thunder and lightning).

κατα-καίω.
κατα-καίω, burn up.
κατα-κάμπτω, ψω, bend down.
κατα-κερτομέω, rail at, jeer.
κατα-κλύζω, flood.
κατα-κοιμίζω, ίσω, ιῶ, Trans. put to sleep. Intr. lie down to rest, fall asleep.
κατακοιμιστής, οῦ, ὁ, chamberlain.
κατα-κρημνίζω, ίσω, ιῶ, throw headlong from a precipice.
κατα-λαμβάνω, seize, take possession of, prevail over. Midd. occupy, take to oneself.
κατα-λείπω (see λείπω), leave behind, leave.
κατα-λήγω, ξω, with Gen., put an end to, cease from.
κατάληψις, εως, ἡ, seizure.
κατάλυσις, εως, ἡ, destruction, end.
κατα-λύω, dissolve, destroy: break up (a camp): halt, rest (from a journey): (τὸν βίον) depart this life: παρά, take refuge with.
κατα-μανθάνω, learn, find out.
κατα-νέμω, divide, distribute.
κατα-νεύω, σω (lit. nod to), assent, consent.
κατα-νοέω, learn, perceive.
κατ-αντάω, ήσω, reach.
καταντικρύ, Adv., opposite.
κατα-παλαίω, αίσω, throw in wrestling, conquer. ὁ καταπαλαίων, his antagonist, p. 28.
καταπελτικός, ή, όν, belonging to a catapult (καταπέλτης), or engine for shooting.
κατα-πίνω, drink down, swallow,
κατα-πλέω, arrive by sea.
κατα-πλήσσω, ξω, frighten, alarm, amaze.
κατα-πράσσω, ξω, perform, accomplish. Midd. carry through, obtain, succeed in.
κατα-πραΰνω, soften down.
καταπτάς, ᾶσα, άν, 2 Aor. Part. Act. of καθίπταμαι, flying down.
κατάρχω, ξω, begin.

κατ-έρχομαι.
κατα-σκάπτω, ψω, turn up (by digging), destroy.
κατα-σκευάζω, άσω, and Midd. prepare, arrange, equip, adorn, build, fit up.
κατασκευή, ῆς, ἡ, preparation, arrangement, management, equipment.
κατα-σκιάζω, άσω, overshadow.
κατάσκοπος, ου, ὁ, a spy; (with Gen., upon any one).
κατάστασις, εως, ἡ, steadiness, presence (of mind).
κατα - στρατοπεδεύω, encamp against; also Midd.
κατα-στρέφω, overturn, overthrow, κ. τὸν βίον, end one's life. Midd. subdue (to oneself).
καταστροφή, ῆς, ἡ, end (said of a violent end), catastrophe.
κατα-τίθημι, lay up, deposit: Midd. deposit with, bestow, treat: ὅποι ποτὲ αὐτόν καταθῶνται, what they could do for him. εὐεργεσίαν ἐπί, establish a claim of service towards, p. 80.
κατα-τοξεύω, σω, shoot (with bow and arrows); lit. shoot down.
καταφανής, ές, manifest, detected.
κατα-φέρω, carry out of one's course.
κατα-φεύγω, flee along, to.
κατα-φλέγω, ξω, and Midd., burn.
κατα-φρονέω, ήσω, with Gen., despise (the danger, p. 64).
κατα-φυτεύω, σω, plant, plant over.
κάτ-ειμι, go, down, return, arrive (at a place).
κατέπεφνον, Defect. 2 Aor. (reduplicated fr. rt. ΦΕΝ), slew.
κατ-εργάζομαι, work out, work upon, tend.
κατεργασία, ας, ἡ, working, tending.
κατ-έρχομαι (see ἔρχομαι), come down, come back; return (to earth, p. 14).

κατ-εσθίω, έδομαι, εδήδοκα, eat up, devour.
κατ-εύχομαι, ξομαι, pray, beseech.
κατ-έχω, καθέξω and κατασχήσω (&c. see ἔχω), lay hold of, seize, possess, master, detain, restrain, keep to oneself, p. 81.
κατηγορέω, ήσω, with Gen. of Pers., accuse, denounce, declare.
κατηγορία, ας, ή, accusation.
κατήγορος, ου, ὁ, accuser.
κατ-οικέω (κάτοικος, a settler), inhabit: with Acc., ἐν, and Gen. (sc. μόρια, τόπον).
κατ-οικτείρω, ερῶ, pity.
κατ-ορύσσω, bury, hide (in the ground), as opposed to κηδεύω, q. v. Perf. Inf. Pass. κατορωρύχθαι.
κάτω, Adv., down, on, to the coast, opp. to ἄνω, inland. Comp., Sup., κατωτέρω, τάτω, lower, lowest.
κατ-ωρύομαι, ύσομαι, howl much, go about howling, p. 54.
Καύκασος, ου, ὁ, Mt. Caucasus.
καυχάομαι, ήσομαι, boast, vaunt oneself.
κεῖμαι, lie: κεῖται, is laid up.
κείρω, κερῶ, 1 Aor. ἔκειρα, Epic ἔκερσα, Perf. Pass. κέκαρμαι, 2 Aor. Pass. ἐκάρην, shear.
Κεκροπία (sc. γῆ), Cecropia, i. e. the land of Cecrops, Attica.
Κέκροψ, οπος, ὁ, Cecrops, the first king of Attica.
κελεύω, σω, order, bid, command, tell, p. 8: Gen. Abs. Καμβύσου κελεύσαντος, by the order of Cambyses, p. 2.
κενός, ή, όν, empty.
Κένταυρος, ου, ὁ, a Centaur: fabulous beings, half man, half horse, hence called διφυεῖς, p 73.
κεράμεος, α, ον, made of pottery.
κεραμεύς, έως, ὁ, a potter.
κεραμεύω, σω (κεραμεύς), to be a potter.

Κλέαρχος.
κέραμος, ου, ὁ, 1) clay; 2) anything made of clay, a piece of pottery, a tile.
κέρας, ατος, αος, ως, τό, horn; wing of an army ; Pl. κέρα.
κεραυνός, οῦ, ὁ, lightning, thunderbolt: used as an epithet of a person, p. 3.
κεραυνόω, ώσω, strike with lightning, kill with a thunderbolt.
Κέρβερος, ου, ὁ, Cerbĕrus, the three-headed dog, guard or porter of the world below.
κερδαίνω, ανῶ, gain, appropriate.
κέρδος, ους, τό, gain, profit.
κερκίς, ίδος, ή, pin, peg, a weaver's comb.
Κέρκυρα, ας, ή, the island of Corcyra (Corfu) in the Ionian Sea.
Κερκυραῖοι, Corcyraeans.
κεφαλή, ῆς, ή, head.
κηδεύω, 1) take charge of, care for; 2) bury with due rites.
κῆρυξ, ῦκος, ὁ, herald, crier.
κηρύσσω, ξω, proclaim.
κῆτος, ου, τό, a sea-monster.
Κηφισσός, οῦ, ὁ, the Cephissus, one of the 2 rivers of Athens.
Κιθαιρών, ῶνος, ὁ, Cithaeron, a mountain of Bœotia.
κιθάρα, ας, ή, the cithăra, a sort of harp, but more like the lute or guitar (D. of A. s. v Lyra).
κινδυνεύω, σω, be in danger, run the risk, stand the hazard, seem likely.
κίνδυνος, ου, ὁ, danger.
κινέω, set going, press on, move; and Midd.
Κίος, ου, ή, Cius, a city of Bithynia, on the Propontis.
κισσός, οῦ, ὁ, ivy.
κίστη, ης, ή, chest.
κλάδος, ου, ὁ, branch.
κλαίω, αύσομαι, weep, suffer for.
Κλέαρχος, ου, ὁ, Clearchus, tyrant of Heraclea on the Euxine, B.C. 365—353.

κλείς.

κλείς, δός, ἡ, key.
Κλεῖτος, ου, ὁ, Clitus, 1) a friend of Alexander, who killed him in a fit of drunkenness. 2) A general in the wars following the death of Alexander.
κλείω, σω, shut.
Κλειώ, οῦς, ἡ (the proclaimer), Clio, the muse of history.
Κλέοβις, ιος, ὁ, Cleŏbis, an Argive, brother of Biton, see p. 7.
Κλεομένης, ους, ὁ (κλέος, μένος), Cleomĕnes; kings of Sparta: 1) son of Anaxandridas, B.C. 520—491; 2) son of Cleombrotus I., B.C. 370—309; 3) son of Leonidas II., celebrated for his reforming efforts, B.C. 236—222.
κλέος, ους, τό, renown.
κλέπτης, ου, ὁ, thief.
κλέπτω, ψομαι, and ψω, κέκλοφα, κέκλεμμαι, ἐκλέφθην, 2 Aor. Pass. ἐκλάπην, steal, obtain by craft.
κλῆμα, ατος, τό, shoot (of a tree).
κληρόω, ώσω, allot, get by lot, and Midd.
κλῆσις, εως, ἡ (καλέω), invitation.
κλίνη, ης, ἡ, bed, couch.
κλίνω, ινῶ, κέκλῐκα, lie down.
κλοπή, ῆς, ἡ, theft.
κλών, κλωνός, ὁ, a young shoot, twig.
κνίσσα or κνῖσα, ης, ἡ, fat, esp. the savoury steam of fat in sacrifices, p. 48.
Κόδρος, ου, ὁ, Codrus, the last king of Athens, who devoted himself for his country.
κοῖλος, η, ον, hollow.
κοιμάομαι, ἥσομαι, fall asleep. Pres. Pass. Part. κοιμώμενος, asleep.
κοινῇ, Adv., in common; by common consent; in general (as contrasted with the particular example cited) p. 5.

κόρυς.

κοινός, ή, όν, common. τὸ κοινόν and τὰ κοινά, (with Gen. of place or people), the community, state, people. ἐπὶ τὸ κοινόν, to a public conference. τῷ κοινῷ = ἐπὶ τὸ κοινόν, to the state (of Athens).
Κοῖος, ου, ὁ, Coeus, a Titan, son of Uranus, and father of Latona.
κοίτη, ης, ἡ, bed.
κολάζω, άσω, punish.
κολακεία, ας, ἡ, flattery.
κολακεύω, flatter.
κόλαξ, ακος, ὁ, flatterer.
κόλασις, εως, ἡ, punishment.
κολοιός, οῦ, ὁ, jackdaw.
κολούω, σω, Perf. Pass. κεκόλουμαι and ουσμαι, with 2 Acc. cut short, mutilate.
κολπωτός, ή, όν, flowing, loose.
Κολχικός, ή, όν, Colchian.
Κολχίς, ίδος, ἡ, Colchis. a city and country about the river Phasis (Rhion) at the E. end of the Black Sea.
Κόλχοι, ων, οἱ, the Colchians, people of Colchis.
Κολωναί, ῶν, αἱ, Colonae, a city of the Troad.
κομίζω, ίσω, (Att. ιῶ) convey, bring, bring over, carry; τινά, convoy, entertain: Midd., take with one: Pass. journey: with πάλιν, return safe.
Κόνων, ωνος, ὁ, Conon, a celebrated Athenian general, ab. B.C. 400.
κόπος, ου, ὁ, toil, burthen.
κόπτω, ψω, beat, cut, plague.
κόπρος, ου, ἡ, dung.
κόραξ, ακος, ὁ, raven.
κόρη, ης, ἡ, 1) girl, damsel. 2) Coré, a name of Proserpine.
Κορινθιακός, ή, όν, and Κορίνθιος, α, ον, Corinthian.
Κόρινθος, ου, ἡ, Corinth, a chief city of Greece, on the Isthmus.
κόρυς, υθος, ἡ, helmet, crest.

Κορωνίς.

Κορωνίς, ίδος, ἡ, Coronis, a mortal, mother of Aesculapius.
κοσμέω, ήσω, adorn.
κόσμησις, εως, ἡ, ornamenting, beautifying, adornment.
κόσμος, ου, ὁ, order, ornament, beauty; οὐδενὶ κόσμῳ, at random.
κουροτρόφος, ον (nurturing children) *Curotrophus*, a surname of Artemis.
κουφίζω, ίσω, ιῶ, lighten.
κοῦφος, η, ον, light.
Κρατερός, οῦ, ὁ, Craterus, a general of Alexander the Great.
κρατέω, ήσω, prevail, conquer: with Gen., be ruler over, govern: with Acc., prevail against, defeat, catch (of a dog and hare, p. 40).
κράτος, ους, τό, strength, might. κατὰ κράτος, by storm.
[κρατύς (in old Greek only), strong], Comp. κρείσσων, ον, superior; Sup. κράτιστος, η, ον, best; with Gen., master of, having the power over, used as Comp. and Sup. of ἀγαθός.
κρέας, ατος, ως, τό, flesh.
κρεμάννυμι, κρεμάσω, Trans. hang up: abbreviated Midd., κρέμαμαι, hang (intr.) Part. κρεμάμενος, hanging.
κρεουργέω, ήσω (κρεουργός, butcher, carver, lit. worker in flesh), cut up (into joints or pieces p. 66).
κρήνη, ης, ἡ, spring, fountain.
Κρής, τός, ὁ, Cretan, a native of Crete.
Κρήτη, ης, ἡ, Crete, a large island at the mouth of the Ægean Sea, now *Candia*. ἐκ Κρήτηςδε, out of Crete (term. δε, from a place).
κριθή, ῆς, ἡ, (gen. Pl.), barley.
κρίνω, (= *cerno*), κρινῶ, 1 Aor.

Κύκλωψ.

ἔκρῖνα, Perf. κέκρῐκα, κέκρῐμαι, ἐκρίθην (lit. separate, distinguish), judge, bring to trial, decide, adjudge, condemn. Pass. to be decided on: have the decision in one's favour, chosen.
κριός, οῦ, ὁ, ram.
Κριός, οῦ, ὁ, Crius, a prince of Eubœa.
κρίσις, εως, ἡ, decision, judgment, trial.
κριτής, οῦ, ὁ, judge.
Κροῖσος, ου, ὁ, Crœsus, son of Alyattes, and last king of Lydia, B.C. 560—546.
κροκόδειλος, ου, ὁ, a lizard; esp. the crocodile.
Κρόνος, ου, ὁ, Cronus, (Saturn), a Greek God, son of Uranus, and father of Zeus: also the Greek name of the Phœnician and Carthaginian god, Molech or Baal.
κρόταλον, ου, τό, and Pl., rattle.
κροτέω, ήσω, (lit. rattle), applaud.
κρούω, σω, knock, strike, dash together.
κρύπτω, κρύψω, 2 Aor. Pass. ἐκρύβην (Act. ἔκρυβον, late), Act. and Midd. hide, conceal.
κρύφα, (κρύπτω), secretly; without the knowledge of (with Gen.).
κτάομαι, ήσομαι, obtain, acquire; Perf. κέκτημαι, possess.
κτείνω, κτενῶ, 1 Aor. ἔκτεινα, Perf. ἔκτακα, 2 Aor. ἔκτανον, kill. In prose usually ἀποκτείνω.
κτενίζω, ίσω, ιῶ, (κτείς, comb), comb, curry.
κτῆμα, ατος, τό, possession.
κλῆσις, εως, ἡ, possession, acquisition.
κτίζω, ίσω, found, build (a city), settle (a country).
κτίστης, ου, ὁ, founder.
κυανοχαίτης, ου, ὁ, with dark hair.
κυβερνήτης, ου, ὁ, steersman, pilot.
κύκλος, ου, ὁ, circle, cycle.
Κύκλωψ, ωπος, ὁ (round-eyed), a

Κυλλήνη.

Cyclops: Pl. the Cyclōpĕs (Eng. Cyclops), sons of Poseidon, one-eyed giants, shepherds and smiths, who forged the thunderbolts for Jove.

Κυλλήνη, ης, ή, Cyllēne, a mountain of Arcadia, sacred to Hermes.

Κυναίγειρος, ου, ὁ, Cynaegirus, brother of the poet Aeschylus, distinguished for his valour at Marathon.

κυνηγέσιον, ου, τό, the hunt, hunting.

κυνηγέτης, ου, ὁ, hunter.

κυνηγός, όν (κύων, ἡγέομαι, lit. dog-leading), hunting. Subst. huntsman, huntress.

κυνικός, ή, όν, dog-like; Cynic, an epithet of Antisthenes and of his school.

κυπάρισσος, ου, ή, the cypress.

κύπελλον, ου, τό, cup.

Κύπρος, ου, ή, the island of Cyprus.

Κυρηναῖος, α, ον, Cyrenæan, Cyrenaïc, i. e. of Cyrene in Libya.

κυριεύω, σω (κύριος), with Gen., become master of.

κύριος, ου, ὁ, lord, master.

Κῦρος, ου, ὁ, Cyrus: 1) the Elder, (ὁ πρεσβύτερος, p. 4), son of Cambyses, and founder of the Persian monarchy: 2) the Younger, who led an expedition against his brother Artaxerxes II. Mnemon, and fell at Cunaxa, B.C. 401: 3) a river of Armenia, now the *Kour*.

κύρτος, ου, ὁ, net.

κύτος, ους, τό, 1) any hollow; 2) the shell (of a tortoise p. 58).

κύων, κυνός, ὁ, ή, dog.

Κωκυτός, οῦ, ὁ, (verbal of κωκύω), Cocȳtus, one of the rivers of hell. Pl., the rivers of hell in general, p. 52.

λαμβάνω.

κωλύμη, ης, ή, hindering, hindrance, ἐπὶ κωλύμῃ, a question of stopping the work.

κωλύω, ύσω, hinder, oppose, forbid.

κωμάζω, άσω (κῶμος, revel), go in a jovial rout.

κώμη, ης, ή, and κώμιον, ου, τό, village.

κώπη, ης, ή, (same rt. as Lat. *capio*, hold); 1) handle, 2) oar.

κωφός, ή, όν, deaf, dumb, deaf and dumb.

Λ.

Λᾶας, gen. λᾶος, ὁ, a stone: ἀπὸ τοῦ λᾶας, ὁ λίθος, from the word λᾶας (which means) stone, p. 68.

λαβή, ῆς, ή, grip.

λαβύρινθος, ου, ὁ, labyrinth.

Λάγος, ου, ὁ, Lagus, a Macedonian, father of Ptolemy I., king of Egypt.

λαγχάνω (rt. λαχ), λήξομαι, εἴληχα, ἔλαχον, with Gen. and Acc., obtain (as a thing allotted or assigned to one).

λαγώς, ώ, and λαγωός, οῦ, ὁ, hare.

λάθρα, Adv., secretly: (with Gen.) without the knowledge of.

Λάκαινα, ης, ή, a Lacedæmonian woman.

Λακεδαιμόνιος, ὁ, Lacedæmonian, Pl. the Lacedæmonians

Λακεδαίμων, ονος, ή, the city Lacedæmon, also called Sparta.

Λάκων, ωνος, ὁ, a Lacedæmonian.

Λακωνικός, Laconic, becoming to the Lacedæmonians.

λαλέω, ήσω, talk, speak; τὰ λαλούμενα, conversation.

λάλος, ον, talkative (esp. about forbidden things, p. 48).

λαμβάνω (rt. ΛΑΒ), λήψομαι, εἴληφα, ἔλαβον, εἴλημμαι, ἐλήφθην, take, receive, obtain, seize,

λαμπάς.
take up (arms); take (cities); get, catch (in hunting); attain: with cognate Acc., ἐλήφΣη λάβην, was held fast, p. 28.
λαμπάς, άδος, ἡ, torch.
λαμπρός, ά, άν, bright, clear, conspicuous.
Λάμψακος, ου, ἡ, Lampsăcus, a city of Mysia, on the Hellespont.
λανθάνω (rt. ΛΑΘ), λήσω, λέληθα, 2 Aor. ἔλαθον, escape notice or detection; with Acc., escape the notice of: with Part. or Adj., unobserved, unknown (the Part. or Adj. being translated as the principal verb); φίλος ἐλάνθανε, he was a friend, unknown to me, p. 27: with Part. and reflective Pron., unawares, p. 28. μὴ λαθεῖν, to be found out. Midd. with Gen., forget.
Λαομέδων, οντος, ὁ, Laomĕdon, king of Troy, son of Ilus and father of Priam.
λαός, οῦ, ὁ, the people: Pl. 1) orig. men, = *homines*: 2) the people.
Λαπίθαι, ῶν, οἱ, the Lapĭthae, a mythical people of Thessaly, celebrated for their war with the Centaurs.
λάρναξ, ακος, ἡ, box, chest, ark; and vessel; boat.
λατομίαι, ῶν, αἱ, (λᾶς, τέμνω), Latomiæ, the stone quarries near Syracuse, also used as a state prison.
λατρεία, ας, ἡ, service, worship.
λατρεύω, εύσω (with Dat.), serve, worship.
λάφυρον, ου, τό, booty: gen. in Pl. τὰ λάφυρα, spoils.
λάχανον, ου, τό, vegetables, potherbs.
λέαινα, ης, ἡ, lioness.
Λέαρχος, ου, ὁ, Learchus, elder son of Athamas and Ino.
λέβης, ητος, ὁ, cauldron.

λιβανωτός.
λέγω, ξω, say, speak, tell, utter: — κακῶς, revile.
λειμών, ῶνος, ὁ, meadow.
λείπω (rt. λιπ), ψω, Perf. λέλοιπα, Pass. λέλειμμαι, 2 Aor. ἔλιπον, leave behind. leave: Midd. with Gen., leave, part from.
λεκτέος, α, ον (verbal of λέγω), to be spoken: τὰ λεκτέα, what ought to be said.
λεπτός, ή, όν, thin.
Λέρνη, ης, ἡ, Lernē, a marsh or lagoon in Argolis.
Λευκοθέα, ας, ἡ (the white or shining goddess), Leucothea, a sea nymph, transformed from the mortal Ino.
λευκός, ή, όν, white.
Λεῦκτρα, ων, τά, Leuctra, a city of Bœotia, celebrated for the victory of Epaminondas over the Spartans, B.C. 371.
λευκώλενος, ον, with white arms.
λέων, οντος, ὁ, a lion.
Λεωνίδας, ου, ὁ, (patron fr. λέων), Leonidas, the celebrated king of Sparta, who fell with the 300 at Thermopylæ.
λεώς, ώ, ὁ, (Att. for λαός), people.
Λεωτυχίδης, ου, ὁ, Leotychides, king of Sparta, B.C. 491—469.
λήγω, ξω, cease.
Λήδα, ας, ἡ, Leda, wife of Tyndareus, mother of Helen and Clytemnestra, and of the Dioscuri (Castor and Pollux).
λήθη, ης, ἡ, 1) forgetfulness: 2) Lethe, "the river of oblivion", a river of hell.
λῄζω, ίσω, rob, plunder.
λῃστής, οῦ, ὁ, robber, pirate.
λῃστικός, ή, όν, piratical.
Λητώ, οῦς, ἡ, Latona, the goddess, daughter of the Titan Cœus, and mother of Apollo and Artemis.
λίαν, Adv., excessively, too much, too.
λιβανωτός, οῦ, ὁ, ἡ, frankincense.

12*

Λιβύη.
Λιβύη, ης, ή, Libya, the Greek name of Africa.
λίθος, ου, ὁ (ἡ), stone.
λίκνον, ου, τό, (lit. fan), basket, hurdle, cradle.
λιμήν, ένος, ὁ, harbour.
λίμνη, ης, ἡ, lake, pool.
λιμός, οῦ, ὁ, hunger, famine.
λίνεος, α, ον, linen.
λιχνεία, ας, ἡ, daintiness, greediness.
λογίζομαι, ἴσομαι, ιοῦμαι (λόγος), reckon, consider.
λόγιον, ου, τό, oracle, oracular response.
λογισμός, οῦ, ὁ, calculation.
λόγος, ου, ὁ (λέγω), word, speech, discourse, argument, story, fable, a remark, an account: Pl. accounts (of money). τῷ λόγῳ, in word, in pretence (opposed to τῷ ἔργῳ.) λόγους ποιεῖσθαι, to confer (with a person).
λογχή, ῆς, ἡ, lance, spear.
λοιδορέω, ήσω, revile; and Midd. οῦμαι.
λοιμός, οῦ, ὁ, plague.
λοιπός, ή, όν, left, remaining. Adv. λοιπόν, at last.
λουτρόν, ου, τό, bath, (lit. an instrument for washing).
λούω, σω, wash: Midd. wash oneself, bathe.
λόφος, ου, ὁ, 1) crest of a helmet; 2) crest or ridge of a hill.
Λυγκεύς, έως, ὁ, Lynceus, the son of Aegyptus who was spared by his wife, when the rest were killed.
Λυδία, ας, ἡ, Lydia, a country on the W. coast of Asia Minor: in the wider sense, the Lydian empire, comprising Asia Minor W. of the Halys.
Λυδός, οῦ, ὁ, a Lydian.
λύκος, ου, ὁ, wolf.
Λυκοῦργος, ου, ὁ (λύκος and ἔργον) Lycurgus. 1) Mythical king of the Edonians of Thrace,

μαίνομαι.
driven mad and put to death for his resistance to Dionysus. 2) The great legislator of Sparta, lived before B.C. 800. 3) An Athenian orator, son of Lycophron, lived B.C. 396—323.
λύπη, ης, ἡ, grief.
λύρα, ας, ἡ, the lyre.
Λύσανδρος, ου, ὁ, Lysander, the Spartan general who finished the Peloponnesian war, B.C. 404, died B.C. 395.
Λυσίας, ου, ὁ, Lysias, a celebrated Attic orator, lived B.C. 458—378.
Λυσικλῆς, έους, ὁ, Lysicles, an Athenian, p. 79.
Λυσίμαχος, ου, ὁ, Lysimachus, an Athenian, father of Aristides.
λύσσα, ης, ἡ, frenzy, madness.
λύω, ὕσω, λέλυκα, Pass. λέλυμαι, 1 Aor. Pass. ἐλύθην, loose, set free, solve (a riddle), open (a letter), break (ranks): ὑπόσχεσιν, fulfil a promise.

M.
Μαγνησία, ας, ἡ, Magnesia (on the Maeander), a city of Lydia.
Μάγος, ου, ὁ, a Magian, a class of religious leaders among the Medes.
μᾶζα, ης, ἡ, barley-bread, a barley-cake.
μάθημα, ατος, τό (rt. μαθ in μανθάνω), teaching, lesson, learning: Pl. sciences.
μαθητής, οῦ, ὁ, disciple.
Μαῖα, ας, ἡ, Maia, daughter of Atlas and Pleïone, the eldest of the Pleïads, and the mother of Mercury.
μαιεύομαι (μαῖα, a nurse), εὔσομαι and μαιόομαι, ώσομαι, preside over births, deliver, nurse.
μαίνομαι, μανήσομαι, and οῦμαι, μέμηνα, ἐμάνην, go mad. μέμηνα, am mad.

Μαίρα.

Μαίρα, ας, ή, Mæra, the favourite dog of Icarius, transformed into the constellation of Canis Minor.
μάκαρ, αρος, ό, ή, blessed, happy, οἱ μάκαρες, the blessed (gods): Homeric Dat. Pl. μακάρεσσι, p. 28.
Μακεδονία (sc. χώρα), Macedonia.
Μακεδονικός, ή, όν, Macedonian.
Μακεδών, όνος, ό, a Macedonian.
μακρολογέω, make a long speech.
μακρός, ά, όν, long. μακρὰ τείχη, long walls, i. e. parallel walls connecting a city with its port, especially Athens and the Piraeus.
μάλα, Adv., very. Comp. μᾶλλον, more: μᾶλλόν τι, the more. Sup. μάλιστα, most, above all others.
μαλακία, ας, ή, softness, effeminacy, cowardice.
μαλακός, ή, όν, soft, smooth.
μαλλός, οῦ, ὁ, a lock of wool.
Μάνης, ου, ὁ, Manes, a slave of Diogenes.
μανθάνω (rt. μαθ), μαθήσομαι, μεμάθηκα, 2 Aor. ἔμαθον, learn.
μανία, ας, ή, madness.
μαντεῖον, ου, τό, oracle.
μαντεύομαι, σομαι (μάντις), (lit. to be a seer, or act the seer): with Acc. 1) consult (as an oracle): 2) give or utter an oracle.
μαντικός, ή, όν, belonging to a prophet or seer; ή μαντική, divination.
Μαντίνεια, ας, ή, Mantinēa, a city of Arcadia, celebrated for the battle in which Epaminondas fell, B.C. 362.
μάντις, εως, ὁ, seer, prophet.
Μαραθών, ῶνος, ὁ and ή, Marathon, a village and plain on the NE. coast of Attica, famous for the victory of the Athenians over the Persians, B.C. 490.
μαρτυρέω, ήσω, testify.
μαστεύω, εύσω, search for.

μειζόνως.

μαστιγόω, ώσω, and μαστίζω, ίξω, (μάστιξ, a whip), scourge, whip.
μάχη, ης, ή, fight, battle.
μάχομαι, ἔσομαι and ήσομαι, Att. οὖμαι, Perf. μεμάχημαι, fight, contend; Intr. with Dat. of person; also Trans. with cognate Acc. μάχην.
Μεγαβάτης, ου, ὁ, Megabātes, a Persian satrap.
μεγαλοπρεπής, ές, (Adv. — ῶς), magnificent.
μεγαλοφρόνως, magnanimously. Comp. -φρονέστερον.
μεγαλόφρων, ον, magnanimous, proud. Comp. -φρονέστερος.
Μεγαρεύς, έως, ὁ, Megarian, a man of Megara.
Μέγαρα, ων, τά, Megăra, a city of Peloponnesus, on the Isthmus.
μέγας, άλη, α, (Comp. μείζων, contr. fr. μεγίων: Sup. μέγιστος), great: as a surname, the Great = Lat. Magnus, p. 3.
μεγαφρονέω, ήσω, be high minded, elated.
μέγεθος, ους, τό, greatness, size.
μέγιστος, η, ον, Sup. of μέγας. greatest, largest, very great, very large.
μέδιμνος, ου, ὁ, medimnus, a dry measure, just a bushel and a half.
μέθη, ης, ή, drunkenness.
μεθ-ίημι, let go, release.
μεθ-ίστημι, Trans. remove, alter: Intr. remove, get away, be off, pass or go over, p. 82.
μέθοδος, ου, ή, method, system, trick.
μεθύσκω, ύσω (and other tenses as if fr. μεθύω), intoxicate. Midd. drink freely, be drunk: (also, in a lesser degree), cheer oneself with wine, p. 48.
μειδιάω, άσω, smile.
μειζόνως, Adv., on a larger scale, p. 81.

μείζων.

μείζων, ον (fr. μεγίων), greater.
μειράκιον, ου, τό, boy, youth.
μείων, ον, less. Comp. of μικρός.
μέλας, αινα, αν, black.
μέλει μοί τινος, I care for it. Imperf. ἔμελε, Fut. μελήσει.
μελείζω and μελίζω, ίσω, ιῶ (μέλος), dismember, tear limb from limb.
μελετή, ῆς, ἡ, care, practice.
μέλι, ιτος, τό, honey.
Μελικέρτης, ου, ὁ, Melicertes, younger son of Athamus and Ino, was transformed into the sea-god Palaemon.
μέλλω, ήσω, 1) to be about to (do, or happen), to have to (do anything = German sollen): with Inf. Pass. am on the point of being &c.: 2) delay. τό μέλλον, τά μέλλοντα, what is coming, the future.
Μελπομένη, ης, ἡ (singing), Melpomĕne, the Muse of Tragedy.
μέλος, ους, τό, 1) member, limb: 2) tune, song.
μελῳδία, ας, ἡ, singing, a choral song.
μέμφομαι, ψομαι, with Dat., blame.
μέν, particle, marking a clause to be followed by one containing (δὲ but); generally untranslated; (but when emphatic) indeed, on the one hand. For ὁ μὲν, see ὁ. (Deriv., probably = μένε, stop, wait.)
Μενεκράτης, ους, ὁ, Menecrătes, a Syracusan physician at the court of Philip of Macedon, B.C. 359 —333.
Μενέλαος, ου, ὁ, Menelāus, king of Sparta, brother of Agamemnon.
μέντοι, however.
μένω, μενῶ, 1 Aor. ἔμεινα, Perf. μεμένηκα, remain, abide.
μερίς, ίδος, ἡ, part, portion.
μέρος, ους, τό, part: ἐν τῷ μέρει, partially, in some measure.

μετα-φέρω.

μεσημβρία, ας, ἡ (μέσος, ἡμέρα), mid-day, noon, the South.
μεσημβρίζω, ίσω, rest at noon.
μεσόγαια, ας, ἡ, inland.
μέσος, η, ον, middle. ἀνά μέσον, up or in the middle, through. τό μέσον, the centre, p. 75. ἐν μέσῳ, in the midst. εἰς μέσον, forward, forth.
Μεσσήνιος, α, ον, Messenian, i.e. of Messene (Μεσσήνη), the S.W. district of Peloponnesus.
μετά, Prep. I. With Gen., with, in the midst of, with the help of. II. With Acc., to: after (a person, time, or any thing, in order of succession): μεθ᾽ ἡμέραν, the day after, on the return of day: μετά ταῦτα, Adv., after this, next.
μετα-βαίνω, go over.
μετα-βάλλω (lit. thrown round, turn round), transform, change (trans. and intr.): with Acc. of relation, τήν μορφήν, in form, p. 54. Midd. = Intrans. Act.
μεταβολή, ῆς, ἡ, alteration, change.
μετα-γιγνώσκω, change one's mind, repent,
μετα-γράφω, alter (in a letter), p. 84.
μετα-δίδωμι, share with: τινί τινος, allow.
μετα-λαγχάνω, with Gen., obtain.
μετ-αλλάσσω, change, end: with τόν βίον, end one's life," die.
μετα-μέλει, Impers. with μοι, σοι, αὐτῷ, repent.
μετ-ανίστημι, remove (properly to a higher place), translate.
μεταξύ, Adv., with Gen., between.
μετα-πέμπω, send forth: Midd. send for: Pass. be fetched.
μετα-στρέφω, turn about or away, return.
μετα-σχηματίζω, ίσω, ιῶ (σχῆμα), transform.
μετα-φέρω, carry over, transfer.

μεταφορικῶς.

μεταφορικῶς, in a transferred sense, metaphorically.
μετ-έρχομαι (= persequor), go after, pursue, take vengeance on, p. 66 (sc. Πελίαν).
μετ-έχω, with Gen., partake, share in.
μετέωρος, ον (ἀήρ), in the air, aloft, high, lofty. τὰ μετέωρα, celestial things (e.g. astronomical and meteoric phenomena): hence Eng., *meteor, meteoric*.
μετριότης, ητος, ἡ, moderation, simplicity, commonness.
μέτριος, α, ον, and ος, ον (μέτρον), moderate.
μετρίως, Adv. in moderation. μ. ἔχειν, to be moderate.
μέτρον, ου, τό, measure.
μέτωπον, ου, τό (μετά, ὤψ, i.e. behind the eyes): 1) forehead: 2) face.
μέχρι and μέχρις, 1) with Gen.. up to: μέχρι τινός, for some time. 2) Conj., until, so long as.
μή, 1) not, in dependent sentences. 2) Interrog. (= is it not so?), gen. untranslated: in dependent questions, whether (or no).
μηδαμῶς, Adv., by no means.
μηδέ, nor, not even.
Μήδεια, ας, ἡ, Medēa, daughter of Aeëtes and wife of Jason.
μηδείς, μηδεμία, μηδέν, no, none, no one, nothing.
μηδέποτε, never.
μηδέπω, not yet.
Μηδικός, ή, όν, Median.
μηδισμός, οῦ, ὁ, Medism, i.e. favouring or having treasonable relations with the Persians.
Μῆδος, ου, ὁ, Mede, Median, (of Media in Asia, the country E. of the Tigris-valley), often used as synonymous with 'Persian' in the wide sense, p. 77.
μηκέτι, no longer, no more.

Μινώταυρος.

μηλέα, ας, ἡ, apple-tree.
μῆκος, ους, τό, length.
μῆλον, ου, τό, an apple.
μήν, Adv., surely, however: καὶ μήν, and surely, and yet = *atqui:* οὐ μήν, not however.
μήν, μηνός, ὁ, month.
μῆνις, ιος, rarely ιδος, ἡ, anger.
μηνυτής, οῦ, ὁ, informer.
μηνύω, ύσω, with Acc. of the thing, Dat. of the person, 1) inform (as a spy or informer), tell, (obj. Pers.); inform of (obj. thing), shew: αὐτῷ τοῦτο ἐμήνυσε, gave him this information, or told him this: 2) declare, decide (as an oracle).
μήποτε, Adv., never.
μηρός, οῦ, ὁ, thigh.
μήτηρ, μητρός, ἡ, mother.
μητρυιά, ᾶς, ἡ, step-mother.
μηχανή, ῆς, ἡ, device, resource, machine; esp. an engine of war.
μία, one, Fem. of εἷς.
μίγνυμι, μίξω, Perf. Pass. μέμιγμαι, 1 Aor. Pass. ἐμίχθην, 2 Aor. Pass. ἐμίγην, with Fut. Midd. ξομαι, mix, mingle.
Μίθρας, ου, ὁ, Mithra, the Persian sun-god.
μικρός, ά, όν, little, small. Neut., a little: κατὰ μικρόν, little by little.
Μίλητος, ου, ἡ, Milētus, a city of Ionia.
Μιλτιάδης, ου, ὁ, Miltiădes, the celebrated Athenian general, victor at Marathon, B.C. 490.
μιμνήσκω (rt. μνα, μνη), μνήσω, with Gen. of thing, remind, put in mind. Perf. Midd. and Pass. μέμνημαι, remember, mention.
Μίνως, ωος, Acc. ω, ὁ, Minos, mythical king of Crete and legislator, and after death a judge of hell.
Μινώταυρος, ου, ὁ (the bull of

μισέω.

Minos), the Minōtaur, a fabulous monster in Crete, half man half bull, slain by Theseus.
μισέω, ήσω, hate.
μισητός, ή, όν, hated.
Μίσης, ου, ὁ, Mises, a Persian.
μισθός, οῦ, ὁ, pay, wages.
μισθόω, ώσω, hire out; Midd. hire in.
μῖσος, ους, τό, hatred.
μνῆμα, ατος, τό, memorial, monument, tomb.
μνημεῖον, ου, τό, monument.
μνήμη, ης, ἡ, memory, remembrance. διὰ μνήμης ἔχοντες, bearing in mind.
μνημονεύω, σω (μνήμων), call to remembrance (lit. be mindful of): mention, record, dwell upon.
μνημοσύνη, ης, ἡ, 1) memory: 2) Mnemosyne, goddess of memory, mother of the Muses.
μνήμων, ον, mindful, with a good memory: epithet of Artaxerxes II.
μνησικακέω, ήσω (μιμνήσκω, κακός), bear ill will.
μνηστεύω, court, woo, visit.
μνηστήρ, ῆρος, ὁ, wooer.
μοῖρα, ας, ἡ, fate.
Μοῖραι, αἱ, the Fates, 3 goddesses who allotted the destinies of gods and men.
Μολοσσοί, ῶν, οἱ, the Molossians, a people of Epirus.
μονάς, άδος, ἡ, a unit.
μονή, ῆς, ἡ (μένω), delay.
μόνον, Adv., only.
μόνος, η, ον (μένω), alone, unaided, hardly.
μονοσάνδαλος, ου, ὁ, ἡ, a person wearing only one sandal.
μόριον, ου, τό (dim. of μέρος), a small portion.
μόρος, ου, ὁ, fate.
μορφή, ῆς, ἡ (= forma), form, shape.
Μοῦσα, ης, ἡ, 1) a Muse: 2) song. Pl. the Muses, the 9 daughters of

Νάξος.

Mnemosyne (Memory), patron deities of music, poetry, and literature.
μουσικός, ή, όν, pertaining to the Muses, musical. Subst. ὁ, a musician: ἡ μουσική and τὰ μουσικά, music.
μουσικῶς, Adv., intellectually (in a way worthy of the Muses).
μοχθηρός, ή, όν, wretched, wicked.
μυελός, οῦ, ὁ, marrow.
μυθικός, ή, όν, mythical, fabulous.
μυθολογέω, ήσω, relate (as a myth).
μυθολόγος, ου, ὁ, mythologer, relater of myths or fables.
μῦθος, ου, ὁ, a fable.
μυῖα, ας, ἡ, a fly.
Μυκάλη, ης, ἡ, Mycălē, a promontory on the W. coast of Asia Minor, where the Greeks defeated the Persian fleet, B.C. 479.
Μυκῆναι, ῶν, αἱ, Mycenæ, the chief city of Argolis in the heroic age.
Μύλασα, ων, τά, Mylasa, a city of Caria.
Μύνδιος, α, ον, a Myndian, of Myndus.
Μύνδος, ου, ἡ, Myndus, a city of Caria.
Μυοῦς, οῦντος, ἡ, Myus, a city of Caria.
μυριάς, άδος, ἡ, a myriad = 10,000; the Greek indefinite for a larger number.
μυρίος, α, ον, countless. μυρίῳ, 10,000 times, (indef.).
μύρμηξ, ηκος, ὁ, an ant.
Μυσία, ας, ἡ, Mysia, the NW. district of Asia Minor.
Μύσιος, α, ον, Mysian.
Μυσός, οῦ, ὁ, a Mysian.

N.

Ναί, yes! true!
Νάξος, ου, ἡ, Naxos, an island in the Aegean, one of the Cyclades, sacred to Dionysus.

ναός.
ναός, οῦ, ὁ, temple.
νάρθηξ, κος, ὁ (= ferula), a hollow reed.
ναυαρχέω, ήσω, command (a ship).
ναύκληρος, ου, ὁ, pilot, master of a ship, skipper, p. 40.
ναυμαχέω, ήσω (ναῦς, μάχη), fight (in a naval battle).
ναυμαχία, ας, ἡ, seafight.
ναῦς, νεώς, ἡ, ship.
ναυτικός, ή, όν, naval; τὸ ναυτικόν, the fleet.
νεανίας, ου (νέος), youth, young man.
νεανίσκος, ου (dim. of νεανίας), youth, young man.
νεῖκος, ους, τό, strife, contention.
Νεῖλος, ου, ὁ, the river Nile.
νεκρός, ά, όν, dead. Subst. a dead person, a corpse.
νέκταρ, αρος, τό, nectar, the drink of the gods.
Νεμέα, ας, ἡ, Nemĕa, a valley in Argolis.
Νέμεος, α, ον, Nemean, i. e. of Nemea: τὰ Νέμεα, the Nemean games, celebrated every 2nd and 4th year at Nemea.
νέμω, νεμῶ and late ήσω, 1 Αοr. ἔνειμα, Perf. νενέμηκα, divide, deal out; feed (flocks or herds), pasture (trans.). Midd. feed on, pasture, (trans. and intrans.).
νέος, α, ον, young; under age, p.83 : new.
νεῦμα, ατος, τό, nod, wink, hint.
νεφέλη, ης, ἡ, and νέφος, ους, τό, cloud.
νεώς, ώ, ὁ, Attic = ναός, temple.
νεωστί, Adv., newly, lately.
νεωτερίζω, make an insurrection, attempt a revolution.
νεωτερισμός, οῦ, ὁ, insurrection, revolution.
νεώτερος (Comp. of νέος), new, fresh, strange: νεώτερόν τι ποιεῖν (= gravius statuere), take extreme measures.

νόσημα.
νήπιος, ου (ἀν, not, επ, speak = infans), infant, little, young.
Νηρεύς, έως, ὁ, Nereus, an aged sea-god, son of Pontus and Gaea (Sea and Earth).
Νηρηΐδες, ων, αἱ, Nereïdes, sea-nymphs, daughters of Nereus.
νησιώτης, ου, ὁ, islander.
νῆσος, ου, ἡ, island,
νηφάλιος, α, ον, (νήφω), sober, discreet.
νικάω (νίκη), ήσω, conquer; with Acc. both of the foe and the victory: μάχην νικᾶν, to win a battle; μ. Ῥωμαίους νικᾶν, to defeat the Romans in battle : Ὀλύμπια νικᾶν, to gain an Olympic victory: νικῶν, victorious.
νίκη, ης, ἡ, victory.
νικητής, οῦ, ὁ, victor.
Νικάνωρ, ορος, ὁ, (the Conqueror), Nicānor, a Macedonian officer in the service of Philip and Alexander.
Νικίων, ωνος, ὁ, Nicion, a Macedonian general.
Νιόβη, ης, ἡ, Niöbe, daughter of Tantalus, and wife of Amphion, an example of divine vengeance.
Νῖσος, ου, ὁ, Nisus, son of Pandion, a mythical king of Megara.
νοέω, ήσω, perceive, think, come to one's senses; mean, signify.
νομίζω, ίσω, ιῶ (νόμος), ordain as a law; believe, consider, esteem, account. νομιζόμενος, η, ον, accustomed, wonted: Neut. Pl. τὰ νομιζόμενα, customs.
νόμιμος, η, ον, later ος, ον, lawful, established by law. τὰ νόμιμα, customs, institutions.
νόμος, ου, ὁ (νέμω), law, custom.
νόος, νοῦς, οῦ, ὁ, mind.
νοσέω, be sick, be ill (with cognate Acc. νόσον, of a disease).
νόσημα, ατος, τό, sickness.

νοσηματικός.
νοσηματικός, ή, όν, sickly: delicate (in health).
νόσος, ου, ή, illness, disease, pestilence.
νύκτωρ, Adv., by night.
νυμφεύω (νύμφη), 1) Act. marry, lit. be a bride, said of the woman, with Dat. of the man: 2) Midd. marry, take to oneself a wife, said of the man, with Acc. of the woman.
νύμφη, ης, ή, bride.
νυμφίος, ου, ό, bridegroom.
νῦν, Adv., now: οἱ νῦν, those of the present day.
νύξ, νυκτός, ή, night.
νῶτος, ου, ὁ, back; hinder side, p. 48.

Ξ.

Ξανθίππη, Xantippe, the wife of Socrates.
Ξάνθιππος, ου, ὁ, Xanthippus, an Athenian father of Pericles.
ξένη, ης, ή (χώρα), a foreign country: ἐπὶ τῆς ξένης, abroad.
Ξενιάδης, ου, ὁ, Xeniades, a Corinthian, who purchased the philosopher Diogenes, and afterwards set him free.
ξένος, ου, ὁ, foreigner, stranger, guest, host: friend, by ties of hospitiality. ὦ ξένε, my friend, my good sir (like the American *stranger!*).
Ξενοφῶν, ῶντος, ὁ, Xenophon, son of Gryllus, the celebrated Athenian philosopher, general, and historian, a disciple of Socrates, lived B.C. 444 (about)—after B.C. 360.
Ξέρξης, ου, ὁ, Xerxes, king of Persia, son and successor of Darius Hystaspis.
ξηραίνω, ανῶ, Perf. Pass. ἐξήραμμαι, dry, dry up.
ξηρός, ά, όν, dry.

Ὀ.

ξίφος, ους, τό, sword.
ξυγγενής, ές = συγγενής, kindred.
ξυγκαθ-αιρέω, join with (another) in destroying or removing.
ξυγκατ-εργάζομαι, aid in effecting his purpose, p. 83.
ξύλινος, η, ον, wooden.
ξυλλαμβάνω see συλλαμβάνω.
ξύλληψις, εως, ή, seizure, arrest.
ξύλον, ου, τό, a log, timber: Pl. logs.
ξύμβασις, εως, ή, coming together, agreement.
ξυμμαχία, ας, ή, alliance, confederacy.
ξύμμαχος, ον, (ξύν, μάχομαι), Attic for σύμμαχος, allied with. Subst. ally.
ξυμμετ-έχω, take part in.
ξυμπρέσβυς, εως, ὁ, colleague (in an embassy).
ξύμφορος, ον, advantageous.
ξύν = σύν: for compounds with ξυμ and ξυν, see συμ and συν.
ξυνειργασμένος (Perf. Pass. Part. of συνεργάζομαι), wrought, squared (stones).
ξυνενεχθέντα, τά, the calamities that befel: fr. συμφέρω.
ξυνεπ-αιτιάομαι, join in an accusation (besides another).
ξυνεπαν-ίστημι, Trans., raise up together; Intr., rise up together (in revolt).
ξύνεσις, εως, ή, understanding.
ξυνετός, ή, όν, intelligent.
ξύνθημα, see σύνθημα.
ξυνίστημι, see συνίστημι.
ξυνομολογέω, ήσω, consent, agree, confess.

Ο.

Ὁ, ή, τό, Def. Art. 2nd and 1st Decl., the: sometimes = Poss. Pron. ὁ μέν—ὁ δέ (without a Subst.) the former—the latter. the one—the other; ὁ δέ alone, but the other; (with a Subst.),

ὀβολός.
the—, but—; (with a proper Noun, e. g.) ὁ μὲν Κῦρος, Cyrus, ὁ δὲ Κλέαρχος, but Clearchus. τό introduces a word or phrase quoted, e. g. τὸ χαίρειν, the word "hail".
ὀβολός, οῦ, ὁ, obol, a Greek weight and coin, 1—6th of the drachma; worth about 1½ d.
ὄγδοος, η, ον, eighth.
ὀγκάομαι, ήσομαι, bray.
Ὀγχηστός, οῦ, ὁ, Onccstus, a city of Boeotia.
ὅδε, ἥδε, τόδε, Dem. Pron. 2nd and 1st Decl., this (referring to what follows): followed by Art. ὅδε ὁ ἀνήρ, this man.
ὁδεύω, σω, journey, travel.
ὀδμή, ῆς, ἡ, smell, scent.
ὁδός, οῦ, ἡ, way, road, journey.
ὀδούς, όντος, ὁ, tooth.
ὀδύνη, ης, ἡ, pain.
ὀδύρομαι, οῦμαι, bewail oneself, lament, bewail (also Trans.).
Ὀδυσσεύς, έως, ὁ, Ulysses.
ὅθεν, Adv., whence, wherefore.
Οἴαγρος, ου, ὁ, Oeäger, a mythical king of Thrace, father of Orpheus.
οἶδα, (2 Perfect fr. rt. Ϝιδ, see), Inf. εἰδέναι, Part. εἰδώς, know; (with ποιεῖν) know how = can.
Οἰδίπους, οδος, ὁ, Oedipus; Acc. ουν.
οἴκαδε and οἰκόνδε, Adv., home (lit. to the house).
οἰκεῖος, α, ον (οἶκος), one's own, native, natural; Subst. ὁ—, relation, οἱ—, one's family: ἡ— (γῆ), one's native land, home.
οἰκέτης, ου, ὁ, a domestic slave.
οἰκέω, ήσω, dwell, inhabit. ἡ οἰκουμένη, the (inhabited) world.
οἴκημα, ατος, τό, dwelling, chamber.
οἰκήτωρ, ορος, ὁ, inhabitant.
οἰκία, ας, ἡ, house, household, family.

Ὀλυμπία.
οἰκοδόμημα, ατος, τό, building, structure.
οἰκοδομία, ας, ἡ, building.
οἴκοθεν, from home, of one's own (goods).
οἴκοι, Adv. (old Dat. of οἶκος), at home.
οἶκος, ου, ὁ, house, household, family.
οἰκτείρω, ερῶ, 1 Aor. ᾤκτειρα, pity, compassionate.
οἰκτρός, ά, όν (οἶκτος, ὁ, pity), lamentable.
οἴμοι, ah me! alas for me! used by the Tragedians: mock tragic in the fable at p. 46.
οἰνοποιΐα, ας, ἡ, wine-making.
οἶνος, ου, ὁ, (= vinum), wine.
οἴνωσις, εως, ἡ (οἶνος), love of wine, intemperance.
οἴομαι, ἤσομαι, Aor. ᾠήθην, think, suppose: οἶμαι, so I think; in my opinion.
οἷον, Adv. (prop. Acc. Masc. of οἷος, sc. τρόπον), for example
οἷος, α, ον, what sort of! what! (= Lat. qualis): Rel. after τοῖος, as: οἷός τέ εἰμι, I am able; οἷα, as is (was) natural.
οἶς, οἰός, ὁ, ἡ, sheep, Att. contr fr. ὄϊς (= ovis).
ὀΐστευμα, ατος, τό, arrow.
ὀϊστός, οῦ, ὁ, arrow.
οἴχομαι, ἤσομαι, ᾤχημαι, (ᾤχηκα rare), go, am gone, am off to.
ὀκτάμηνος, (rarely η), ον, and ὀκταμηνιαῖος, ον, eight months old.
ὀλίγος, η, ον, little; ὀλίγον, as Adv. of time and space, a little, shortly. παρ' ὀλίγον, within a little; all but.
ὁλκάς, άδος, ἡ, a ship of burthen, a merchant ship.
ὅλος, η, ον, whole: τὰ ὅλα, the whole cause or issue.
Ὀλυμπία, ας, ἡ, Olympia, a plain in Elis, where the Olympic games were held: derived fr. Ὀλύμπιος, q. v.

Ὀλυμπιονίκης.

Ὀλυμπιονίκης, ου, ὁ, an Olympic victor.
Ὀλύμπιος, α, ον, Olympian (esp. as an epithet of Jove); τὰ Ὀλύμπια, the Olympic Games.
Ὄλυμπος, ου, ὁ, Olympus, a mountain. 1. In Greece, on the NE. border of Thessaly. 2. The Mysian Olympus, in the N. of Asia Minor.
ὁμαλός, ή, όν, alike, even, equal.
ὁμαλῶς, evenly, unanimously.
ὄμβρος, ου, ὁ (= imber), rain, storm of rain.
Ὅμηρος, ου, ὁ, Homer, the father of epic poetry.
ὁμιλέω, ήσω, associate with.
ὁμιλητής, οῦ, ὁ, companion, disciple.
ὁμιλία, ας, ἡ, intercourse.
ὅμιλος, number, crowd. ὁ πολὺς ὅμιλος (= vulgus), the common herd, men in general.
ὁμίχλη, ης, ἡ, mist, spray, p. 64.
ὄμμα, ατος, τό, eye.
ὄμνυμι, ὁμοῦμαι, late ὁμόσω, 1 Aor. ὤμοσα, Perf. ὀμώμοκα, swear.
ὅμοιος, α, ον, like, similar, equal. Fr. ὁμός.
ὁμοίως, in like manner, alike, at once, p. 80.
ὁμολογέω, ήσω, agree, grant, confess.
ὁμολογία, ας, ἡ, agreement, condition: Plur. terms.
ὁμός, ή, όν, the same.
ὁμόσε, Adv., together: lit. to the same place: χωρεῖν, to go to meet (in battle), with Dative.
ὁμοτράπεζος, ου, ὁ, (ὁμός, τράπεζα), a fellow-banqueter.
ὁμοῦ, Adv., together. Fr. ὁμός.
ὁμόφυλος, ὁ, ἡ, of the same race.
ὁμώνυμος, ὁ, ἡ, namesake.
ὅμως, Adv., however, nevertheless.
ὄν, ὄντος, τό (Neut. of ὤν, Pres. Part. of εἰμί), the reality.
ἔναρ, τό (indecl.), a dream.

ὅρασις.

ὀνειδίζω, ἴσω, ιῶ, reproach, upbraid.
ὄνειδος, ους, τό, reproach.
ὄνειρος, ου, ὁ, dream, vision.
ὀνίνημι (rt. ΟΝ), ὀνήσω, 2 Aor. Midd. ὠνήμην or ὠνάμην, benefit. Midd., gain profit or advantage.
ὄνομα, ατος, τό, name: Acc. by name.
ὀνομάζω, ἄσω, call, name.
ὀνομαστί, Adv., by name.
ὀνομαστός, ή, όν, (verbal of ὀνομάζω), renowned.
ὄνος, ου, ὁ, ass.
ὄντως, Adv., really, in reality. ἡ ὄντως εὐδαιμονία, real happiness, p. 35.
ὄνυξ, υχος, ὁ, nail, claw, talon.
ὀξέως, Adv., quickly, suddenly (= vulg. sharp in 'look sharp').
ὀξύς, εῖα, ύ, sharp, quick. τὰ ὀξέα, the suddenness.
ὀξύτης, ητος, ἡ, sharpness, quickness.
ὅπῃ, Adv, in whatever way.
ὄπισθεν, Adv. with Gen., behind.
ὀπίσω, Adv., backwards, back.
ὁπλίζω, ἴσω, ιῶ, arm (trans.). Midd. arm (intrans.).
ὁπλίτης, ου, ὁ, hoplite, the Greek heavy-armed foot-soldier.
ὅπλον, ου, τό, a weapon: Pl. arms.
ὅποι, Adv., whither: in what position (e. g. of honour, p. 35).
ὁποῖος, α, ον, of what sort.
ὁπόσος, η, ον, so great; so much; how great, how much, as great or much as. Pl. as many as.
ὁπόταν, with Subj., when.
ὁπότε, Conj., when.
ὁπότερος, α, ον, which of the two.
ὅπου, Adv., where: with Gen., in what part of, whereabouts in.
ὀπώρα, ας, ἡ, autumn, harvest.
ὅπως, 1) Adv., how: 2) Conj., that, how that, in order that.
ὅρασις, εως, ἡ, sight.

ὁράω.

ὁράω, defective: Imperf. ἑώρων, Perf. ἑώρακα. Fut. (fr. rt. ωπ) ὄψομαι, Perf. Pass. ὦμμαι, 1 Aor. Pass. ὤφθην, 2 Perf. ὄπωπα; 2 Aor. (fr. rt. ἰδ = Fιδ) εἶδον, see. ὁρᾶν ὅπως, to see that: ἥδιον ὁρᾶν, to prefer.

ὀργή, ῆς, ἡ, anger, rage, passion: μετ' ὀργῆς, angrily,

ὀργίζομαι, -ισθήσομαι, and Midd. ιοῦμαι, (ισθην (rare Act. ὀργίζω, enrage), with Dat., become or be angry, enraged, incensed.

ὀρεινός, ή, όν (ὄρος), mountainous.

ὀρθός, ή, όν, Adv. ὡς, upright, right: κατὰ τὸ ὀρθόν, according to right, by rights.

ὀρθόω, σω, set up, set right, direct.

ὄρθρος, ου, ὁ, dawn, morning.

ὁρίζω, ίσω, ιῶ (ὅρος), bound. Midd. define. (Hence *horizon*).

ὅριον, ου, τό (dim. of ὅρος), border. Pl. parts.

ὅρκος, ου, ὁ, oath.

ὁρμάω, ήσω, set in motion, start (trans.). Midd. set about, be eager for, start (intr.), proceed to, attack.

ὁρμή, ῆς, ἡ, impulse, zeal, scheme.

ὄρνεον, ου, τό, a fowl.

ὄρνις, ιθος, ὁ, ἡ, bird, hen.

Ὀρόντης, ου, ὁ, Orontes, a Persian noble, son-in-law of Artaxerxes.

ὅρος, ου, ὁ, boundary.

ὄρος, ους, τό, mountain, chain of mountains.

ὀροφή, ῆς, ἡ, and ὄροφος, ου, ὁ, roof.

ὄρτυξ, υγος, ὁ, quail,

ὀρύσσω, ξω, ὀρώρυχα, dig.

ὀρφανός, όν, and ή, όν, bereft.

Ὀρφεύς, έως, ὁ, Orpheus, son of Oeager and Calliope, the great mythical bard of Greece.

ὀρχέομαι, ήσομαι, dance.

Ὀρχόμενος, ου, ὁ, sometimes ἡ, Orchomenus, a city of Boeotia.

οὐδείς.

ὅς, ἥ, ὅ, Rel. Pron., who, which, ὅς ἄν (= *quicunque*), whoever.

ὅσιος, α, ον, holy.

ὁσιότης, ητος, ἡ, uprightness.

ὀσμή, ῆς, ἡ, smell, scent, stench.

ὅσον, Adv., as far as.

ὅσος, η, ον, how great? how much? so great, so much, so, as. ὅσον ὅσα, as (after *as much*), what. ὅσος μή, excepting what. Pl. all

ὅσπερ, ἥπερ, ὅπερ, Rel. Pron. (gen. in dependent sentence), who, what, which (περ = in fact, indeed, actually).

ὀστέον, ου, τό, bone.

ὅστις, ἥτις, ὅ τι, whoever, who (of all others), what.

ὁστισοῦν, whosoever.

ὀστρακίζω, ostracize, *i. e.*, banish by ostracism. See p. 127.

ὄστρακον, ου, τό, a piece of pottery; a vote of ostracism.

ὅταν, with Subj., when.

Ὀτάνης, ου, ὁ, Otanes, a noble Persian, son of Pharnaspes.

ὅτε, Conj., when.

ὅτι, Conj., that, because; not translated before a dependent speech in the oratio directa (*e. g.* p. 4): with Superl. = ὡς, as—as possible, like Lat. *quam*.

ὅτου, ὅτῳ = οὕτινος, ᾧτινι, Gen. and Dat. of ὅστις.

οὐ, οὐκ, οὐχ, not, no! οὐ μὴν ἀλλά, nevertheless.

οὗ, Adv., where.

οὐδαμή (ῇ), Adv., nowhere, (in no direction).

οὐδαμοῦ, Adv., nowhere, (in no place).

οὐδαμῶς, Adv., by no means.

οὐδέ, nor, no more, not even; neither—nor: οὐδ' ὡς, not even so.

οὐδείς, οὐδεμία, οὐδέν, no (one), none: οὐδέν, Adv. not at all: οὐδὲν χεῖρον, it is none the worse.

οὐδέποτε.
οὐδέποτε, and οὐδεπώποτε, Adv., never.
οὐκέτι, Adv., no more, never again.
οὐκοῦν, properly interrogative, (is it) not (so) then? hence illative, then, therefore.
οὐμενοῦν, Adv., not at all.
οὖν, logical particle, therefore, then.
οὔποτε, Adv., never.
οὔπω, Adv., not yet.
οὐρά, ᾶς, ἡ, tail.
Οὐρανία, ας (Ion. η, ης) ἡ, (heavenly), Urania, the Muse of astronomy.
οὐρανός, οῦ, ὁ, heaven.
οὖς, ὠτός, τό, Pl. ὦτα, ear.
οὐσία, ας, ἡ, power, substance.
οὔτε, not even, neither: οὔτε—οὔτε, neither—nor.
οὔτοι, Adv., not at all.
οὗτος, αὕτη, τοῦτο, Dem. Pron., this; with Art. and Noun, οὗτος ὁ ἀνήρ or ὁ ἀνὴρ οὗτος, this man. (Stem τοτο, a reduplication of το, the stem of the article ὁ, ἡ, τό).
οὕτω, and οὕτως, so, thus; οὐχ οὕτω τι, not so much, p. 92.
οὐχί, Adv., not.
ὄφελος, ους, τό, profit, use, advantage.
ὀφθαλμός, οῦ, ὁ, eye. εἰς ὀφθαλμοὺς ἐλθεῖν, to be admitted to the presence (lit. sight) of.
ὄφις, εως, ὁ, serpent, snake.
ὄψις, εως, ἡ, face, sight. Pl. the eyes.
ὄψον, ου, τό, meat, condiments, i. e., all sorts of food over and above the necessaries of bread and wine, p. 88.

II.

Παγγαῖον, τὸ ὄρος, Mons Pangaeus, a mountain of Thrace, near the N. coast of the Aegean.

Πανδίων.
Πάδος, ου, ὁ (Padus), the river Po.
πάθος, ους, τό, any affection of which a person is the subject; esp. suffering, calamity.
παιάν, ᾶνος, ὁ, the Paean, a hymn to Apollo, sung on going into battle, and in celebration of victory.
παιανίζω, ἴσω, ιῶ, raise the Paean.
παιδεύω, σω (παῖς), train, educate: Midd. train oneself, be practised (with Infin.).
παιδικός, ή, όν, childish: Subst. τὰ παιδικά, a favourite.
παίζω, ξομαι, ξοῦμαι, late ξω, ἔπαισα (rt. παιδ, in παῖς), play, sport, jest.
παῖς, δός, ὁ, child, boy, youth; son; slave, like Lat. puer, and Fr. garçon: ἡ, daughter.
παίω, παίσω (Com. Poet. -ήσω), 1 Aor. ἔπαισα, Perf. πέπαικα, beat.
πάλαι, Adv., in olden times, formerly. τὸ πάλαι, in the earliest times.
Παλαίμων, ονος, ὁ, Palaemon, a sea god, transformed from the mortal Melicertes.
παλαιός, ά, όν, old, ancient: τὸ παλαιόν, of old, anciently.
παλαίστρα, ας, ἡ, palaestra, wrestling-school, wrestling-place; wrestling, conflict, struggle. Said of Sicily, as a seat of war, like 'cock-pit' of Belgium.
παλαίω, αίσω, wrestle.
πάλιν, Adv., again.
πάλλω, παλῶ, brandish.
παλτόν, οῦ, τό, spear, javelin.
πάμπολυς, πόλλη, πολυ, very much, very large: Pl. very many.
Πάν, Πανός, ὁ, Pan, the god of shepherds.
παναθλιος, ία, ιον, very wretched.
πανδημεί, Adv., in mass, together: lit. with the whole people.
Πανδίων, ονος, ὁ, Pandion. 1.

Πανδρόσιον.
Mythical king of Athens, son of Erichthonius, and father of Procne. 2. King of Athens, and afterwards of Megara, and father of Nisus.
Πανδρόσιον, ου, τό, Pandrosium, the shrine of Pandrosus.
Πανδώρα, ας, ἡ (πᾶς, δῶρον, endowed with all gifts), Pandōra, the first mortal woman, wife of Epimetheus.
πανοπλία, ας, ἡ (full) arms, armour, panoply.
παντάπασι, Adv. entirely.
πανταχῇ, Adv., in all directions, every where.
πανταχόθεν, Adv., from all sides.
πανταχοῦ, Adv., every where.
παντελής, ές, complete.
παντελῶς, altogether.
πάντῃ, Adv., in every way, altogether.
παντοδαπός, ή, όν, of every sort.
παντοδαπῶς, in all manner of ways.
πάντοθεν, Adv., from all sides.
παντοῖος, α, ον, of every sort, of all sorts.
πάντως, Adv., at all events, in any case, entirely.
πάνυ, Adv., altogether, quite, certainly.
πάρ, Poet. contraction of παρά, p. 48.
παρά, Prep., by, near. I. With Gen. 1) of place: from: 2) caus.: by. II. With Dat.: with (a Person), in the house of. III. With Acc. 1) of place: at, near, among, by the side of; down by, p. 33: 2) of time: at, about, during: 3) causal: 1) against, contrary to: 2) in comparison of.
παρα-βαίνω, pass over, overstep, transgress.
παρα-βάλλω, place before, supply. Midd., expose to danger, betray.
παραγγελία, ας, ἡ, command.

παρα-σκευάζω.
παρ-αγγέλλω, ελῶ, with Dat. of Person, order, recommend.
παράγγελμα, τος, τό, order, command.
παρα-γίγνομαι, arrive at, be sent to, happen.
παρ-άγω, lead aside, lead astray: Pass. be misled, deceived.
παράδεισος, ου, ὁ (a Persian word), pleasure-grounds, park, garden.
παρα-δίδωμι, hand over, deliver, assign, consign, bestow, sentence.
παράδοξος, ον, contrary to expectation; τὸ παράδοξον, the surprise.
παράδοσις, εως, ἡ, surrender.
παραίνεσις, εως, ἡ, advice, counsel; γνώμης παραινέσει, for expressing their opinion in the way of counsel.
παρ-αινέω, έσω, praise.
παρ-αιτέω, beg off. Midd. 1) excuse oneself: 2) with Acc. of thing: decline, excuse oneself from.
παρα-καλέω, with Dat., exhort, bid; with Acc., call to one's said.
παρά-κειμαι, lie near, παρακείμενος, adjacent to.
παρα-κλέπτω, ψω, steal covertly.
παρα-λαμβάνω, λήψομαι. receive, retain, take home, entertain, succeed to, assume the government of.
παρα-λείπω, ψω, leave on one side, neglect, leave untold, pass over.
παράλιος, ον, and α, ον, lying on the sea. Subst. παραλία (sc. γῆ), coast, sea-board.
παράλογος, ον, unexpected. τῷ παραλόγῳ, in a surprising way.
παρανομία, ας, ἡ, violation of the laws.
παρα-πλέω, sail by, sail past.
παρα-ποιέομαι, ψω, counterfeit.
παρα-ῥῥέω (see ῥέω), flow by.
παρα-σκευάζω, άσω, prepare, pro-

παρασκευή.
vide, fit out, equip. Midd. prepare oneself, make ready.
παρασκευή, ῆς, ἡ, preparation, equipment, apparatus. ἐκ παρασκευῆς, of set purpose; ἀπὸ παρασκευῆς, by arrangement.
παρα-σύρω, υρῶ, sweep away.
παράταξις, εως, ἡ, an army in battle array. συμβληθείσης τῆς π., when battle was joined.
παρα-τάσσω, draw up in array. Midd. draw oneself up against, oppose, emulate.
παρα-τίθημι, set before, place beside: Midd. place beside oneself, have set before one, feast upon.
παραυτίκα, Adv., immediately; for the moment.
παράφορος, ον (lit. borne astray); π. πρὸς eager for p. 12.
παρα-φωνέω, say aside; throw in (a remark or correction), p. 25.
παραχρῆμα. Adv., immediately, on the instant.
παρα-χωρέω, ήσομαι, late ήσω, give place to, grant.
πάρδαλις, εως, ἡ, panther.
παρ-εδρεύω, σω, sit beside, share the judgment seat of, p. 72.
πάρ-ειμι, I am here, come, come forward. τὰ παρόντα, the present, existing circumstances: ἡ παροῦσα (sc. ἡμέρα), to day.
πάρ-ειμι, pass by, approach, draw near, come in, come forward.
παρ-έρχομαι, 2 Aor. Inf. ἐλθεῖν, pass by, come forward.
παρ-έχω, hold, furnish, render; with ἑαυτόν, make or shew oneself. Midd. offer, promise.
παρθένος, ου, ἡ, virgin.
Πάρθοι, οἱ, the Parthians.
Παρνασσός, οῦ, ὁ, Parnassus, a mountain on the broders of Phocis and Locris, sacred to the Muses.

παύω.
πάροδος, ου, ἡ, approach, passage, pass (e. g. mountain pass).
παροικέω, ήσω, dwell beside or near.
παρόμοιος, ον, and α, ον, just like, exactly, similar.
παρ-οξύνω, sharpen, exasperate, exacerbate.
παρ-οράω, overlook, neglect.
παρουσία, ας, ἡ, presence, coming, arrival.
παρρησία, ας, ἡ, freedom of speech; boldness, confidence.
Παρυαία, ας, ἡ, Paryaea, a mountain on the borders of Macedonia and Thessaly.
πᾶς, πᾶσα, πᾶν, Sing. 1) collective, all, the whole (of a person or thing); 2)distributive,each, every one: Plur. all.
πάσχω (rt. ΠΑΘ), πείσομαι, πέπονθα, ἔπαθον, suffer; to be affected in any way; εὖ πάσχειν, to be well treated, κακῶς π., to be ill treated.
πάταγος, ου, ὁ, noise.
Πάταρα, ων, τά, Patăra, a city of Lycia.
πατέω, ήσω, tread on, trample.
πατήρ, τρός, ὁ, father.
πάτριος, α, ον, and πατρικός, ή, όν, of a father, hereditary.
πατρίς, ίδος, ἡ, country, lit. father's-land.
πατρῷος, ον, and ά, ον, paternal, hereditary.
παῦλα, ας, ἡ (παύω), rest, pauso, end.
Παυσανίας, ου, ὁ, Pausanias, regent of Sparta (B.C. 479—470), victor over the Persians at Plataeae, afterwards put to death for treason.
παύω, σω, put an end to, bring to an end, with Acc. of person and Gen. of indirect object: τὴν μητέρα τοῦ βίου ἐπεπαύκει, had put his mother to death:

Παφλαγονία.
appease, assuage (with Acc. of thing, e. g. λύπην). Midd. come to an end, leave off, cease.
Παφλαγονία, ας, ἡ, Paphlagonia, a district in the N. of Asia Minor.
παχύς, εῖα, ύ, thick, stout, fat.
πεδιάς, άδος, ἡ, plain, even ground.
πέδιλον, ου, τό, sandal, shoe.
πεδίον, ου, τό, plain.
πεζός, οῦ, ὁ, a foot soldier: τὸ πεζόν, infantry, land force: παυcὶ καὶ πεζῷ, by sea and land, p. 77.
πείθω, rt. ΠΙΟ, πείσω, πέπεικα, 2 Perf. πέποιθα (Intr.), πέπεισμαι, 2 Aor. ἔπιθον (Intr.); persuade, convince; μὴ πείθων, not being belived, p. 58. Midd. obey, trust, follow. Pass. be persuaded, believe, consent. πεισθείς (with Dat.), at the instigation of, p. 63.
πεῖρα, ας, ἡ, experiment, experience; πεῖραν λαβεῖν, gain experience; π. δίδοναι, prove by experience; πεῖραν παρέχειν, give proof.
Πειραιεύς, έως, ὁ, Piraeus, the chief port of Athens.
πειρατής, οῦ, ὁ (πειράω), pirate.
πειράω, άσω and Midd., άομαι, άσομαι (πεῖρα), try, endeavour, make a trial or experiment of, experience.
πείρω, περῶ, 1 Aor. ἔπειρα, Perf. Pass. πέπαρμαι, pierce.
Πεισίστρατος, ου, ὁ, Pisistratus, tyrant of Athens, B.C. 560—527.
πέλαγος, ους, τό, (pelagus), sea.
πελειάς, άδος, ἡ, dove.
πέλεκυς, εως, ὁ, axe, hatchet.
Πελίας, ου, ὁ, Pelias, king of Iolcus in Thessaly.
Πελλίνα, ης, ἡ, Pellina or Pellinna, a city of Thessaly.
Πελοπονησιακός, ή, όν, and Πελοποννήσιος, ου, ὁ, Peloponnesian.

περί.
Πελοπόννησος, ου, ἡ (Πέλοψ, νῆσος, island of Pelops), the great peninsula of Southern Greece, now the Morea.
Πέλοψ, οπος, ὁ, Pelops, son of Tantalus, and founder of the royal house of Mycenae in Argolis.
πέλω, and ομαι, am; Poetic, and only Pres. and Imp.
πέμπτος, η, ον, fifth.
πέμπω, ψω, πέπομφα, send, convoy; send to enquire (of an oracle).
πένης, ητος, ὁ, ἡ, poor; Comp. πενέστερος, Sup. πενέστατος.
Πενθεύς, έως, ὁ, Pentheus, son of Echion, a king of Thebes, who was torn to pieces by the Bacchanals.
πενία, ας, ἡ, poverty.
πεντακισχίλιοι (5 × 1000), five thousand, 5000.
πεντακόσιοι, αι, α, five hundred, 500.
πέντε, five, 5.
πεντήκοντα, fifty, 50.
πεντηκόντορος, ου, ἡ, (ναῦς, a ship) with fifty oars; also as Subst, ἡ, a penteconter.
πέρ, enclitic particle; even, though.
περαίνω, ανῶ, complete.
περαιόω, ώσω, carry over. Pass. cross over (with Acc.).
πέραν and πέρα, Adv. with Gen., beyond, the other side of.
πέρας, ατος, τό, bound, period, end.
Πέργαμον, ου, τό, Pergamum, the citadel of Troy.
Περδίκκας, ου, ὁ, Perdiccas, a general of Alexander the Great, and regent after his death.
περί, Prep., about. I. With Gen., about, concerning, for. II. With Dat., round about. III. With Acc. 1) of place: about, at, near, around, in the region of: 2) of time: during: 3) causal: in re-

περι-αιρέω.

lation to, about, in; είναι περί τι, to be engaged in: τὰ περί—the art of.
περι-αιρέω, take from about, off, pluck off; Aor. Midd. ἑλόμενος.
περι-αλγέω, ήσω, to be much grieved (with Dat.).
Περίανδρος, ου, ὁ, Periander, son of Cypselus, one of the 7 wise men of Greece, tyrant of Corinth, B.C. 625—585.
περι-βάλλω, throw around. Midd. put on, wear.
περίβολος, ου, ὁ, enclosure, circuit of the walls, fortifications.
περί-ειμι (εἰμί), remain, survive.
περί-ειμι (εἶμι), go about; λόγος περίεισιν, the saying is told.
περι-ελαύνω, drive round or about.
περι-έρχομαι, go round, 2 Aor. Part. ἐλθόντες.
περι-ίστημι, Trans. place around, surround with: Intr. stand round, surround. Perf. ἕστηκα, sync. pt. εστῶτες.
περικαλλής, ές, right beautiful.
Περικλῆς, έους, ὁ (περί, κλέος), Pericles, son of Xanthippus, the most famous Athenian statesman, fl. B.C. 469—429.
περι-κόπτω, cut off, dock.
περι-λείπομαι, be left. Pass. only.
περίλυπος, ον, ἡ, much grieved.
περίοδος, ου, ἡ, circuit, map.
περι-οικοδομέω, ήσω, build round; enclose with a wall.
περι-οράω, overlook; with Part. as object, permit, suffer.
περι-πατέω, ήσω, walk about.
περίπατος, ου, ὁ, a public walk.
περι-πίπτω (see πίπτω), fall (into trouble), fall among (thieves); be involved in.
περι-ποιέω, ήσω (Dat. of person), leave over or remaining, make for, confer on, preserve: Midd. have left to one, obtain.

πήγνυμι.

περιρρέω, flow round. Pass. be surrounded by (rivers, &c.).
περίστασις, εως, ἡ, circumstances, state of affairs, occasion, emergency.
περι-στέλλω, put about, cover, adorn.
περιστερά, ᾶς, ἡ, dove.
περι-στέφω, crown; man (of walls), may be used p. 7, where women were behaving like men.
περι-τειχίζω, ίσω, ιῶ, surround with walls, fortify, put on.
περι-τίθημι, place around, invest with.
περι-τυγχάνω, with Dat., meet. light upon, find.
περίφωρος, ον (φώρ, a thief), detected in theft.
περι-χέω, pour round or about.
Περσεφόνη, ης, ἡ (= Proserpīna), Persephŏnē or Proserpine, daughter of Jove and Demeter (Ceres), carried off by Pluto to be his wife and the queen of hell.
Πέρσης, ου, ὁ, a Persian; ὁ Πέρσης, the Persian, i. e. the king; οἱ Πέρσαι, the Persians.
Περσικός, ή, όν, Persian.
Περσίς, ίδος, ἡ, 1) Persis, the original country of the Persians; 2) a Persian woman; 3) as Adj. Persian, γλῶσσα.
πετεινός, ή, όν, winged. τὰ πετεινά, birds.
πέτομαι, πτήσομαι, Aor. ἐπτόμην, and ἁμην, Inf. πτέσθαι and πτάσθαι, fly.
πέτρα, ας, ἡ, rock, stone.
πηγή, ῆς, ἡ, spring (of water), fountain.
πήγνυμι (= pango, rt. παγ, πηγ), πήξω, πέπηγα, 2 Aor. P. ἐπάγην, fix, fasten, construct, make, make solid, freeze: Midd. construct for oneself, and Intr. become solid, freeze.

Πηλεύς.

Πηλεύς, έως, ὁ, Peleus, king of the Myrmidons in Thessaly, son of Aeacus, husband of Thetis and father of Achilles.
πήρα, ας, ἡ, wallet.
πηρόω, ώσω, maim.
πήρωσις, εως, ἡ, maiming, privation of sight, p. 59.
πῆχυς, εως, ὁ, cubit = a foot and a half, about.
Πιερία, ας, ἡ, Pieria, a district at the foot of Mt. Olympus, sacred to Apollo and the Muses.
πιθανός, ή, όν, plausible, credible.
πίθηκος, ου, ὁ, ape.
πικρός, ά, όν, bitter.
πικρῶς, bitterly.
πῖμελής, ές, fat.
πίμπλημι (redupl. fr. rt. ΠΛΕ), πλήσω, 1 Aor. ἔπλησα, Perf. Pass. πέπλησμαι, fill.
πίμπρημι, πρήσω, burn.
πινάκιον, ου, τό (dim. of πίναξ), a tablet, for writing or drawing or painting on.
Πίνδαρος, ου, ὁ, Pindar, of Thebes, the great lyric poet of Greece, about B.C. 522—422.
πίνω (Rt. πΙ and πΟ), πίομαι, πέπωκα, 2 Aor. ἔπιον, drink.
πιπράσκω, Fut. Perf. πεπράσομαι, Perf. πέπρᾱκα, Aor. Pass. ἐπράθην, sell.
πίπτω (redupl. fr. root ΠΕΤ), πεσοῦμαι, πέπτωκα, 2 Aor. ἔπεσον, fall, be banished.
πιστεύω (πιστός), with Dat., trust, believe (a person): Acc., believe (a thing): with both Dat. and Acc., entrust (a thing to a person). Pass. be trusted.
πίστις, εως, ἡ, faith, trust, belief. π. διδόναι, to pledge one's faith.
πιστός, ή, όν, (verbal of πείθω), faithful: Pass. trusted.
πιστῶς, Adv. faithfully. Sup. πιστότατα.
πίτυς, υος, ἡ, pine.

πλήρης.

πλάγιος, α, ον, from the side, oblique; τὰ πλάγια, the sides, flanks.
πλανάομαι, ήσομαι, Aor. ἤθην, wander about.
πλάσσω, άσω, mould, form, make.
πλάστης, ου, ὁ (πλάσσω), a statuary, sculptor.
Πλαταιαί, ῶν, αἱ, Plataeae, a small Boeotian town firmly allied with Athens. Πλαταιᾶσιν, at Plataeae (p. 81).
Πλαταιεύς, έως, ὁ, a Plataean.
πλάτος, ους, τό, breadth.
πλατύς, εῖα, ύ, broad.
Πλάτων, ωνος, ὁ, Plato, son of Ariston, the celebrated Athenian philosopher, disciple of Socrates, and founder of the Academic school of philosophy, lived B.C. 429—347.
Πλείσταρχος, ου, ὁ, Pleistarchus, son of Leonidas, king of Sparta.
πλεῖστος, η, ον, most, (Superl. of πόλυς): πλείων, ον (Comp. of πολύς), more. Pl. in large numbers (= frequentes, Lat). τὸ πλέον, still more, p. 77.
πλεονάκις, Adv., many times, constantly.
πλεονέκτης, ου, ὁ, (πλέον, ἔχω), covetous.
πλεονεξία, ας, ἡ, greediness.
πλευρά, ᾶς, ἡ, side, flank.
πλέω (rt. πλεF), πλεύσομαι or οῦμαι, 1 Aor. ἔπλευσα, Perf. πέπλευκα, sail, go on a voyage. οἱ πλέοντες, sailors, voyagers.
πλῆθος, ους, τό, multitude, number: τὸ π. the multitude (= vulgus).
πλήθω, only in Pres. and Imperf., be or become full.
πλῆκτρον, ου, τό, (πλήσσω, strike), the plectrum, for striking the strings of a lyre.
πλήν, Adv. with Gen., except.
πλήρης, ες, with Gen., full.

πληρόω.

πληρόω, ώσω, fill; Perf. Pass. Part. πεπληρωμένος, full (lit. filled full): fulfilled.
πλήρωμα, ατος, τό, manning of ships, crew.
πλησίος, α, ον, near, neighbouring.
πλήσσω (rt πλᾶγ and πληγ), ξω, πέπληγα, 2. Aor. ἐπλάγην, but in comp. gen. ἐπλάγην, strike, hit, wound, sting, terrify.
πλοῖον, ου, τό, vessel, boat.
πλέος, ου, ὁ, contr. πλοῦς (πλέω), voyage.
πλούσιος, α, ον, rich.
πλουτέω, ήσω, be rich.
πλουτίζω, ίσω, ιῶ, enrich.
πλοῦτος, ου, ὁ, wealth.
Πλούτων, ωνος, ὁ, Pluto, son of Cronos (Saturn), god of the world below.
πνεῦμα, ατος, τό, wind, breath.
πνέω (rt. πνεϜ), εὔσομαι, blow, breathe.
πνίγω, ξω, throttle, suffocate.
πόθεν, whence?
ποθέω, ήσω, desire.
πόθος, ου, ὁ, and ποθή, ῆς, ἡ, desire, fondness for.
ποῖ, Interrog., whither? ποί, Indef., somewhere, to any place.
ποιέω, ήσω, make, do, put, commit (a fault or crime). Midd. shew (ὀργήν, p. 79); regard, esteem.
ποιητής, οῦ, ὁ, poet (lit. maker, as in old English).
ποιητικός, ή, όν, 1) making, inventive, productive; 2) poetic, poetical. Fem. ποιητική (sc. τέχνη), poetry, skill in poetry.
ποιητός, ή, όν, skillfully made.
ποιήτρια, ας, ἡ, poetess.
ποικίλος, η, ον, variegated.
ποιμαίνω, ανῶ, be a shepherd or herdsman.
ποιμήν, ένος, ὁ, shepherd.
ποινή, ῆς (= Lat. poena; properly quit-money), compensation, satisfaction, penalty.

Πόντος.

ποῖος, α, ον (= qualis), of what sort? what?
πολεμικός, ή, όν, and πολέμιος, α, ον, warlike, hostile; Subst. enemy: οἱ πολέμιοι, the enemy.
πόλεμος, ου, ὁ, war.
πολιορκέω (πόλις, εἴργω), ήσω, besiege, take (a city).
πολιορκητής, οῦ, ὁ, besieger or taker of cities: a surname of Demetrius, the son of Antigonus.
πόλις, εως, ἡ, city; special Greek sense, a city forming a complete state.
πόλισμα, ατος, τό, city, especially a fortified place.
πολιτεία, ας, ἡ, citizenship.
πολιτεύω, and Midd. (πολίτης), administer (esp. a state).
πολίτης, ου, ὁ, citizen.
πολλάκις, (πολύς), Adv., often.
πολλαπλάσιος, α, ον and ίων, ον, many times more.
Πολτύς, υος, ὁ, Poltys, a king of the Thracians.
πολύ, Adv., much: ἐπὶ πολύ, for the most part.
πολυαύχενος, ον, with many necks.
Πολύζηλος, ου, ὁ, Polyzelus, an Athenian general at Marathon.
πολυμάθεια, ας, ἡ, universal knowledge.
Πολύμνια, ας, ἡ (abounding in songs), Polymnia, the Muse of hymns to the gods.
πολύοινος, ον, productive of wine.
πολύς, πολλή, πολύ, Gen. πολλοῦ &c., much, great: τὸ πολύ, τὰ πόλλα, generally: οἱ πολλοί, the many, men in general.
πολυτελής, ές, costly, splendid, extravagant.
πολύχωρος, ον, spacious, vast.
πονέω, labour, suffer.
πονηρός, ά, όν, wicked.
πόνος, ου, ὁ, labour, toil.
Πόντος, ου, ὁ, (the Sea). 1. Also II. εὔξεινος, the Euxine (Black

πόπανον.

Sea). 2. Pontus, the N.E. region of Asia Minor.
πόπανον, ου, τό, a flat round cake, offered in sacrifice.
πορεία, ας, ή, passage, path, track.
πορεύομαι, σομαι, Aor. εὑ̓ϑην, (πόρος), go, go on, travel, march.
πορϑέω (πέρϑω), ήσω, destroy (a city); ravage (a country).
πορϑμεύς, έως, ὁ, ferryman (esp. Charon).
πορίζω, ίσω, ιῶ (πόρος), provide, furnish, bestow; with Dat. of person, confer on, 4.
πόρος, ου, ὁ, passage, way (to do a thing), means.
πόῤῥω, Adv. with Gen., far from; far.
πόῤῥωϑεν, Ad., from afar, from a distance.
πορφύρα, ας, ή, the purple, sc. robe (one of the insignia of a king).
πορφύρεος, α, ον, purple; of a purple colour.
Ποσειδῶν, ῶνος, ὁ, Poseidon, Neptune, the Greek god of the sea, corresponding to the Latin *Neptunus*.
πόσος, η, ον, (= *quantus*), how much, how great.
ποταμός, οῦ, ὁ, river.
ποτέ, Adv., once. ποτὲ μέν . . . . ποτὲ δέ, at one time . . . . and at another time, now . . . . and then.
πότερα and πότερον, whether.
πότερος, α, ον, which of two.
ποτήριον, ου, τό, a drinking cup. (Fr. rt. πο, *drink*, in ποτόν, πότος, &c).
ποτόν, οῦ, τό, draught, drink. π. μνήμης πολέμιον, the draught hostile to (or destructive of) memory, the river Lethe, p. 52.
πότος, ου, ὁ, drinking party.
ποῦ, where? πού, anywhere.
πούς, ποδός, ὁ, foot; Poet. Dat.

πρό.

Pl. πόδεσσι, p. 70. ἐκ ποδῶν, out of the way, away. ᾗ ποδῶν εἶχε μάλιστα, with all the speed he could, p. 35.
πρᾶγμα, ατος, τό, thing, act, affair. Pl. affairs, business, power (in a state).
πρακτέος, α, ον (verbal of πράσσω), to be done. τὰ πρακτέα, what ought to be done.
πρᾶος, πρᾶον, and πραΰς, πραεῖα, πραΰ, (Adv. πρᾴως), gentle, mild, quiet.
πρᾶξις, εως, ή, deeds.
πράσσω, πράττω, πράξω (rt. πραγ), πέπραχα, 2 Perf. πέπραγα (Intr.) do, make, accomplish, achieve: with 2 Acc., to treat a person in a certain way, p. 8: with πρός and ἐς, have dealings with, tamper with, p. 83: with Adv. e. g. εὖ and κακῶς, to be, do, fare. Midd. πράττεσϑαί τινα μισϑόν, to exact pay of (take pay from) a person. τὰ πρασσόμενα, the business in hand.
πρέπει, it is becoming, with Dat.
πρεσβεία, ας, ή, embassy.
πρεσβεύομαι (Midd of πρεσβεύω), send an embassy.
πρεσβευτής, οῦ, ὁ, ambassador.
πρεσβεύω, and Midd. send an embassy, conduct an embassy, go on an embassy, be an ambassador.
πρέσβυς, Def. Adj. (εος), υν, υ; Comp. ύτερος, old; Subst. (πρέσβυς) εως, old man (= *elder*): P. οἱ πρέσβεις, ambassadors.
Πρηξάσπης, ου, ὁ, Prexaspes, a noble Persian.
πρίασϑαι (ἐπριάμην), Defect. Aor., buy.
Πρίαμος, ου, ὁ, Priam, the last king of Troy.
πρίν, Adv. and Conj., before, before that.
πρό, Prep. with Gen., before, for.

προ-αγγέλλω.

προ-αγγέλλω, ελῶ, announce beforehand, warn (a person), betray (a scheme).
προάγγελσις, εως, ἡ, warning.
προ-αγορεύω, σω, proclaim.
προαίρεσις, εως, ἡ, principle, design, purpose.
προ-αιρέω, prefer. Midd. choose, select.
προ-αισθάνομαι, learn before, be forewarned.
προ-ακούω, hear first.
προ-βάλλω, put before, propose (for solution), whence πρόβλημα, a problem.
πρόβατον, ου, τό, sheep.
προ-βιβάζω, άσω (lit., make to go forward), advance (trans.).
προ-γίγνομαι, exist before.
πρό-γονος, ου, ὁ, ancestor.
προ-δηλόω, shew beforehand, betray (a purpose or disposition).
προ-δίδωμι, deliver, betray (as a traitor).
προδοσία, ας, ἡ, treachery, treason.
προδότης, ου, ὁ (προδίδωμι), traitor, betrayer.
προεξ-ορμάω, start too soon (i. e. before the signal is given).
προειδῶ, see προοράω.
προειρημένος, η, ον, said before.
προ-έρχομαι, go forth.
προ-έχω, hold before; be distinguished.
προθυμία, ας, ἡ, readiness, zeal.
πρόθυμος, ον, Adv. ως, ready, eager, zealous.
προΐημι, forego.
προῖκα, Adv. (= Lat. *gratis)*, for nothing.
προ-ίστημι, Trans. (lit. place in front), set over: Intr. (lit. stand before), lead, preside over, govern. οἱ προεστῶτες (with Gen.) those set over.
προ-ίσχω, and Midd. hold before, hold out.

προς-αγορεύω.

προκατα-φεύγω, flee for refuge (before a pursuer). Aor. escape, take refuge.
πρό-κειμαι, lie in front, (with Gen.).
προ-κρίνω, prefer (to others by a judgment in his favour).
προ-λέγω, foretel.
προ-μανθάνω, learn before, be taught.
πρόμαχος, ου, foremost in fight: Subst. champion. Prop. N., Promachus, brother of Jason, killed by Pelias.
Προμηθεύς, έως, ὁ (προμανθάνω: Forethought), Prometheus, a Titan, the maker and benefactor of mankind.
προ-νοέω, ήσω, with Gen., take thought.
πρόνοια, ας, ἡ, forethought, prudence, providence.
πρόξενος, ου, ὁ, friend (by a tie of hospitality): the *proxeni*, as a class, enjoyed a modified citizenship.
προ-οράω, Pres. and Imperf. only, (see ὁράω), 2 Aor. προεῖδον, Subj. -ειδῶ, foresee, be aware of
προπετής, ές (προπίπτω), headlong, rash. Adv. ὡς, rashly.
πρός, Prep. (prop. in front of).
I. With Gen. 1) of place: towards, against: 2) causal: on the side of. II. With Dat.: near, over against, in addition to, besides, with. III. With Acc. 1) of a person; to, against, at (after βλέπω): 2) of a place; to, to the house of, against, near: 3) of time; about; πρὸς ἑσπέραν, towards evening; πρὸς μίαν ἡμέραν, for the space of one day: 4) causal: towards, tending to, in relation to.
προς-αγγέλλω, announce, report in addition.
προς-αγορεύω, σω, call, name, ad-

προς-άγω.

dress, salute. Pass. to be called, surnamed.
προς-άγω, bring near, bring to: Intr. approach.
προς-άπτω, ψω, fasten to, attach to, assign to.
προς-αρτάω, ήσω, fasten or bind to.
προς-βάλλω, with Dat. invade, attack: lit. throw (an army) against.
προς-βολή, ῆς, ἡ, invasion, attack.
προς-δέχομαι, expect.
προς-δοκάω, ήσω, expect.
προς-δραμών, 2 Aor. Part. of προς-τρέχω, running against.
πρός-ειμι, be near, by, at hand.
πρός-ειμι, (fr. εἶμι), and προς-έρχομαι, go to, approach.
προς-εξ-ευρίσκω, invent besides.
προς-επι-στέλλω, direct (something) besides.
προς-έρχομαι (see ἔρχομαι), come to, go to.
προς-έχω, with Dat. (sc. τὸν νοῦν, lit. apply the mind to), incline to, attend to, give heed to.
προς-ηκάμην, 1 Aor. Midd. of προς-ίημι, approach.
προς-ήκει, with Dat. it befits, becomes.
προςήκων, ουσα, ον, belonging to. Subst. relation, connection, τὸ προσῆκον, one's duty.
προς-ηλόω, ώσω (ἧλος, a nail) fasten. 1 Aor. Pass. Part. προς-ηλωθείς, impaled.
πρόσθεν, Adv., in front, before.
προς-ίημι, let go to, apply: Midd. admit, accept.
προς-ίσχω, σχήσω, come to land at.
προς-καθέζομαι, εδοῦμαι, sit down before (a town), besiege (it).
προς-καθίζω, sit down against (a city), blockade.
προς-καλέω, call to oneself, address: and Midd. οῦμαι.

προς-χωρέω.

πρός-κειμαι, press hard.
προς-κομίζω, ίσω, ιῶ, bring to; with Acc. of Pers., conduct: Dat. of Pers., bring a present to, p. 33.
προς-κυνέω, ήσω (lit. fawn upon), do homage to, worship.
προς-κύνησις, εως, ἡ, worship, adoration.
προς-μένω, wait, wait for.
προς-μίγνυμι, with Dat., join battle, attack (lit. mingle with).
πρόσοδος, ου, ἡ, approach, entrance. Pl. revenue.
προςπαρα-τίθημι, set before in addition.
προς-πίπτω, πεσοῦμαι, πέπτωκα, 2 Aor. ἔπεσον, with Dat., fall down before.
προς-πέτομαι, πτήσομαι, 2 Aor. ἐπτην, fly to.
προς-ποιέομαι, ήσομαι, feign, pretend.
πρόςταγμα, ατος, τό, command, burthen (imposed by a superior).
προς-τάσσω, ξω, with Dat. of person, command, impose (a law or penalty) upon: with κατά and Acc., commit or entrust to.
προς-τίθημι, θήσω, add, bring to. Intr. in 2 Aor., gain (with Dat. of the thing increased).
προς-τρέχω, run to, up.
προς-φέρω, bring to, near, or forward; bring in (as revenue); benefit, advantage. Midd. approach; be engaged with an enemy; bear oneself, behave, apply oneself to. Pass. be set before, served up (at table), p. 63.
προςφιλής, ές, with Dat. 1) Subjective, friendly, friendly disposed; 2) Objective, dear, valued.
προσχαίρω (lit. rejoice over), play with, p. 40.
προς-χωρέω, go forward, advance, succeed; get a chance, p. 92.

πρόσωπον.
πρόςωπον, ου, τό, face, countenance, look.
προ-τάσσω, with Gen., set over: προτεταγμένος, having the command of.
πρότερος, α, ον, former, earlier. (Comp. of πρό.) Neut. ερον as Adv.
προ-τίθημι, put before, forward, expose, propose, promise (as a prize).
προ-τιμάω, ήσω, prefer, with Acc. of object, and Gen. of comparison. Pass. be deemed worthy of, doomed to.
προ-τρέπω, ψω, Act. and Midd., (lit. turn to the front), incite, urge, encourage.
προϋπάρχω, exist before.
προ-φασίζομαι, make excuses.
πρόφασις, εως, ή (προ, φαίνω), pretext, reason, excuse.
προφερής, ές, preferred, choice, excellent.
προφήτης, ου, ό, (φημί), prophet.
προφυλακή, ῆς, ή, advanced guard, outposts (of an army).
προ-χωρέω, go forward, succeed.
πρύμνη, ης, ή, the hindmost part of anything, esp. the stern or poop of a ship.
Πρυτανεῖον, ου, τό, the place at Athens, in which the Prytanes (i. e. presidents of the Senate) lived at the public cost, an honour which was also voted to citizens who had done the state good service and who were said 'to eat in the Pytaneum' (ἐν Πρυτανείῳ σιτεῖσθαι).
πρώην, Adv., (lit. the day before yesterday), the other day, lately.
πρωΐ, Adv., early in the morning.
πρώρα, ας, ή (πρό, lit. the front part), the prow of a ship.
πρωτεύω, εύσω, be the first.
πρῶτος, η, ον (a superlative of πρό), first. Adv. πρῶτον, at

Πυριφλεγέθων.
first; τὸ πρῶτον, the first time; τὰ πρῶτα, the beginning.
πταῖσμα, ατος, τό, failure, defeat.
πταίω, σω, Trans. make to stumble; Intr. stumble, fall, fail, be defeated.
πτερόν, οῦ, τό, wing, feather.
πτερωτός, ή, όν, and } winged.
πτηνός, ή, όν, }
πτήσσω, ξω (rt. πετ, fly), 1) Trans. frighten; 2) Intr., be frightened; lit. cower like a bird.
πτοέω, ήσω, same root and sense as foregoing.
Πτολεμαῖος, ου, ὁ (i. e. warlike, fr. πτόλεμος, old form of πόλεμος), Ptolemy, son of Lagus, a general of Alexander the Great, and the first Greek king of Egypt, B.C. 323—285.
πτωχός, ή, όν, poor; S. a beggar.
Πύδνα, ης, ή, Pydna, a city of Macedonia.
Πύθιος, α, ον, Pythian, i. e. belonging to Apollo of Delphi; ἡ Πυθία, the Pythian priestess, who gave the oracles; τὰ Πύθια, the Pythian games.
Πύθων, ωνος, ό, Python, the serpent which guarded the Delphic oracle and was slain by Apollo.
πυκνός, ή, όν, (= frequens), thick.
Πύλαι, ῶν, αἱ, the Gates, = Thermopylae.
πύλη, ης, ή, gate.
Πύλος, ου, ὁ, ή, Pylos, a city of Messenia.
πυλωρέω, ήσω, be a gate-keeper, keep the gates.
πυνθάνομαι, πεύσομαι, πέπυσμαι, ἐπυθόμην (rt. πυθ), ask, enquire. Aor. learn, be told.
πῦρ, ός, τό, fire.
πύργος, ου, ὁ, tower.
πυρίπνοος, ον (contr. ους, ουν), fire-breathing.
Πυριφλεγέθων, οντος, ὁ (burning with fire), Pyriphlegethon (also

πυρόω.

Phlegethon), a river of hell. Pl. those rivers in general, p. 52.
πυρόω, ώσω, set on fire, inflame, heat.
Πύρρα, ας, ή (ruddy, fr. πῦρ), Pyrrha, the wife of Deucalion.
Πύρρος (ruddy, fr. πῦρ), Pyrrhus, king of Epirus, lived B.C. 318 —272.
πύστις, εως, ή, (rt. πυθ in πυν-θάνομαι), information.
πωλέω, ήσω, sell.
πώποτε, Adv., at any time.
πῶς, Adv. Inter., how? Indef., any how, somehow. Enclit., somewhat.

P.

ῥάβδος, ου, ή, rod, staff.
Ῥαδάμανθυς, υος, ὁ, Rhadamanthus, brother of Minos, and after death a judge of the world below.
ῥᾴδιος, α, ον, easy; Comp. ῥᾴων, Sup. ῥᾷστος.
ῥᾳδίως, easily, quietly, calmly. Comp. ῥᾷον, Sup. ῥᾷστα.
ῥᾳθύμως, Adv., indifferently (in an easy careless spirit).
ῥάμμα, ατος, τό, stitch, seam.
ῥᾷστα, Sup. of ῥᾳδίως, most easily.
ῥεῖθρον, ου, τό, stream.
ῥεῦμα, ατος, τό, stream, river.
ῥέω (rt. ῥεF), ῥεύσομαι or ῥυήσομαι, 1 Aor. ἔρρευσα, Perf. ἐρρύηκα, 2 Aor. ἐρρύην, flow.
ῥήγνυμι (same rt. as in frango), ῥήξω, 1 Aor. ἔρρηξα, 2 Perf. ἔρρωγα, break, burst, tear.
ῥῆμα, ατος, τό, word, expression.
ῥήτωρ, ορος, ὁ (rt. ερ or ῥη, speak), orator, rhetorician.
ῥιγόω, ώσω (ῥῖγος, cold), be cold.
ῥίζα, ης, ή, root.
ῥίπτω, ῥίψω, 1 Aor. ἔρριψα, 2 Aor. Pass. ἐρρίφην, throw, cast, hurl.
ῥίς, ῥινός, ἡ, nose.

σατράπης.

Ῥόδιος, ου, ή, Rhodian, i. e. of the island of Rhodes.
ῥοιά, ᾶς, ή, pomegranate (fruit and tree).
ῥόος, ῥοῦς, οῦ, ὁ (ῥέω), stream.
ῥόπαλον, ου, τό, club.
ῥυπάω, ήσω, be dirty or squalid.
ῥώμη, ης, ή, strength.
ῥώννυμι, ῥώσω, Perf. Pass. ἔρρωμαι, 1 Aor. ἐρρώσθην, strengthen: Pass. be strong.

Σ.

Σαίνω, σανῶ, 1 Aor. ἔσηνα, wag the tail, fawn upon.
Σαλαμίς, ῖνος, ή, Salamis: 1) an island off the coast of Attica, celebrated for the great naval victory over Xerxes, B.C. 480. 2) A city of Cyprus, founded by Teucer, when exiled from the former Salamis.
Σαλμυδησσός, οῦ, ή, Salmydessus, a city of Thrace, on the coast of the Euxine.
Σαλμωνεύς, έως, ὁ, Salmoneus, son of Aeolus, brother of Sisyphus, was king in Thessaly and Elis, and after death an example of divine vengeance.
σάλπιγξ, γγος, ή, trumpet.
Σάμιος, ου, ὁ, Samian, of Samos.
Σάμος, ου, ή, Samos, a large island off the coast of Ionia.
Σάρδεις, έων, Ionic ις, ίων, αἱ, Sardis (Lat. Sardes), the capital of Lydia, on the river Pactolus.
Σατιβαρζάνης, ου, ὁ, Satibarzanes, chamberlain of Artaxerxes Longimanus.
σατραπεία, ας, ή, satrapy; the name of the provinces of the Persian empire.
σατράπης, ου, ὁ, Satrap, the Persian name for the governor of a province.

σάτυρος.

σάτυρος, ου, ό, satyr: beings half men and half goats, companions of Bacchus.
σαφής, ές, (Adv., ῶς), clear. Comp. ἑστερος, Sup. ἑστατος.
σεαυτοῦ, ῆς, of thyself, thine.
σέβομαι (usu. only Pres. and Imp.), worship.
σείω, σω, shake, brandish; τρίαιναν ἔσεισεν,—a trident, p. 3.
σελήνη, ης, ή, the moon.
σεμνός, ή, όν (σέβομαι), majestic, venerable.
σῆμα, ατος, τό, (sign), monument.
σημαίνω, ανῶ, 1 Aor. ἐσήμηνα (σῆμα), show, signify, reveal, relate, give a signal.
σημεῖον, ου, τό, sign, signal, indication, proof.
σήμερον, Adv., to-day.
Σηστός, οῦ, ή, and ό, Sestus, a city on the Asiatic shore of the Hellespont.
σθένος, ους, τό, strength.
σιγή, ῆς, ή, silence.
σιδήρεος, α, ον, (contr. οῦς, ᾶ, οῦν), of iron, iron (Adj.).
σίδηρος, ου, ό, iron, a sword or any weapon of iron.
Σικελία, ας, ή, Sicily.
Σικελιώτης, ου, ό, a Sicilian.
Σιναίτης, ου, ό, Sinaetes, a Persian, p. 33.
Σινωπεύς, έως, ό, a man of Sinope, a Greek city on the coast of Pontus.
Σίπυλος, ου, ό, Sipylus, a mountain in Asia Minor.
σιτέομαι, ήσομαι, with Gen., eat, have meals, feed upon.
σιτοδεία, ας, ή (σῖτος, δέω), famine.
σῖτος, ου, ό, 1) corn, esp. wheat: hence 2) bread, food.
σιωπάω, ήσομαι, later ήσω (σιωπή), be silent, keep silence.
σκάπτω, ψω, dig, dig about.
σκάφος, ους, τό, boat, skiff.

Σμέρδις.

σκεδάννυμι, άσω, scatter.
σκέλος, ους, τό, leg.
σκέπτομαι, ψομαι (= specto), see for oneself, examine.
σκευάζω, άσω, prepare, arrange, fit out, equip.
σκευασία, ας, ή, preparation.
σκευή, ῆς, ή, equipment, preparation: Pl. robes, p. 82.
σκεῦος, ους, τό, furniture, vessels.
σκηνέω, encamp, take up quarters. Midd. build oneself a hut, pitch oneself a tent.
σκηνή, ῆς, ή, tent.
σκῆπτρον, ου, τό (σκήπτομαι, lean), a staff (to lean upon), sceptre.
σκιά, ᾶς, ή, shadow.
σκιάζομαι, άσομαι, shade, overshadow: Part., in the shade.
σκοπέω, and Midd. (classic in Pres. and Imperf. only: other parts fr. σκέπτομαι), consider, study.
σκοπός, οῦ, ό, (σκέπτομαι), aim, mark, target.
σκότος, ου, ό, and σκότος, ους, τό, darkness.
Σκύθης, ου, ό, a Scythian.
Σκυθικός, ή, όν, Scythian. τὰ Σκυθικά (sc. ὅρια), Scythia.
Σκύλλα, ης, ή, Scylla, daughter of Nisus, betrayed her father through love of Minos.
σκῦλον, ου, τό, and Pl. (= spolia), spoils, i. e. arms taken from a defeated enemy.
σκυτάλη, ης, ή, the scytalé, a sort of staff, used by the Spartan ephors in sending secret despatches to a general. See *Smaller Dict. of Ant.*
σκυτοτόμος, ου, ό (σκῦτος, hide, τέμνω), lit. leather-cutter; shoemaker.
σκώπτω, ψομαι, jest.
Σμέρδις, ιος, ό, Smerdis, a son of Cyrus, personated by the Magian Spendadates.

Σμίθυκος.

Σμίθυκος, ου, ὁ, Smithȳcus, a Macedonian at the court of Philip.
σμικρός, ά, όν, = μικρός, little.
σοβαρῶς, Adv. haughtily.
Σόλων, ωνος, ὁ, Solon, the great Athenian lawgiver, and one of the Seven Sages, lived B.C. 638 —558, about.
σός, σή, σόν, thy, thine.
Σοῦσα, ων, τά, Susa, the capital of Susiana, a Persian province.
σοφία, ας, ἡ, wisdom.
σοφιστής, οῦ, ὁ (σοφίζω, make clever or wise), a sophist, i. e., a professional teacher of rhetoric and philosophy. In a bad sense, a teacher of false wisdom and base arts of persuasion.
σοφός, ή, όν, wise, clever, skilful (in any art).
σπάργανον, τό, α, a swaddling-band. Pl. swaddling-clothes.
Σπάρτη, ης, ἡ, Sparta.
Σπαρτιάτης, ου, ὁ, a Spartan; οἱ Σπαρτιᾶται, the Spartans.
Σπάρτων, ωνος, ὁ, Sparton, a Rhodian, friend of Phocion.
σπάω, άσω, ἔσπᾰκα, and Midd., draw; drink a draught of, p. 66.
σπείρω, σπερῶ, 1 Aor. ἔσπειρα, Perf. Pass. ἔσπαρμαι, 2 Aor. Pass. ἐσπάρην, sow.
Σπενδαδάτης, ου, ὁ, Spendadātes, the Magian who personated Smerdis. (Herodotus calls him Πατιζείθης).
σπένδω, σπείσομαι, pour. Midd. make a truce (with libations).
σπέρμα, ατος, τό, (σπείρω), seed.
σπεύδω, σω, 1) Trans. urge on: 2) Intr. be in haste, hasten.
Σπεύσιππος, ου, ὁ, Speusippus, an Athenian philosopher, nephew of Plato, whom he succeeded as head of the Academy. B.C. 347 —339.
σπλάγχνον, ου, τό, in Pl. bowels.
σπήλαιον, ου, τό, cave.

στόμα.

σπονδή, ῆς, ἡ, in Pl. a truce (fr. the libations attending its sanction).
σπουδάζω, άσομαι, late άσω, with περί, concern oneself about, apply oneself to, cultivate, be in earnest about (with ὑπέρ).
σπουδαῖος, α, ον, with Gen., zealous, earnest, serious.
σπουδή, ῆς, ἡ, haste, zeal, diligence, interest in, devotion to (any object). κατὰ σπουδήν, in haste.
σταθμός, οῦ, ὁ, standing, or stopping, or halting place, station, stage, quarters, abode. Irreg. Pl. σταθμά, weights, standards of weight.
στασιάζω, άσω, strive, raise a strife or faction.
στάσις, εως, ἡ, faction, division.
στέλλω, ἐλῶ, 1 Aor. ἔστειλα, Perf. ἔσταλκα, 2. Aor. Pass. ἐστάλην, send. Midd. send on a message or embassy.
στενός, ή, όν, narrow: strait = difficult.
στενώ, ῶ, groan, sigh, grieve (orig. Trans., straiten, from στενός).
στέρησις, εως, ἡ, taking away, deprivation.
στέρομαι, be bereft, robbed. Pass. to στερέω, bereave, rob.
στέφανος, ου, ὁ, crown, fillet, garland.
στεφανόω, ώσω, crown.
στεφάνωμα, ατος, τό, garland.
στήλη, ης, ἡ, column, pillar (esp. one set up as a memorial).
στικτός, ή, όν, spotted.
στοῖχος, ου, ὁ, line.
στοιχεῖον, ου, τό, element.
στολή, ῆς, ἡ, robe, dress.
στόλος, ου, ὁ, equipment, journey, expedition, armament. esp. a naval armament, fleet.
στόμα, ατος, τό, mouth. διὰ στόματος, in the mouth of, i.e. spo-

στρατεία.

ken of: κατὰ στόμα, face to face (as we say 'in the teeth').
στρατεία, ας, ἡ, expedition, campaign.
στράτευμα, ατος, τό, army.
στρατεύω, σω, and Midd., make an expedition or campaign.
στρατηγία, ας, ἡ, generalship.
στρατηγική, ῆς, ἡ, (sc. τέχνη), the art of war, strategy.
στρατηγός, οῦ, ὁ, (στρατός, ἄγω), 1) general; 2) *Strategus*, the title of the ten commanders annually elected at Athens.
στρατιά, ᾶς, ἡ, army.
στρατιώτης, ου, ὁ, soldier.
στρατοπεδεία, ας, ἡ, and στρατόπεδον, ου, τό, camp, encampment, armament (naval, p. 86).
στρατοπεδεύω, σω, gen. Midd., encamp.
* στρατός, οῦ, ὁ, army.
στρεπτός, οῦ, ὁ, chain.
στρέφω, ψω, ἔστροφα, ἔστραμμαι, 1 Aor. Pass. ἐστράφθην, 2 Aor. Pass. ἐστράφην, turn, twist, Pass. double (said of one pursued).
Στροφάδες, ων, αἱ, the Strophādes, another name of the Echinades I., derived from στρέφω, p. 64.
Στρυμών, όνος, ὁ, the Strymon, a river of Thrace.
στρῶμα, ατος, τό, (rt. στρω, in στρώννυμι, spread), bed, bedding, coverlet.
Στυμφαία, ας, ἡ. Stymphaea, a mountain on the borders of Macedonia and Thessaly.
Στυμφαλίς, ίδος, ἡ, (sc. λίμνη), the Stymphalian lake (near Stymphalus): αἱ Στυμφαλίδες ὄρνιθες, the Stymphalian birds.
Στύμφαλος, ου, ἡ, and ὁ, Stymphālus, a city of Arcadia.
σύ, σοῦ, thou, you.
συγγένεια, ας, ἡ, kindred: in p. 72, l. 1, sc. τοῖς ἑοῖς.

σύμπας.

συγγενής, ές, akin, related (by blood).
συγ-γίγνομαι. with Dat., be or come together, have an interview with.
συγ-γιγνώσκω, forgive.
συγγνώμη, ης, ἡ, pardon.
συγκαθ-αιρέω, unite in destroying.
συγκάτ-ειμι, with Dat. of person, go down with; σ. εἰς, enter with.
συγ-κλείω, shut, shut up in.
συγ-κοινωνέω, ήσω, have fellowship or sympathy with or together.
συγ-κρούω, σω, dash together (Trans.). Midd. and Pass., the same (Intrans.).
συγ-χωρέω, ήσω, and ήσομαι, grant, allow, yield, consent.
σῦκον, ου, τό, a fig.
συλάω, ήσω, and συλεύω, σω, rob, plunder.
συλ-λαμβάνω, take with, take (prisoner), seize (as prey). Midd. aid, help.
συλ-λέγω, ξω, gather together, collect.
σύλληψις, εως, ή, arrest.
συμ-βαίνω, come together, happen, befal (with Dat.); Impers. it falls to one's lot; and, as a Verb of Mood, with Inf., one may, might.
συμ-βάλλω, compare (lit. put this and that together). Midd. with Dat., engage with (in fight). Pass. join (in battle).
συμ-βουλεύω, σω, advise.
σύμβουλος, ου, ὁ, counsellor, adviser.
συμμαχικός, ή, όν, allied σ. στρατός, an army of allies, p. 92.
σύμμαχος, ον, allied: Subst. ally.
συμπαθῶς, (συμπάσχω), Adv., with sympathy.
συμ-παλαίω, σω, join in wrestling, share the exercises of.
σύμπας, ασα, αν, all together:

συμ-πέμπω.
τὸ ξύμπαν, the whole: Adv., in a word, p. 87.
συμ-πέμπω, ψω, with Dat., send with.
συμ-πίνω, drink with, together.
συμ-πλέκω, twine together: Midd. engage (in a conflict).
Συμπληγάδες (striking together), πέτραι, αἱ, the Symplegades rocks, two fabulous rocks at the entrance of the Euxine, which crushed ships between them; but were passed by the Argonauts.
σύμπλους, ον, companion (in a voyage), shipmate.
συμπόσιον, ου, τό, (συμ-πίνω), feast, banquet *(symposium)*.
σύμπτωσις, εως, ἡ, collision.
συμ-φέρω, bring together, bring to the help of, aid. τὸ συμφέρον, what is advantageous.
συμ-φεύγω, flee in a body. 2 Aor. συν-έφυγον.
συμφορά, ᾶς, ἡ, event, misfortune.
συμφυής, ές, grown together, of mixed nature.
σύν (ξύν), Prep. with Dat., with. οἱ σὺν αὐτῷ, his companions, or confederates.
συν-άγω, gather together; call (an assembly).
συν-αθροίζω, σω, assemble, collect.
συν-αινέω, έσω, assent.
συνανα-γιγνώσκω, read with (another).
συναρπάζω, άσω, (lit. catch up), devour.
συν-δειπνέω, ήσω, with Dat., sup with (any one), share the meals of: alone, join the feast.
συνδι-ημερεύω, pass the day (or, day after day) with.
συνέδραμον, 2 Aor. of συντρέχω.
συνεῖκα, Perf. of συνίημι.
σύν-ειμι, with Dat.; be with, meet with, be familiar or conversant with: (βίῳ) pass, enjoy (life). οἱ συνόντες, companions, friends.

σύννους.
συνεις-πίπτω, rush in together with.
συνεξ-αιρέω, join, or share, in taking.
συνεξ-ομοιόω, ώσω, make quite like, assimilate to.
συνεπι-λαμβάνω, Midd., take part in.
συν-έπομαι, with Dat. follow with, accompany, attend on.
συν-εργέω, ήσω, (συνεργός), with Dat., assist, aid.
συνεργός, όν, working together. Subst. fellow-worker, assistant.
συν-έρχομαι, come together, (with Dat.) come together with.
σύνεσις, εως, ἡ, (συνίημι), intelligence.
συν-εστιάομαι, (augment ει), live with, feast together, feast with.
συν-έχω, hold together, contain.
συνεχής, ές, continuous.
συνεχές, as Adv. continually.
συνεχῶς, Adv., continually.
συνήθεια, ας, ἡ, custom, intercourse, familiarity.
συνήθης, ες, (σύν, ἦθος), customary, familiar, favourite (p. 57): λόγοι, complimentary speeches. κατὰ τὸ σύνηθες, according to its custom.
συνηρεφής, ές, (lit. roofed in), covered, overgrown, p. 60.
σύνθεσις, εως, ἡ, composition.
συνθήκη, ης, ἡ, agreement, contract.
σύνθημα, ατος, τό, sign, watchword, signal for battle, battle cry.
συν-θηράω, άσω, join in hunting.
συν-ίημι, understand (lit. put together).
συν-ίστημι, Trans. place together: Intr. stand together: Midd. organize. ξυν-ειστήκει, remained standing.
σύννους, ὁ, ἡ, (contr. fr. σύννοος), meditating, reflecting, in deep thought.

σύνοδος.

σύνοδος, ου, ἡ, meeting, assembly.
συν-οικέω, dwell together, be united (in marriage).
συν-οικίζω, ίσω, ιῶ, make or allow to live together, unite (in marriage).
σύνοικος, ὁ, ἡ, dwelling together: friend, companion.
σύνολος, ον, and η, ον, all together: τὸ σύνολον, the whole; Adv. on the whole, in general, in a word.
συν-ομιλέω, ήσω, associate with, have connection with.
συνουσία, ας, ἡ, (σύνειμι), meeting, society, conversation, living with (as a disciple, p. 29).
συν-ταράσσω, trouble greatly.
συν-τάσσω, draw up, post beside. συντεταγμένῃ φάλαγγι, in close order.
συν-τελέω, έσω, finish, perfect, accomplish, make.
συν-τίθημι, place, bring together. Midd. make an agreement.
συν-τρέφω, bring up with.
συν-τρέχω, run together, to a spot, to one's help.
συντυχία, ας, ἡ, chance, happy chance; meeting with, acquaintance.
Συρακόσιοι, ων, οἱ, the Syracusans, people of Syracuse.
σύριγξ, γγος, ἡ, the pan-pipes.
συρίζω, Att. συρίττω, ίξω, and ίξομαι, play the pan-pipes, whistle, hiss (with Acc. of person).
σύρω, (gen. in Pass.) 2 Aor. ἐσύρην, draw, drag (at the wheels of a chariot, p. 69).
σῦς, συός, ὁ, ἡ, a swine, boar, sow.
συ-σκηνέω, ήσω, (with Dat.), share the tent of; lodge with.
σφάζω and σφάττω, ξω, slaughter, immolate, sacrifice.
σφάλλω, σφαλῶ, 1 Aor. ἔσφηλα: Perf. Pass. ἔσφαλμαι, 2 Aor.

σώφρων.

ἐσφάλην, trip up, deceive. Midd. fail.
σφενδονήτης, ου, ὁ, slinger.
σφετερίζω, ίσω, ιῶ, make one's own, appropriate. Usu. Midd.
σφέτερος, α, ον, your, yours.
Σφίγξ, γγος, ἡ, Sphinx, a fabulous monster, with a human head, a lion's body, and wings. (NB. The Greek sphinx is female, the Egyptian always male).
σφόδρα, Adv., very, excessively.
σφοδρός, ά, όν, eager.
σφραγίς, ῖδος, ἡ, seal, signet-ring.
σχεδόν, Adv., (ἔχω), almost.
σχῆμα, ατος, τό, (rt. σεχ, in ἔχω), form, appearance, constitution: lit. the way a thing 'has itself' (ἔχει).
σχολάζω, άσω, be at leisure.
σχολή, ῆς, ἡ, school, leisure.
σώζω, σω, save, keep safe, restore in safety, p. 81. Pass. recover. Midd. save oneself (by flight = *sauve qui peut*, p. 92).
Σωκράτης, ους, ὁ, (σῶς, κράτος), Socrates, of Athens, the greatest of philosophers, lived B.C. 469—399.
σῶμα, ατος, τό, body, bodily state, health, p. 7.
σωματικός, ή, όν, bodily.
σῶος, α, ον, and σῶς, safe, saved.
σωρεύω, (σωρός, a heap), heap up.
σωτήρ, ῆρος, ὁ, saviour, deliverer: as a surname, Soter, p. 3.
σωτηρία, ας, ἡ, safety.
σωφρονέω, ήσω, be of sound mind, come to one's senses.
σωφροσύνη, ης, ἡ, moderation, temperance, prudence: as a proper name, Sophrosȳné, p. 3.
σώφρων, ον, (σῶς, φρήν), lit. sound-minded, moderate, temperate, prudent, wise.

Τάγαθά.

T.

Τάγαθά, contr. of τὰ ἀγαθά, good things, benefits.
Ταίναρος, ου, ὁ, Taenărum (C. Matapan), the S. headland of Laconia, with a temple of Poseidon.
τἀκεῖ = τὰ ἐκεῖ, the things there.
ταλαιπωρέω, ήσω, Trans. weary. Intrans. suffer.
ταλαίπωρος, ον, laborious, wretched, miserable.
τάλαντον, ου, τό, the highest denomination of Greek weight and money = 60 Minæ = 6000 Drachmæ = 36,000 oboli. As money, it was a sum, not a coin. The Attic Talent was a little less than £ 245.
τάλας, αινα, αν, wretched.
τἆλλα = τὰ ἄλλα, the rest.
ταμίας, ου, ὁ, (τέμνω), steward.
ταμιεῖον, ου, τό, store-room.
Τάνταλος, ου, ὁ, Tantalus, a mythical king in Asia Minor; a chief example of divine vengeance.
τάξις, εως, ἡ, order, rank, place, post, office: a division of the Macedonian army.
ταπεινός, ή, όν, low.
ταπεινότης, ητος, ἡ, lowliness, humiliation.
ταράσσω, ξω, τετάραχα, τετάραγμαι, disturb, confuse, confound.
ταραχή, ῆς, ἡ, disturbance, confusion.
Τάρταρος, ου, ὁ, Tartarus, a gloomy pit in hell, where the wicked were punished: 'the pit'.
τάσσω, ξω, order, appoint; with Dat. of Person, impose on; draw up (an army).
ταῦρος, ου, ὁ, bull.
ταῦτα (Gen. τούτων), Neut. Pl. of οὗτος, these things, this.

Τέλλην.

ταύτῃ, Adv., this way, here.
ταύτης, ῃ, ην, Pl. ταύταις, ας, (Gen. τούτων), Fem. oblique cases of οὗτος, this.
ταφή, ῆς, ἡ, funeral, burial.
τάφος, ου, ὁ, (θάπτω), tomb.
τάχος, ους, τό, quickness, speed.
ταχύς, εῖα, ύ, quick. ταχύ and ταχέως, Adv., quickly, fast, too soon.
ταώς, ῶ, ὁ, peacock.
τέ, (= que), Conj., and; τέ — καί or τέ — τέ, both — and.
τέθριππος, ον (τέτταρες, ἵπποι), with four-horses abreast. Neut. (sc. ἅρμα) chariot = quadriga.
Τειρεσίας, ου, ὁ, Tirĕsias, the blind prophet of Thebes.
τειχίζω, ίσω (Att. ιῶ), build a wall round, fortify.
τείχισις, εως, ἡ, circumvallation, fortification.
τεῖχος, ους, τό, wall.
τεκμήριον, ου, τό, indication, proof.
τέκνον, ου, τό, child.
τεκταίνω, ανῶ, in Midd., build, construct.
τεκτονικός, ή, όν, belonging to carpentry or building; — τέχνη, carpentry, building, architecture.
Τελαμών, ῶνος, ὁ, Telamon, king of Salamis, son of Aeacus and father of Ajax Telamonius and Teucer.
τέλειος, ον, and α, ον, perfect, fullgrown.
τελειόω, ώσω, end, accomplish.
Τελέσιλλα, ης, ἡ, Telesilla, a lyric poet and heroine, of Argos, fl. B.C. 510.
τελευταῖος, α, ον, last: Neut. as Adv., at last.
τελευτάω, ήσω, end; (with βίον, or simply), die.
τελευτή, ῆς, ἡ, end, death.
τελέω, έσω, accomplish, perform.
Τέλλην, ηνος, ὁ, Tellen, a bad flute-

τέλος.
player at Thebes, in the time of Epaminondas.
τέλος, ους, τό, 1) end: as Adv., at last: 2) high station. οἱ ἐν τέλει ὄντες, those in authority.
τέμενος, ους, τό, (rt. τεμ, of τέμνω = tem-plum, a place cut off and consecrated), sanctuary, shrine, grove, &c.
τέμνω, (rt. τεμ), τεμῶ, τέτμηκα, 2 Aor. ἔταμον, cut.
τέρμα, ατος, τό, end, boundary.
τέρπω, ψω, delight (trans.), please. Midd. delight (intrans.), be pleased.
Τερψιχόρη, ης, ἡ, (delighting in dancing), Terpsichore, the Muse of dancing.
τέταρτος, η, ον, fourth.
τετρακόσιοι, αι, α, four hundred.
τετράπους, ουν, with four feet. Subst. a quadruped.
Τεῦκρος, ου, ὁ, Teucer, son of Telamon, and brother of Ajax.
τέχνη, ης, ἡ, art, skill.
τεχνίτης, ου, ὁ, artist.
τηλικοῦτος, αὕτη, οῦτο, great, so much, such. Pl so many, such.
τηνικαῦτα, Adv., then, thereupon.
τηρέω, ήσω, keep, preserve.
τί (Neut. of τίς), why?
τίθημι (rt. ΘΕ), θήσω, (&c. see Gram.), place, represent (in value in an account p. 15), make.
Τιθραύστης, ου, ὁ, Tithraustes, a Persian officer.
τίκτω, (redupl. fr. rt. ΤΕΚ), τέξω or τέξομαι, τέτοκα, ἐτεκόμην, bring forth, give birth to; lay. τὸ τίκτειν, child-birth.
λω, τιλῶ, 1 Aor. ἔτιλα, Perf. Pass. τέτιλμαι, pluck.
τιμάω, ήσω (τιμή), honour, value, prize (with Gen., above).
τιμή, ῆς, ἡ, 1) price, value, estimation: 2) honour, an office of dignity, p. 83.
Τιμόθεος, ου, ὁ, Timotheus, son

τοσοῦτος.
of Conon, a celebrated Athenian general, fl. B.C. 378—354.
Τιμόλαος, ου, ὁ, Timolaus, a Macedonian officer.
τιμωρέομαι, take vengeance on, punish.
τιμωρία, ας, ἡ, vengeance, punishment, revenge.
τιμωρός, οῦ, ὁ, avenger.
τίς, τί, Interrog. Pron., who? what?
τὶς, τὶ, Indef. Pron., any: a certain (Lat. quidam, not specifying whom or what); often equivalent to our Indef. Art. a, an: a certain person; somebody. ὅ τις (Lat. est qui), some.
τιτρώσκω, τρώσω, wound.
τίω, τίνω, τίσω, ἔτῖσα, τέτῖκα, τέτῖμαι, τέτισμαι, set a price on, value, honour; pay, (a penalty, δίκην, or ας). Midd. avenge oneself.
τοίνυν, then (illative).
τοιόσδε, άδε, ὄνδε (= talis), such (as the following).
τοιοῦτος, αὕτη, οῦτο (ν), such (as the preceding).
τόκος, ου, ὁ, 1) childbirth; 2) offspring; 3) interest, i. e. what money produces.
τόλμα, ης, ἡ, courage, daring.
τολμάω, ήσω, dare, venture.
τόλμημα, ατος, τό, daring, courage.
τοξάρχης, ου, ὁ, commander of the archers.
τοξεία, ας, ἡ, archery.
τόξευμα, ατος, τό, arrow.
τοξεύω, σω, shoot (with the bow), kill (by shooting).
τόξον, ου, τό, bow.
τοξότης, ου, ὁ, archer.
τόπος, ου, ὁ, place, space, region.
τοσόσδε, ήδε, όνδε, so great, as great (as the following). τοσῷ, as Adv., so much, as much.
τοσοῦτος, αὕτη, οῦτο, Adv. τοσοῦ-

τότε.

τον, as much, so much, so great (as the preceding).
τότε, Adv., then, at that time, for the time, meanwhile. ἐν τῷ τότε, for the time.
τοὔμπαλιν = τὸ ἔμπαλιν, back.
τοὐπίσω = τὸ ὀπίσω, back.
τοῦτο, ου, Neut. of οὗτος, this.
τράγος, ου, ὁ, goat.
τράπεζα, ης, ἡ, table.
τραῦμα, ατος, τό, wound.
τράχηλος, ου, ὁ, neck, throat.
Τραχίνιος, ου, ὁ, a Trachinian, i.e. of Trachis in Thessaly.
τραχύς, εῖα, ύ, rough, rugged.
τρεῖς, τρία, three.
τρέπω, ψω, 2 Aor. ἔτραπον, Perf. Pass. τέτραμμαι, Trans. turn, rout. Midd. turn (Trans. and Intr.), go over (to another party).
τρέφω, θρέψω, τέτροφα, Perf. Pass. τέθραμμαι, nourish, bring up.
τρίαινα, ης, ἡ, (τρεῖς), trident.
τριάκοντα, thirty.
τριακόσιοι, αι, α, three hundred.
τριβή, ῆς, ἡ, delay.
τρίβω, ψω, rub, rub down (a horse), wear out.
τρίβων, ωνος, ὁ, (τρίβω), a threadbare cloak, worn by philosophers.
τριήρης, ους, ἡ, (τρι, ἐρέσσω), trireme, man of war, a long vessel with 3 banks of oars, used as a ship of war.
τριχέφαλος, ον, three-headed (esp. of Cerberus).
τρίπους, ουν, with three feet: Subst. -οδος, ὁ, a tripod.
τρισμύριοι, αι, α, (i.e. 3×10,000), thirty thousand.
τρίτος, η, ον, the third.
τρίχα, Acc. of θρίξ, hair.
τρόπαιον, ου, τό, (prop. Neut. of τροπαῖος; fr. τροπή, a turning, rout), trophy, i.e. a set of ar-

τύχη.

mour &c., hung up as a memorial on the scene of a victory.
τρόπος, ου, ὁ, manner, course, custom, character.
τροφή, ῆς, ἡ, (τρέφω), food, diet, nourishment, nurture.
Τρωάς, άδος, Adj. 1) Of Troy; 2) sc. γῆ, the Troad, or country about Troy; 3) of the Troad.
Τρωϊκός, ή, όν, Trojan.
Τρώς, Τρωός, a Trojan; οἱ Τρῶες, the Trojans.
τυγχάνω, (rt. τυχ), τεύξομαι, τετύχηκα, 2 Aor. ἔτυχον, with Gen., hit (a mark), find, obtain. Intr. happen; with Dat., be on good terms with, p. 79. Pleonastically with ὤν, to be; with ἔχω, to have. ὁ τυχών, a person of distinction; οἱ τυχόντες, the better class.
Τυνδάρεως, ω, ὁ, Tyndareüs, king of Sparta, husband of Leda.
τύπτω, ψω, strike, beat.
τυραννεύω, σω, and τυραννέω, ήσω, with Gen., be tyrant of, rule over.
τυραννίς, ίδος, ἡ, tyranny, irresponsible government usurped contrary to law.
τύραννος, ου, ὁ, tyrant, in the original sense, i.e. despot: not necessarily *tyrannical* in conduct.
Τυῤῥηνός, οῦ, ὁ, a Tyrrhenian, i.e. of Etruria. The Tyrrhenians were called Etruscans by the Romans.
τυφλός, ή, όν, blind.
τυφλόω, ώσω, blind, strike blind.
τῦφος, ου, ὁ, pride, assumption, boasting.
τυφόω, ώσω, puff up, make proud; Pass. to be proud.
Τυφών, ῶνος, ὁ, Typhon, a primeval monster, enemy of the gods.
τύχη, ης, ἡ, fortune, (personified as a goddess), chance, misfortune.

14

Ὑβρίζω.

Υ.

Ὑβρίζω, ίσω, ιῶ, insult, behave arrogantly.
ὕβρις, εως, ἡ, insolence, violence.
ὑβριστής, οῦ, ὁ, an evil-doer, insulter; Adj. arrogant, impious.
ὑβριστικῶς, Adv. insolently.
ὑγιαίνω, ἄνω, (Lat. *valeo*), to be sound (in health): also, in mind, hence the point of Agesilaus's reply to Menecrates, p. 5. "M. to A. I hope you're all right." "A to M. I hope you're all *right*."
ὑγίεια, ας, ἡ, health.
ὑγιεινός, ή, όν, and ὑγιής, ές, healthy, sound.
ὑγρός, ά, όν, moist, wet.
ὕδρα, ας, ἡ, hydra, a water serpent, esp. the Lernæan hydra.
ὕδωρ, ὕδατος, τό, water.
ὑετός, οῦ, ὁ, rain.
υἱδοῦς, οῦ, ὁ, grandson.
υἱεύς, έος, and υἱός, οῦ, ὁ, son.
ὑλακτέω, ήσω, bark, bark at.
ὕλη, ης, ἡ, wood; properly, brushwood, as opposed to ξύλον, timber. πολλή ὕλη, thick wood.
Ὕλλος, ου, ὁ, Hyllus, son of Hercules.
ὑμεῖς, ὧν, ἵν, ἅς, you. Pl. of σύ.
ὑμεναῖος, ου, ὁ (sc. ὕμνος), hymeneal or marriage song.
Ὑμήν, ένος, ὁ, Hymen, the god of marriage.
ὕμνος, ου, ὁ, hymn, song.
ὑπαίθριος (α, ον, in poetry) and ὕπαιθρος, ον, (ὑπό, αἴθηρ), under the open sky, in the open air, without a roof, hypaethral.
ὑπ-ακούω, with Gen. and Dat., obey, comply with the wish of, gratify.
ὑπ-αντάω, ήσω, ήσομαι (ἀντί), meet (with Dat.).
ὑπ-άρχω, ξω, be, be at hand, be ready: τινί, aid a person.
ὑπασπιστής, οῦ, ὁ, lit. shield-bea-

ὑπερμεγέθης.

rer: Pl. Hypaspistae, a select body of foot-guards in the Macedonian army.
ὑπ-ειπεῖν, 2 Aor. Inf., to suggest, assure.
ὑπέκ-κειμαι, be hidden, deposited, placed for safety.
ὑπεκ-τίθημι, put out, remove, secretly.
ὑπέξ-ειμι, am departing from.
ὑπέρ, Prep. I. With Gen., 1) of place: over, above; (nautical), away from, to windward of, p. 86 : 2) causal: for, on behalf of. II. with Acc., beyond. ὑπὲρ ἄνθρωπον, superhuman: in composition, over and above, excessively.
ὑπερ-αγαπάω, ήσω, esteem above all.
ὑπεραπο-θνήσκω, die for.
ὑπερ-βαίνω, pass beyond, mount over, transgress.
ὑπερ-βάλλω, Trans. throw over or beyond: Intr. pass over, pass bounds, become excessive. Part. ὑπερβάλλων, excessive.
ὑπερβολή, ῆς, ἡ, throwing over, excess.
ὑπέργηρως, ων, well stricken in years, very old.
ὑπερεκ-πλήττω, greatly astonish, strike with admiration.
ὑπερ-ήδομαι, ησθήσομαι, Aor. ήσθην, to be overjoyed, to be extremely pleased.
ὑπερήφανος, ον, proud, haughty.
ὑπερηφάνως, arrogantly.
ὑπερ-θνήσκω, die for (in place of another).
ὑπεριδών, οῦσα, όν, overlooking, neglecting. 2 Aor. Part. of ὑπεροράω.
Ὑπερμνήστρα, ας, ἡ, Hypermnestra, the Danaid who spared her husband Lynceus.
ὑπερμεγέθης, ες, very great, enormous.

ὑπερ-φρονέω.

ὑπερ-φρονέω, ήσω, with Gen., despise.
ὑπ-έχω, undergo, sustain; δίκας, give satisfaction, be punished.
ὑπήκοος, ον, (ἀκούω), obedient, subject. Subst., a subject.
ὑπηρέτης, ου, ὁ, servant.
ὑπ-ισχνέομαι, ὑποσχήσομαι, 2 Aor. ὑπεσχόμην, promise, profess.
ὕπνος, ου, ὁ, sleep.
ὑπό, Prep. I. With Gen., by (of an agent, or instrument). II. With Dat., under. III. With Acc., 1) of place: under (of motion to): 2) of time: about, at.
ὑπο-βάλλω, put under, hide under.
ὑποβρύχιος, α, ον, late ος, ον, under water. ὑ. ἐποίησεν, put her under water, a grim pleasantry for 'drowned her'.
ὑπο-δέχομαι, receive.
ὑπό-δημα, τος, τό (δέω, bind), sandal, shoe.
ὑπό-κειμαι, lie under, be laid (as foundations), p. 80.
ὑπο-κηρύττω, ξω, cry out (as a herald), proclaim.
ὑπόκρισις, εως, ἡ, 1) answer: 2) acting a part: 3) hypocrisy.
ὑπο-λαμβάνω, assume, suppose.
ὑπο-λείπω, leave behind.
ὑπο-μένω, ῶ (see μένω), Trans. and Intr. abide, endure, await, remain.
ὑπο-μιμνήσκω, remind.
ὑπο-νοέω, ήσω, suppose, suspect.
ὑποπτεύω, σω, suspect. From ὕποπτος.
ὕποπτος, ον, (Verbal fr. rt. οπ, see), 1) suspected: 2) suspicious.
ὑπο-σιωπάω, ήσω, keep silence.
ὑπο-στρέφω, ψω, Trans. and Intrans., turn about, defeat, turn back, retreat, vanish, p. 67.
ὑποστροφή, ῆς, ἡ, return.
ὑπόσχεσις, εως, ἡ, promise: ὑπόσχεσιν λύω, keep a promise, lit. discharge the obligation.

Φαέθων.

ὑπο-τελέω, pay tribute.
ὑποτελής, ές, tributary.
ὑπο-τίθημι, place under, lay down, assume. Midd. suggest, propose, warn. Ἀθηνᾶς ὑποθεμένης, by the counsel of Athena.
ἐλπίδα, hold out a hope.
ὑπο-τοπέω, ήσω, surmise.
ὑπο-τυγχάνω, interrupt, reply.
ὑποχείριος, α, ον, and ος, ον, under the power of another, subject.
ὑπεχθόνιος, ον (χθών), beneath the earth, infernal.
ὑποψία, ας, ἡ, suspicion.
Ὑρκανός, οῦ, ὁ, an Hyrcanian, i.e. of Hyrcania, a Persian province, near the Caspian.
Ὑστάσπης, ου, ὁ, Hystaspes, a Persian nobleman, father of king Darius.
ὑστεραῖος, α, ον, following; ἡ ὑστεραία (sc. ἡμέρα), the following day, the morrow.
ὑστερέω, ήσω, with Gen., am too late in or for; hasten.
ὕστερος, α, ον, later, latter; ὕστερον, Adv. later, afterwards. τὰ ὕστερα, the end.
ὑφ' = ὑπό.
ὑφαίνω, ἀνῶ, weave.
ὑφ-αιρέω, and Midd., take away secretly, steal.
ὕφαλος, ον, (ὑπό, ἅλς), under the sea.
ὑφάντης, ου, ὁ, weaver.
ὑφ-ίημι, with Gen., relax.
ὑφ-ίστημι, Trans. place under, undertake. Intr. and Midd. engage in, undertake.
ὑψηλός, ή, όν, lofty.
ὕψος, ους, τό, height.

Φ.

Φαέθων, οντος, ὁ (shining). Phaëthon, son of Helios, the Sungod.

φαεινός.

φαεινός, ή, όν, (φάος, light), shining.
φαιδρός, ά, όν, brilliant, bright, splendid, joyful.
φαίνω, φανῶ, πέφαγκα, 2 Perf. πέφηνα, 1 Aor. ἔφηνα, 2 Aor. Pass. ἐφάνην, show, discover; Midd., 2 Perf. Act., and 2 Aor. Pass. appear, shine.
φάλαγξ, γγος, ἡ, the phalanx, esp. the Macedonian column of infantry.
φανερός, ά, όν, clear, manifest, open: of a person, as predicate, well known; φ. γενόμενος, being made known: αὐτῷ φανερὸς ἦν κ. τ. λ. was well known to him to have been; ἐν τῷ φανερῷ εἶναι, to live in public. φανερὸν ποιεῖν, to shew, display, demonstrate; Adv. -ερῶς.
φαντασία, ας, ἡ, vision.
φάος, φάους, τό, light: usu. contr. φῶς, q. v.
φαρμακίς, ίδος, ἡ, enchantress.
φάρμακον, ου, τό, drug, medicine, remedy, poison.
φαρμάσσω, ξω, 1) heal by drugs: 2) poison.
Φαρνάκης, ου, ὁ, Pharnaces, a noble Persian.
Φαρσάλιος, ου, ὁ, Pharsalian, i.e. of the city of Pharsalus in Thessaly.
φασιανός, οῦ, ὁ, (lit. the bird of the Phasis), pheasant.
Φᾶσις, ιδος and ιος, ὁ, the Phasis, a river of Colchis.
φάσκω, Pres. and Imp. only (Rt. φα in φημί), say, state, allege: οὐ φάσκω, deny, refuse.
φαυλίζω, ίσω, ιῶ, disparage.
φαῦλος, η, ον, bad, vile, trifling, contemptible.
φείδομαι, σομαι, with Gen., spare.
Φεραί, ῶν, αἱ, Pherae, a city of Thessaly.

φιάλη.

Φεραῖος, ου, ὁ, Pheraean, i.e. of Pherae.
Φέρης, ητος, ὁ, Pheres, king of Pherae in Thessaly, and father of Admetus.
φέρω (= Lat. fero), only in Pres. and Imperf., Fut. οἴσω, 1 Aor. ἤνεγκα, Perf.ἐνήνοχα, carry, drag, bring, bear, endure, wear; look towards, (like 'bear' of position), lead to, or by; εἰς μέσον, bring forward or forth (Lat. in medio ponere). βαρέως φέρειν, to take ill, to be distressed; φέρε, come! Pass. be borne aloft, rise, p. 64; Part. with ἐπὶ, invading, p. 75.
φεύγω, ξομαι, 2 Perf. πέφευγα, fly, be banished, with Acc. be banished from; τὴν δίκην, be accused, be placed on one's trial; ὁ φεύγων, the defendant.
φηγός, οῦ, ἡ, (= fagus), beech.
φήμη, ης, ἡ, (= fama, rt. φα in φημί), saying, report.
φημί, φήσω, 2 Aor. ἔφην, say.
φθάνω, φθήσομαι and φθάσω, ἔφθακα, 1 Aor. ἔφθασα, 2 Aor. ἔφθην, be before; anticipate; with Acc. of person, get before, get the start of: with Part., before (the Part. being translated as a Verb). Part. former; with Acc. of Pers., his former; ἡ φθ. ἀνδραγαθία, his former virtue. φθάσαντες, hastily, p. 74. οὐκ ἔφθησαν συγκλείσαντες, they had not time to shut, p. 91.
φθέγγομαι, ξομαι, speak, utter a voice; said of animals, e.g. neigh, bray.
Φθία, ας, ἡ, Phthia, a city and district of Thessaly.
φθονέω, ήσω, be jealous of, grudge, envy (with Dat.). Pass. to be odious.
φθόνος, ου, ὁ, envy, grudge.
φθορά, ᾶς, ἡ, ruin, destruction.
φιάλη, ης, ἡ, cup.

φιλαλέξανδρος.

φιλαλέξανδρος, ου, attached to Alexander, the friend of Alexander.
φιλάνθρωπος, ον, friendly to man, kind, merciful. N. Subst. mercy.
φιλανθρώπως, like a kind friend.
φίλεργος, ον, diligent, active.
φιλέω, ήσω (φίλος), love, kiss, coax, p. 40: φιλεῖ, is usual.
φιλία, ας, ή, friendship.
φιλικός, ή, όν, (Adv. ῶς), friendly.
φίλιος, α, ον, friendly.
Φίλιππος, ου, ὁ, 1) Philip II., the Great, king of Macedonia (B.C. 359—336), father of Alexander the Great. 2) Son of Antigonus.
φιλοβασιλεύς, έως, attached to the king, the friend of the king.
φιλόζωος, ον, fond of life.
φιλόθηρος, ου, ὁ, fond of hunting.
φιλόξενος, ον, hospitable.
Φιλόξενος, ου, ὁ, Philoxěnus, a Greek poet of Cythera, flourished at the court of Dionysius the Elder, lived B.C. 435—380.
φίλος, η, ον, dear. Subst. friend.
φιλοσοφέω, ήσω, study philosophy; lead the life of a philosopher.
φιλοσοφία, ας, ή, philosophy, lit. love of wisdom.
φιλόσοφος, ου, ὁ, philosopher. Adj. wise, philosophic.
φιλότεχνος, ον, art-loving, belonging to the arts.
φιλοτιμέομαι, be ambitious of, desire eagerly, take pride in, show liberality in.
φιλοτιμία, ας, ή, ambition, pride, liberality.
φιλότιμος, ον, (φίλος, τιμή), ambitious.
φιλοφρόνως, Adv., in a friendly way, affably.
φιλόφρων, ον, kind, well-disposed, affable.
Φινεύς, έως, ὁ, Phineus, of Salmydessus, a prophet consulted by the Argonauts.

φροντίς.

φοβερός, ά, όν, formidable.
φοβέω, ήσω, frighten. Midd. fear.
φόβος, ου, ὁ, fear, terror. Prop. Name, Terror, the Terrors, deities.
Φοῖβος, ου, ὁ, Phoebus, an epithet of Apollo.
φοιτάω, ήσω, roam; spread abroad (said of a rumour).
φονεύς, έως, ὁ, murderer.
φονεύω, σω (φόνος), murder, kill, slay.
φόνος, ου, ὁ, murder, slaughter.
φορέω (φέρω), ήσω, wear, have (a skin, p. 41).
φόρος, ου, ὁ, revenue, tax, tribute.
φορτικός, ή, όν, burthensome, heavy (said of feasts, p. 35).
φορτίον, ου, τό, burthen.
φραγμός, οῦ, ὁ, hedge, fence.
φράζω, άσω, say, tell, show, declare.
Φρασίος, ου, ὁ, Phrasius, a Cyprian prophet.
φράσσω, ξω, enclose, fence in.
φρέαρ, ατος, τό, well.
φρήν, φρενός, ή, mind. Pl. sense.
Φρίξος, ου, ὁ, Phrixus, son of Athamas and Nephele, fled with his sister Helle on the goldenfleeced ram.
φρονέω (φρήν), ήσω, think: lit. to be of a (certain) mind or disposition, e. g. μέγα φρονεῖν, to be high-minded, with ἐπί, to pride oneself upon. Λακωνικὰ φρονεῖν, to have the spirit of a Lacedæmonian.
φρόνημα, ατος, τό, thought, mind, spirit, high spirit, resolution, p. 3; temper.
φρόνησις, εως, ή, intelligence, prudence.
φρόνιμος, ον (φρήν), intelligent, prudent; Comp. ώτερος.
φροντίζω, ίσω, ιῶ, care: with Gen., care for, be concerned about.
φροντίς, ίδος, ή, thought, care, concern.

φρουρά.

φρουρά, ᾶς, ἡ, guard, garrison, body-guard.
φρουρέω, ήσω, guard, watch over.
φρουρός, οῦ, ὁ, guard.
φρυάττομαι, άξομαι (lit. snort, eigh), be elated, arrogant.
φρυγανιστήρ, ῆρος, ὁ (φρύγανον, a dry stick, fire wood), a collector of fire-wood, a wood-cutter.
φρυγανισμός, οῦ, ὁ, wood-cutting.
Φρύξ, υγός, a Phrygian, i.e. of Phrygia in Asia Minor.
φυγάς, άδος, ὁ, fugitive, exile.
ουγή, ῆς, ἡ, flight, banishment.
φυλακή, ῆς, ἡ (φυλάσσω), watch, guard.
φύλαξ, κος, ὁ, keeper, guardian.
φυλάσσω, watch, guard, keep, observe (a law, p. 33), preserve. Midd. beware of, guard against.
Φύξιος, ον, (the god) of flight or escape, p. 68.
φυσάω, ήσω, breathe out, blow out.
φυσικός, όν, natural.
φύσις, εως, ἡ, nature, natural disposition, character; a creature, p. 73.
φυτεία, ας, ἡ, planting.
φυτεύω, σω, plant.
φυτόν, οῦ, τό, plant.
φύω, σω, πέφυκα, 2 Aor. ἔφυν, Trans. bring forth, make: Intr. grow. Perf. to be by nature, to be wont.
Φωκεύς, έως, ὁ, a Phocian, i.e. of Phocis.
Φωκίς, ίδος, ἡ, Phocis, a district of N. Greece, next Boeotia.
Φωκίων, ωνος, ὁ, Phocion, a celebrated Athenian general and statesman, lived about B.C. 402 —317.
φωνή, ῆς, ἡ, voice, language.
φωνήεις, εσσα, εν, speaking.
φωράω, άσω (φώρ = *fur*, thief), search for, catch, a thief. Pass. be caught or detected in a theft.

χάρις.

φῶς, φωτός (contr. fr. φάος, φάους), τό, light: not to be confounded with the poetic φώς, φωτός, a man.

X.

Χαιρώνεια, ας, ἡ, Chaeronea, a city in Boeotia, where Philip defeated the Thebans and Athenians, B.C. 338.
χαίρω, χαιρήσω, late χαρήσομαι, with Dat. or Particip., rejoice; be in good health: χαίρειν = Lat. *vale*, hail! a greeting, in the beginning of a letter, p. 5.
χαίτη, ης, ἡ, hair.
χαλεπός, ή, όν, hard, repulsive, distant, violent (ὀργή), p. 81.
χαλεπῶς, hardly; ἔχειν, to be enraged, indignant.
χαλκεῖον, ου, τό, forge.
χάλκεος, α, ον, and ος, ον, Adj., copper, bronze, brazen, of brass.
Χαλκίοικος, ον, Chalchioecus, i. e. of the Brazen House, an epithet of Athena at Sparta.
χαλκόπους, οδος, with brazen feet, or hoofs (p. 65).
χαλκός, οῦ, ὁ, copper, bronze, brass.
χαλκότυπος, ου, ὁ, coppersmith, worker in brass or bronze.
χάραξ, κος, ὁ, wall, rampart (of a camp).
Χάρης, ητος, ὁ, Chares, a profligate Athenian general, about B.C. 360.
χαρίεις, εσσα, εν, agreeable.
χαρίζομαι, oblige, do a favour to, do one a pleasure.
Χαρικλώ, οῦς, ἡ, Chariclo, a nymph, mother of Tiresias.
χάρις, ιτος, ἡ, (rt. χαρ, sig. pleasure), favour, thanks, benefit. Pl. bounties. χάριν ἔχειν, to be thankful: with Dat., to thank.
χάριν, after Gen., for the sake of, for the purpose of, like *gratiâ* and *causâ*.

Χάριτες.
Χάριτες, αἱ, the Graces, 3 goddesses, daughters of Jove.
χάσμα, ατος, τό (χαίνω, gape), void, chasm, gulf, esp. the ravine at Delphi, whence issued the vapour that was supposed to inspire the Pythian priestess.
χεῖλος, ους, τό, lip.
χειμάζω, άσω, expose to cold or storm. Pass. be storm-tossed.
χειμών, ῶνος, ὁ, winter, storm.
χείρ, χειρός and χερός, ἡ, hand. μετὰ χεῖρας, in hand, p. 87.
χειρόομαι, ώσομαι (χείρων, lit. make inferior to oneself), subdue, win over.
χειροτονέω, ήσω (χείρ, τείνω, lit. referring to a shew of hands), elect, choose.
χειρουργία, ας, ἡ (χείρ, ἔργον), surgery, (lit. healing wrought by the hand, not by drugs).
χειρουργικός, ή, όν, skilled in surgery.
χείρων, ον, worse.
Χείρων, ωνος, ὁ, Chiron, a celebrated Centaur, tutor of Hercules and many other heroes.
χελιδών, όνος, ἡ, swallow.
χελώνη, ης, ἡ, tortoise, tortoise-shell.
χέω, (rt. χεϜ), χεῶ, 1 Aor. Att. ἔχεα, Perf. κέχυκα, κέχυμαι, pour, pour forth.
χήν, χηνός, ὁ, ἡ, goose.
χῆρος, α, ον, bereaved, bereft of. γυνὴ χήρα, a widow.
χθές, Adv., yesterday.
χιλίαρχος, ου, ὁ, chiliarch, a military officer (lit. commander of 1000 soldiers); any officer (e. g. p. 32).
χίλιοι, αι, α, a thousand, 1000.
χιτών, ῶνος, ὁ, tunic, an undergarment.
χιών, όνος, ἡ, snow.
χλαῖνα, ης, ἡ, (lit. blanket), gown, robe, the Greek over dress.

χρονίζω.
χλαμύδιον, ου, τό, (dim. of foll), a small robe or scarf.
χλαμύς, ύδος, ἡ, chlamys, a robe or scarf, chiefly worn by soldiers.
χοῖνιξ, ικος, ἡ, choenix, a dry measure = just a quart.
χολή, ῆς, ἡ, the gall, bile.
χόλος, ου, ὁ, anger.
χολόω, ώσω, make angry, enrage. Midd. and Pass. be angry.
χορδή, ῆς, ἡ (= chorda), 1) gut, catgut: 2) the string of a lyre.
χορεύω, εύσω, dance.
χορός, οῦ, ὁ, dance, chorus.
χράω, give an oracle. Midd. with Dat., consult an oracle, p. 13: use, shew; (with person), use, treat; adopt (a resolution, p. 77). τὸ χρησθέν, the response of an oracle.
χρεία, ας, ἡ, necessity, a necessary (e. g. of life). ἐν χρείᾳ εἶναί τινος, to have need of.
χρεμετίζω, ίσω, ιῶ, neigh.
χρέος, ους, τό, necessity, debt: Pl. debts.
χρεών, τό, destiny: χρ. ἐστί, it is fated: Neut. Part. Pres. of.
χρή, Impers., it is necessary. See χράω.
χρῄζω, σω, want, wish, need.
χρῆμα, ατος, τό, thing, affair, used pleonastically with Gen. for something great or strong, e.g. συὸς χρῆμα, a great boar. Pl. wealth, money, treasures.
χρήσιμος, ον, and η, ον, useful.
χρησμός, οῦ, ὁ, (χράω), oracle; a saying (passing about as of divine authority).
χρησμῳδέω, ήσω (χρησμός, ᾄδω), give oracles.
χρηστός, ή, όν, useful, excellent good.
χρίω, ίσω, anoint, smear.
χρονίζω, ίσω, ιῶ, (χρόνος), delay, tarry, be late.

χρόνος.

χρόνος, ου, ὁ, time.
χρύσεος, α, ον, golden, gold.
χρυσίον, ου, τό, gold, i. e. gold money.
χρυσόκερως, ων, Gen. ω (κέρας), with horns of gold.
χρυσόμαλλος, ον (μαλλός), with golden wool.
χρυσός, οῦ, ὁ, gold.
χρῶμα, ατος, τό, colour.
χωλός, ή, όν, lame.
χώρα, ας, ἡ, country, place, region, realm (p. 52).
χωρέω, ήσω, usu. ήσομαι, go.
χωρίον, ου, τ', place, piece of ground, a fortified place. τὰ χώρια, the country.
χωρίς, with Gen., without, apart from.
χῶρος, ου, ὁ, place, region.

Ψ.

Ψάλλω, ψαλῶ, ἔψαλκα. play the harp.
ψαύω, σω, with Gen., touch.
ψέγω, ξω, blame, disparage; lit. lessen.
ψευδής, ὁ, ἡ, false: Subst. a liar.
ψευδῶς, Adv. falsely.
Ψευδόσμερδις, ιος, ὁ, the false Smerdis.
ψεύδω, σω, deceive. Midd. lie, speak falsely. Pass. with Gen., be mistaken in.
ψεύστης, ου, ὁ, liar.
ψιλός, ή, όν, bare, uncovered, light-armed.
ψόγος, ου, ὁ, blame.
ψυχή, ῆς, ἡ, soul; life (i. e. the animal life).
ψῦχος, ους, τό, cold, coolness.
ψυχρός, ά, όν, cold.
Ψωφίς, ίδος, ἡ, Psophis, a city of Arcadia.

Ω.

Ὦ, Interj., o! with Gen. oh what, &c.!

ὠφέλιμος.

ὧδε, Adv., so thus, in the following way.
ᾠδή, ῆς, ἡ, (contr. fr. ἀοιδή), song; crowing (of the cock).
ὠθέω, ήσω, and ὤσω, 1 Aor. Att. ἔωσα, push, drive.
ὠκύς, εῖα, ύ, swift, quick.
ὦμος, ου, ὁ, shoulder.
ὠμότης, ητος, ἡ, savage nature, fierceness, cruelty.
ὤνητο, 3 Sing. 2 Aor. Midd. of ὀνίνημι, gained profit or advantage.
ὤν, οὖσα, ὄν, Pres. Part. of εἰμί, being: τὰ ὄντα, the reality.
ὤνιος, ον, rare α, ον, (= Lat. venalis), for sale, to be bought for (with Gen.).
ᾠόν, οῦ, τό, egg.
ὥρα, ας, ἡ, (= Lat. hora), 1) Time; season: hour; ὥρα, it is time; 2) hour; 3) youth, beauty.
Ὧραι, ὦν, αἱ, the Horæ, goddesses of the four season.
ὡραῖος, α, ον, in season: with ἀποθανεῖν, to die in the fulness of years.
ὡς, I. Adv., as, just as, as if; on the ground that: with Fut. Part., as one (those) who will; with the purpose of, to: as much as possible. II. Conj. that (ὡς οὐκ εἴη, that he was not), so that, in order that, with Part. as—ing, of—ing. III. Prep. with Acc. of Pers. in Attic., later of Things. = πρός, to.
ὥς = οὕτως, thus.
ὥσπερ, Adv., just as.
ὥστε, Conj. with Ind. or Inf., 1) as that, that; 2) so that.
ὦτα, ears, Plur. of οὖς.
ὠφέλεια, ας, ἡ, help, benefit.
ὠφελέω, with Acc., help, benefit.
ὠφέλιμος, ον, rarely η, useful, profitable, advantageous.

www.ingramcontent.com/pod-product-compliance
Lightning Source LLC
Chambersburg PA
CBHW022017220426
43663CB00007B/1110